LES

MENDELSSOHN-BARTHOLDY

ET

ROBERT SCHUMANN

DU MÊME AUTEUR

BOURLOTON. — Imprimeries réunies, B

ERNEST DAVID

LAURÉAT DE L'INSTITUT

LES
MENDELSSOHN-BARTHOLDY

ET

ROBERT SCHUMANN

PARIS

CALMANN LÉVY, ÉDITEUR

ANCIENNE MAISON MICHEL LÉVY FRÈRES

3, RUE AUBER, 3

1886

Droits de reproduction et de traduction réservés.

AVANT-PROPOS

Après qu'eut paru en 1871, dans la *Revue et Gazette musicale* [1], ma notice sur les derniers jours de *Félix Mendelssohn* [2], je reçus bon nombre de lettres d'admirateurs de ce regretté compositeur, me conseillant, les uns, de parfaire sa biographie, les autres, de rechercher des faits nouveaux sur ses œuvres, sa carrière, etc. Mon travail les avait portés à croire que je possédais sur l'auteur du *Paulus*, de l'*Elie* et de tant d'autres chefs-d'œuvre, de plus amples détails que ceux connus jusque-là, et que j'avais lancé un ballon d'essai, pour voir comment serait accueillie

1. Numéros des 5 et 12 novembre 1871.
2. On trouvera cette notice à la fin de la présente étude.

la tentative d'une étude biographique plus considérable.

Il n'en était rien cependant; car, en présence de la quantité d'ouvrages de toute espèce, lettres, souvenirs, etc., déjà parus sur Félix Mendelssohn, il demeurait évident pour moi que ce que l'on me demandait de faire, n'avait aucune raison d'être, et que je ne pourrais que répéter ce qui a été dit, et bien dit. En effet, la liste est longue de ces publications, et l'on s'en convaincra si l'on consulte celle que donnent sir George Grove, dans son *Dictionnaire de musique* (*Dictionary of Music and Musicians*), et M. Arthur Pougin, dans sa continuation de la biographie universelle des musiciens, de Fétis.

Mais, si, d'un côté, je reconnaissais l'inutilité et (pourquoi ne le dirais-je pas?) l'imprudence d'une réédition en termes différents de ce qui avait été déjà écrit, de l'autre, j'étais bien convaincu qu'il y aurait un véritable intérêt à faire plus ample connaissance avec la famille Mendelssohn, de même qu'il est bon de connaître les satellites qui gravitent autour d'une planète de première grandeur. Il y a intérêt de savoir dans quel milieu a vécu un artiste célèbre; quelle influence ont pu exercer sur lui ses ascendants et sa famille; quels principes il a sucés dans la maison paternelle, et ce que son génie a dû puiser dans l'entourage où il a passé sa vie. C'est là, pensai-je, qu'il faut tendre; c'est vers ce but que doivent être dirigées les recherches, si l'on veut être à même de fournir de nouveaux matériaux à la biographie de Mendelssohn. Mais des obstacles imprévus, des difficultés sérieuses s'opposaient à la réalisation de ce plan. A qui s'adresser? Comment s'y prendre pour obtenir la communication de papiers de famille que l'on a probablement voulu soustraire à la publicité, puisqu'on ne les a pas confiés aux premiers éditeurs de la correspondance, ou que ceux-ci n'ont pas cru devoir s'en servir? Je frappai à des portes que j'espérais voir s'ouvrir devant moi; elles demeurèrent obstinément closes, et de guerre lasse, j'avais renoncé à donner suite à mon projet, lorsqu'au moment où je m'y attendais le moins, je vis se réaliser mon *desideratum*.

Sur la fin de 1879, un neveu de Félix Mendelssohn, le fils unique de sa sœur Fanny, laquelle fut presque son *alter ego*, M. Sébastien Hensel, mû par un louable sentiment d'amour et de vénération pour la mémoire de sa mère, et aussi par sa respectueuse affection pour ses proches, a livré au public un ouvrage intitulé : *la Famille Mendelssohn* [1], contenant des lettres et des souvenirs intimes, qui jettent un nouveau jour, un jour plus complet sur la maison des Mendelssohn-Bartholdy. Le titre de ce livre — qui contient soixante-treize lettres non encore publiées — pourrait, comme le dit fort bien M. Grove [2], avoir pour titre : *Fanny Hensel et sa famille;* mais c'est un précieux supplément à ce que nous connaissons déjà sur Félix Mendelssohn et les siens.

Dans le principe, M. Hensel n'avait destiné cet ouvrage qu'à ses parents et à ses amis. Ce ne devait pas être une simple biographie de famille, mais « pour la famille ». Il désirait que ses enfants en apprissent sur leurs ascendants, plus que l'on n'en sait d'ordinaire dans les cercles bourgeois. Cédant aux instances de ses amis, il a consenti à faire profiter tout le monde de ses souvenirs, et l'on ne saurait trop l'en remercier. Bien qu'il n'ait

---

1. *Die Familie Mendelssohn*, 1729-1847. — *Nach Briefen und Tagbüchern*, Berlin, 1879, 3 vol. in-8°.

2. *A Dictionary of Music and Musicians*, Londres, 1880, t. II.

voulu faire, comme il le dit , « que la chronique d'une bonne famille allemande », cette « chronique » est d'un prix inestimable pour l'histoire de l'art, car elle renferme des lettres de Félix, antérieures à 1830, ne figurant pas dans la correspondance déjà publiée, et qui ont une véritable importance pour l'intelligence de son développement intellectuel et artistique. Il s'y trouve également de charmantes lettres de son père, de sa mère, et de madame Hensel surtout, lesquelles permettent de juger à sa valeur cette remarquable femme, si exceptionnellement douée, et qui aurait été, si elle l'eût voulu, la digne émule des virtuoses qui se sont fait un nom immortel dans les annales de la musique.

Mais l'excellent ouvrage de M. Hensel contient aussi des choses qui ne seraient pas à leur place dans une étude comme celle-ci. Il était donc indispensable de faire un choix dans ces richesses littéraires, aussi n'ai-je rapporté que ce qui est du domaine musical, et laissé de côté des notices et des documents, parce qu'ils sont déjà connus, ou parce qu'ils n'ont point de rapport avec l'objet que j'avais en vue. J'ai cependant donné place à certaines anecdotes, à certaines lettres, qui, si

elles ne se rattachent pas directement à mon
sujet, me paraissent néanmoins propres à éclairer
la physionomie de mes personnages. J'ai rapporté surtout ce qui concerne le compositeur et
sa sœur Fanny, laquelle mériterait une monographie à part. J'ai donné le plus de citations
possibles, afin de laisser mes héros parler et se
peindre eux-mêmes. Je ne pense pas que personne s'en plaigne.

Une famille comme celle des Mendelssohn,
dont tous les membres, sans exception, furent
des personnalités remarquables, ornées de toutes
les qualités du cœur et de l'esprit, est une rareté
en tout temps et en tout lieu. La maxime de
Buffon : « Le style, c'est l'homme, » s'est pleinement vérifiée chez les Mendelssohn. Le lecteur
s'en convaincra, s'il veut bien parcourir les pages
qui vont suivre.

Paris, 1881-1884.

E. D.

LES

MENDELSSOHN-BARTHOLDY

LES

MENDELSSOHN-BARTHOLDY

D'APRÈS LES DERNIERS RENSEIGNEMENTS
PUBLIÉS PAR LA FAMILLE

I

La souche de la nombreuse famille Mendelssohn est, comme chacun le sait, un pauvre petit juif de Dessau, malingre et bossu, qui, malgré ses désavantages physiques, son origine obscure et son indigence, sut, par son intelligence, sa persévérance, sa force morale et ses vertus, s'élever à une haute considération, devenir un génial philosophe, un profond mathématicien, et l'écrivain le plus pur de son temps : c'èst, en un mot, MOSES MENDELSSOHN, l'illustre auteur du *Phédon* et de *Jérusalem*, le savant traducteur de la Bible, l'ami de Lessing, né à Dessau, le 6 septembre 1729, et mort à Berlin le 4 janvier 1786.

Son histoire est trop connue pour qu'il soit besoin d'en dire plus long ici [1].

De son mariage avec Fromet Gugenheim, il eut six enfants : trois fils, Joseph, Abraham, Nathan ; et trois filles, Dorothée, Henriette et Récha. Quelques mots sur chacun d'eux suffiront pour les faire connaître. J'insisterai seulement sur *Abraham*, qui a été la tige des *Mendelssohn-Bartholdy*.

L'aîné des fils, *Joseph* (1770-1848), qui se distingua comme critique littéraire, fut aussi très versé en économie politique. C'est lui qui fonda la fameuse maison de banque *Mendelssohn et Cie* de Hambourg, à laquelle s'associa, en 1804, son frère Abraham. Joseph fut lié avec tous les savants de son temps, mais plus particulièrement avec Alexandre de Humboldt, qui avait été l'élève de son père et auquel il eut occasion de rendre un service signalé. Il le vit entrer un jour chez lui, l'air morose et de méchante humeur. A son interrogation, Humboldt répondit que son propriétaire venait de lui signifier son congé et que le déménagement de ses immenses collections d'histoire naturelle les endommagerait gravement. Joseph ne répondit rien ; mais, le lendemain, Humboldt recevait de lui une lettre disant « qu'il pouvait dormir tranquille et demeurer dans sa maison tant qu'il le trou-

1. Aux lecteurs qui désireraient en savoir davantage, je recommande la monographie intitulée : *Moses Mendelssohn. Sein Leben und seine Werke*, par le Dr Kayserling, Leipzig, 1862, 1 vol. in-12.

verait bon, attendu que lui, Joseph, en était désormais le propriétaire ». — Bon sang ne peut mentir. Ce trait prouve que Félix eut de qui tenir quant à la noblesse du caractère, et que les beaux exemples ne lui manquèrent pas chez les siens.

Nathan se livra à l'étude des sciences d'application et alla s'établir en Silésie, non loin de Breslau. Il a fait peu parler de lui. Nous retrouverons tout à l'heure Abraham, le second fils, sur lequel il y aura lieu de s'étendre plus longuement.

Dorothée, la fille aînée (1765-1839), connue dans le monde des lettres par son roman *le Florentin*, qui obtint un immense succès lorsqu'il parut, en 1800, avait épousé un commerçant juif, nommé Simon Veit, dont elle eut deux fils; mais elle le quitta en 1798, pour suivre Frédéric Schlegel, qu'elle épousa plus tard, et avec lequel elle ne fut pas heureuse. Son second fils, Philippe Veit, s'est acquis en Allemagne une certaine renommée comme peintre.

Récha, mariée à un juif, agent de la cour de Mecklembourg, nommé Meyer, divorça aussi au bout de deux ou trois années de mariage et alla tenir à Altona un pensionnat de jeunes personnes. Elle n'eut point d'enfants.

La troisième, *Henriette*, demeura célibataire. Après un court séjour à Vienne (Autriche), elle alla, sur le conseil de son frère Abraham, diriger une institution de demoiselles à Paris, position à laquelle elle renonça bientôt pour entrer comme institutrice chez le maréchal Sébastiani, qui la chargea de l'éducation de sa fille. Elle y resta jusqu'en 1824, alors que Fanny Sébastiani épousa le duc de Praslin. On connaît la fin tragique de cette malheureuse femme, assassinée par son mari, en 1847. — Henriette finit par aller demeurer à Berlin, chez son frère Abraham, où elle mourut en 1831. Ces trois filles de Moses Mendelssohn se convertirent au christianisme.

Dans ses lettres à sa famille, Henriette a tracé du maréchal Davout, duc d'Auerstædt et prince d'Eckmühl, alors voisin de campagne des Sébastiani, un portrait si caractéristique et si plein d'humour, que je n'hésite pas à le transcrire. Il s'agit, du reste, d'un homme qui a joué dans les événements militaires et politiques du commencement de ce siècle un rôle prépondérant, et les détails historiques de ce genre ont leur prix ; car ils font connaître par leurs petits côtés les plus grands personnages, qu'ils éclairent d'un jour tout autre que celui sous lequel on les voit quand on les regarde par le gros bout de la lorgnette.

« Il faut, dit-elle, que je vous raconte quelque chose de très curieux. Figurez-vous que ce terrible Davout, l'effroi du Nord, l'auteur de tant de misères pour les pauvres Allemands est absolument nul et sans volonté chez lui. Il n'ose pas donner un ordre à ses domestiques sans la permission de la maréchale, qui exerce dans la maison un pouvoir aussi despotique, aussi rigoureux et aussi tyrannique que lui-même, dans les pays conquis. »

Et dans une autre lettre :

« Le maréchal Davout, sa femme et ses enfants, forment notre société journalière. La première fois qu'il entendit prononcer mon nom, il demanda au général S..., en ce moment avec nous, si j'avais des parents à Hambourg, où il avait connu une famille de ce nom, très honorable et très estimée. Presque tous ses domestiques sont Allemands. Ses filles apprennent sérieusement l'allemand, et, chaque fois qu'il me voit, il me demande si elles savent quelque chose en cette langue. La vie politique de cet homme est une énigme pour moi quand je l'observe dans son intérieur et au milieu de ses enfants. C'est un père comme Abraham sait l'être ; il se mêle à leurs jeux avec entrain et plaisir. Sa fille aînée, jeune personne de quatorze ans, qui lui ressemble beaucoup, est la plus douce créature que je connaisse. Je ne m'explique les cruautés commises à Hambourg, sous son gouvernement, qu'en me disant qu'il doit être sot, lourdaud et ignorant. Chez lui, son influence est nulle, et je suis sûre qu'il en fut de même dans son gouvernement; quelque misérable aura agi à sa place. Il est vrai que, pour les pauvres opprimés, c'était tout un, et peut-être est-il encore plus à blâmer d'avoir laissé commettre en son nom de telles monstruosités. »

Sur ce point, le jugement de Henriette s'est égaré. Le maréchal Davout n'était ni un sot ni un ignorant, et encore moins un esprit faible. Toute sa vie prouve le contraire. Si dans son intérieur il se laissa dominer par sa femme, c'est qu'il n'était pas fâché de déposer pour quelque temps le fardeau du commandement c'est qu'il aimait ardemment la maréchale, qui le lui rendait bien et qui était une femme supérieure, une maîtresse de maison modèle. Qu'on lise le livre très intéressant que lui a consacré sa fille, et l'on verra l'affection que cet homme de fer portait à ses enfants et à leur mère[1]. Si, pendant son gouvernement de Hambourg, il exerça des sévérités souvent excessives, il ne faut pas perdre de vue qu'il était entouré d'ennemis et de traîtres, et que l'empereur Napoléon Ier, quoique appréciant fort ses talents de capitaine et d'administrateur, ne le voyait pas d'un œil trop favorable. Très exigeant en matière de discipline, le maréchal Davout ne ménagea pas plus ses propres soldats que les Allemands.

Arrivons à *Abraham*, le second fils de Moses Mendelssohn, et le père de Félix, homme très distingué et qui certainement aurait été tiré hors de pair, s'il ne se fût trouvé placé entre deux célébrités qui l'ont écrasé ; aussi disait-il souvent cette phrase humoristique, rendue plus spirituelle encore par la bonhomie avec laquelle il l'exprimait : « J'ai été d'abord le fils de mon père ; à présent, je suis le père de mon fils. »

---

1. *Le maréchal Davout, prince d'Eckmuhl*, raconté par les siens et par lui-même, par Madame la marquise de Blocqueville, Paris, 1879, 2 vol. — Voy. aussi *le Maréchal Davout, sa jeunesse, sa vie privée*, par M. Émile Montégut, dans la *Revue des Deux Mondes*, 1er octobre 1879 et numéros suivants.

On ne sait rien sur sa jeunesse. Nous le trouvons en 1803, caissier à Paris dans la maison de banque des frères Fould. Pendant un voyage qu'il fit à Berlin, il paraît avoir connu et aimé celle qui devait être sa femme, *Léa* ou *Lilla Salomon*. Ici, je dois signaler une erreur commise par l'auteur de l'une des meilleures biographies de Félix Mendelssohn[1], mon excellent confrère et ami, M. H. Barbedette, erreur que, comme beaucoup d'autres, j'ai longtemps partagée avec lui. Il dit que Abraham Mendelssohn « ajouta à son nom celui de sa femme, *fille du banquier Bartholdy* ». Or, M. Hensel nous apprend que sa grand-mère était une *Salomon* et non une *Bartholdy*. Je dirai plus loin par quel concours de circonstances Abraham Mendelssohn en vint à ajouter ce nom de Bartholdy au sien.

Abraham demanda la main de Léa, en posant pour condition qu'elle habiterait Paris avec lui, car il ne pouvait souffrir Berlin. Mais madame Salomon ne voulut pas en entendre parler et de plus, refusa de donner sa fille à un *commis*. Elle était toute disposée à s'allier aux Mendelssohn, mais elle entendait que le mari de sa fille eût une position stable en Allemagne. A ce propos, Henriette écrivait de Paris à son frère alors à Berlin :

« Je ne te dirai rien des heureux résultats que j'at-

1. *Félix Mendelssohn (Bartholdy), sa vie et ses œuvres*, Paris, 1869, au *Ménestrel*, 1 vol.

1.

tends de la réussite de tes espérances, mais je t'avoue-
rai que je ne crois pas cette réussite possible avec la
condition que tu poses. Et pourtant, mon très cher
ce mariage serait pour toi un si grand bonheur, à tous
les points de vue, que je te supplie de bien réfléchir
et de ne point le sacrifier à ta position actuelle, bien
qu'elle soit assez avantageuse, je le reconnais... J'espère lire dans ta prochaine lettre que tu as parlé à
Lilla ; plus tu lui parleras, et plus tu verras qu'il te
serait difficile, sinon impossible, de trouver une femme
comme elle. Je n'admets pas que l'existence de Berlin,
qui te déplaît, ait une influence décisive sur la plus
sérieuse des résolutions que tu as à prendre. Je n'ai
pu me retenir de t'accuser de légèreté, en lisant dans
ta lettre ces mots : *Je préférerais manger du pain
sec à Paris.* Le pain sec n'est pas à dédaigner quand
il est blanc, comme ici ; mais, si tu continues à ne travailler que pour les autres, sans moyen d'avancer plus
loin, malgré les talents que nous te connaissons, je
crains qu'il ne devienne du *pain amer,* et Dieu te
préserve de regretter un jour ce que tu refuses aujour-
d'hui ! »

Ces bonnes raisons, qu'appuyaient ses propres sentiments et la voix de son cœur, ne manquèrent pas
leur effet. Abraham se démit de son emploi dans la
maison Fould, quitta Paris, s'associa avec son frère
Joseph, et, en 1804, épousa Léa Salomon, avec laquelle
il alla s'installer à Hambourg.

Il s'en fallut donc de peu que Félix Mendelssohn,

au lieu d'être le teuton gallophobe que nous connaissons, ne devînt un compositeur français. Peut-être son génie y aurait-il gagné ! en tout cas, il aurait acquis une clarté, une fluidité qui font souvent défaut dans ses œuvres, même les plus belles, où prédominent un peu trop la lourdeur et la raideur germaniques.

II

Les époux Mendelssohn demeurèrent à Hambourg jusqu'en 1811, et y eurent trois enfants : *Fanny-Cæcilia* l'aînée, le 15 novembre 1805, *Félix-Jacob-Louis*, le 3 février 1809 [1], et *Rébecca*, le 11 avril 1811. Dans sa lettre où il annonce la naissance de sa fille aînée à sa belle-mère, madame Salomon, il lui dit ces mots prophétiques : « Léa trouve que la petite a des doigts à la Bach. » La réalisation vint les confirmer.

Pendant la domination française à Hambourg, la vie devint si difficile pour les Mendelssohn, qu'ils quittèrent cette ville sur la fin de 1811, pour aller s'établir à Berlin, où, le 30 octobre 1813, naquit Paul, leur dernier enfant. Le grand sens pratique d'Abraham le fit choisir pour conseiller municipal de Berlin.

---

1. Et non le 5, comme l'a dit à tort Fétis, dans sa *Biographie univ. des musiciens*, t. VI.

Dès leur plus tendre jeunesse, Fanny et Félix avaient fait preuve de dispositions extraordinaires pour la musique. Leur mère fut leur premier professeur ; puis on les confia à Berger pour le piano, et à Zelter pour l'harmonie. On ne pouvait mieux choisir que ce dernier qui, malgré ses manières communes et son caractère excentrique, devint l'intime de la maison. Singulier original que ce Zelter, savant musicien d'ailleurs, artiste dans l'âme et ami de Gœthe ! Un jour, à propos du génie, auquel il prétendait que rien n'était impossible, il s'écria : « Eh bien, oui, un homme de génie est capable de friser un cochon et de lui faire des papillotes » ! A table, il aimait à dire : « Quand j'ai de l'eau, je mets la bière de côté, et je bois du vin ! »

L'éducation donnée par les parents aux enfants, et leurs rapports avec eux furent toujours sérieux et contenus dans les bornes les plus strictes du respect : « Fidèles et obéissants jusqu'à la mort » (*Treu und gehorsam bis in den Tod*), telle était la formule de leur bénédiction. Il régnait dans cette maison, malgré l'amour paternel le plus profond et le plus tendre, quelque chose de la sévérité des mœurs et des coutumes juives.

J'ai déjà dit que les trois filles de Moses Mendelssohn s'étaient converties au christianisme ; elles avaient même passé du catholicisme au protestantisme, pour revenir au catholicisme ; mais les fils étaient demeurés juifs, quoique sans attache bien directe à la religion de leur père. Cette manière de

respecter le culte des ancêtres pourrait donner lieu à
des discussions plus ou moins favorables aux uns et
aux autres, mais *non est hic locus.* Quelle que soit la
raison qui ait guidé Abraham Mendelssohn, il est au
moins certain qu'il fit de ses enfants des protestants.
Indécis sur le parti qu'il devait prendre, il demanda
conseil au frère de sa femme, lequel, ayant abjuré
le judaïsme, s'était fait baptiser, et avait changé son
nom de Salomon, en celui de Bartholdy. De Rome, il
répondit à Abraham :

« Tu dis que tu dois rester juif par respect pour la
mémoire de ton père! Crois-tu donc mal agir en donnant à tes enfants la religion que tu tiens pour la
meilleure? Ton père n'aurait pas hésité à le faire. On
peut demeurer fidèle à une religion opprimée et per-
sécutée; on peut même obliger ses enfants à donner
leur vie pour elle, tant qu'on la regarde comme la
seule pouvant conduire au salut ; mais, dès qu'on n'y
croit plus, c'est de la barbarie. Je te conseille donc
de faire abjurer tes enfants et d'adopter le nom de
Mendelssohn-Bartholdy, pour te distinguer des autres
Mendelssohn ; ce me sera particulièrement agréable,
car c'est un moyen de conserver mon souvenir. Ton
but sera ainsi atteint sans rien commettre d'insolite,
puisque, en France et presque partout, on a coutume
de joindre à son nom celui des parents de sa femme,
comme signe distinctif. »

Je ne m'arrêterai pas à faire ressortir ce que ce
raisonnement a de spécieux ; comme je l'ai déjà dit,

le lieu serait mal choisi. Toujours est-il que ce conseil sourit à Abraham, puisqu'il le suivit de point en point, et voilà comment il s'est fait que cette branche de la famille prit dès lors le nom de *Mendelssohn-Bartholdy*. Bien que ce détail n'ait qu'un rapport assez indirect avec le sujet qui nous occupe, j'ai tenu à le donner, pour justifier ce que j'ai avancé plus haut : à savoir que le nom de Bartholdy n'était pas celui de la famille de madame Mendelssohn.

Afin de ne point froisser les sentiments profondément israélites de madame Salomon, on décida que les enfants seraient élevés secrètement dans la religion chrétienne; car cette dame était fort orthodoxe et ne transigeait pas avec sa conviction religieuse. Ainsi, lorsque son fils, le Bartholdy en question, eut changé de culte, elle le bannit de sa présence, le maudit et le déshérita. Fanny était la favorite de la grand-maman Salomon, chez qui elle allait souvent faire de la musique. Un jour qu'elle avait joué dans la perfection, la vieille dame enchantée lui promit de lui accorder ce qu'elle demanderait. Elle s'attendait à ce que l'enfant portât son désir sur un objet de toilette ou un bijou; mais quel ne fut pas son étonnement quand elle l'entendit s'écrier : « Eh bien, grand'maman, pardonne à l'oncle Bartholdy! » Émue jusqu'aux larmes, madame Salomon ne put rien répondre; mais peu de temps après, elle se réconciliait avec son fils, « par considération pour Fanny ». Dès ce moment, l'attachement de l'oncle pour sa nièce fut sans bornes, et il ne

cessa plus de correspondre avec elle. Disons en passant
que ce Bartholdy (Jacob-Salomon), consul général de
Prusse dans la capitale du monde chrétien, fut un
homme d'un grand esprit, admirateur et appréciateur
éclairé des arts en général, et qui, malgré la modi-
cité de sa fortune, sut réunir une admirable collection
artistique, à une époque où bien peu d'hommes en
avaient le sentiment. Sa villa, *Casa Bartholdy*, était
décorée de fresques par Veit, Schadow, Cornélius,
Owerbeck et Schnorr. Bartholdy est l'auteur d'un important travail sur la musique, inséré dans le *Musikalische Zeitung* de Berlin (1805), intitulé : *Ueber
den Volksgesang der Sicilianer* (sur le chant populaire des Siciliens). Il mourut à Rome en 1827, laissant
sa fortune à sa sœur Léa. Nous le rencontrerons encore
dans la suite de ce récit.

III

Cependant, avec les années, les enfants croissaient
en force, en santé et en talent. Félix devenait l'enfant
extraordinaire que l'on sait ; Fanny ne demeurait pas
en reste avec son frère, et tous deux connaissaient déjà
les règles de la composition. Fanny composa plusieurs
Lieder (mélodies) qui obtinrent la faveur générale et
que Félix a fait graver sous son nom dans son premier
recueil de romances avec ou sans paroles.

Bien qu'Abraham Mendelssohn eût pour principe
immuable que la seule vocation d'une jeune fille est
de devenir une bonne ménagère, il n'hésita pourtant
pas à favoriser le développement des talents qu'il
avait devinés chez sa fille. Il lui fit étudier l'harmonie,
le contrepoint, la haute composition, et, comme pianiste, elle fut presque l'égale de son frère. Sa mémoire
était surprenante ; elle en donna une preuve palpable

en 1818, alors qu'elle n'avait que treize ans, en jouant
par cœur, devant son père émerveillé, les vingt-quatre
préludes du *Clavecin bien tempéré* de J.-S. Bach,
l'un après l'autre. Ce que Henriette (la tante Iette)
écrivit à ce sujet à sa belle-sœur, caractérise bien
Abraham Mendelssohn :

« Chère Léa, dit-elle, c'est en vérité prodigieux que
Fanny ait pu apprendre par cœur les vingt-quatre préludes de Bach, et sa persévérance à les étudier me
rend muette d'étonnement. Mais, après vous avoir
témoigné mon admiration, je retrouve la parole pour
vous avouer que je considère cette entreprise comme
répréhensible ; l'effort est trop grand ; il faut vous
contenter de diriger le talent extraordinaire de votre
chère fille et non le forcer. Mais papa Abraham est
insatiable. C'est à peine si le parfait est assez bien pour
lui. Je le vois d'ici pendant que Fanny joue, content
et charmé au fond de l'âme, ayant bien soin de n'en
rien laisser paraître. Cependant, les enfants s'aper-
cevront bientôt qu'ils sont sa joie et son orgueil, et ne
feront plus attention à ses mines de stoïque... » On le
voit, madame Mendelssohn ne s'était pas trompée
lorsqu'à la naissance de sa fille aînée, elle avait prédit
qu'elle aurait des doigts « à la Bach ». Cette mémoire extraordinaire ne fit jamais défaut à Fanny ;
elle lui fut bien précieuse pendant son séjour à
Rome, où elle exécuta par cœur le vaste répertoire de
Beethoven, de Bach et de presque tous les classiques
allemands, à une époque où l'on n'aurait pas trouvé

en cette ville une feuille imprimée de leurs œuvres.

En 1820, Abraham Mendelssohn, que ses affaires avaient appelé à Paris, écrivait, le 16 juillet, à Fanny, alors âgée de quinze ans :

« Tes derniers *Lieder* sont à Viry [1], d'où je les rapporterai demain, et je me mettrai en quête de quelqu'un qui puisse me les chanter convenablement. M. Léo m'a joué — très incorrectement d'ailleurs, — la fugue de Félix [2], qu'il trouve très bonne et d'un excellent style, mais difficile. Elle m'a beaucoup plu, c'est un grand point, et je l'aurais à peine cru capable de se mettre sitôt à un travail aussi sérieux ; car, pour écrire une pareille fugue, il faut nécessairement de la réflexion, du savoir et de la persévérance. — Ce que tu me dis de tes études musicales avec Félix est aussi justement pensé que bien exprimé. Peut-être la musique sera-t-elle pour lui une profession, tandis que, pour toi, elle ne sera qu'un agrément. Il a par conséquent le droit d'avoir de l'ambition et de désirer se faire valoir dans une occasion qui peut devenir pour lui de grande importance, parce qu'il se sent cette vocation. Persiste dans la conduite et dans les sentiments que tu me fais connaître ; ils sont féminins, et rien que ce qui est féminin ne pare les femmes ! »

« *Mardi*. — Hier, à Viry, on a pris connaissance de tes *Lieder*. Tu seras sans doute satisfaite d'appren-

---

1. Propriété du maréchal Sébastiani.
2. Il n'avait pas encore onze ans.

dre que Fanny Sébastiani m'a chanté très délicatement et très purement : *les Soins de mon troupeau*,
qu'elle trouve fort de son goût. Je t'avoue que c'est
aussi celui que je préfère, autant qu'il m'est donné de
pouvoir juger les autres après une interprétation absolument imparfaite. Il est gai, coulant, naturel, et
ce sont là des qualités qui me semblent manquer aux
autres que je trouve trop développés pour les paroles.
Ce *Lied* me plaît tant, que, depuis hier, je le fredonne
sans cesse, tandis que je ne puis rien retenir des autres, et, à mon sens, la clarté est indispensable dans
un *Lied*. En outre, il n'a rien de commun, et le motif
de : *Si j'ai trouvé pour eux une fontaine claire*, est
très heureux; seulement, je trouve le passage sur le vers:
S'ils sont heureux, trop décidé et trop énergique pour
finir. — Ta mère m'écrit que tu te plains de manquer
d'exercices pour les quatrième et cinquième doigts,
et que Félix t'a composé une étude pour cet objet.
Madame Bigot[1] ne croit pas au manque de ce genre
d'études ; elle admet plutôt le manque de pratique sérieuse si, chez toi comme chez beaucoup de pianistes,
ces doigts refusent de suivre les autres. Il faut y consacrer tous les jours un certain temps, sans se préoccu-
per de la mesure, de l'expression, etc ; il faut simplement faire travailler mécaniquement ces doigts, et ce

1. Madame Bigot (Marie Kiéné), née à Colmar en 1786, fut
peut-être la pianiste la plus remarquable de son temps. Elle est
morte à Paris, le 16 septembre 1820, trois mois seulement après
la visite que lui fit Abraham Mendelssohn.

n'est qu'en les exerçant avec lenteur et une attention
soutenue, que l'on arrive à leur donner de la force.
C'est en étudiant ainsi et avec une patience inaltérable
qu'elle est parvenue, et qu'il est possible de parvenir,
à donner de l'agilité à tous les doigts. J'ai tenu à te
communiquer ces observations de madame Bigot ;
elles m'ont paru dignes de considération. »

On peut affirmer que, sans son père, Félix Mendelssohn ne serait jamais devenu l'homme éminent qu'il a
été. La carrière artistique n'était pas alors aussi généralement adoptée qu'à présent, et cette carrière, surtout en Allemagne, était semée d'écueils. Combien
d'hommes distingués et même avancés, d'un libéra-
lisme indubitable, se récriaient lorsqu'on leur parlai
de la profession de musicien ! Bartholdy lui-même
partageait ce préjugé, et écrivait à son beau-frère
Abraham :

« Je ne puis m'expliquer pourquoi tu ne donnes pas
à Félix une profession positive. Cela ne serait et ne
pourrait être une entrave à ses dispositions pour la
musique, sur lesquelles il n'y a qu'une voix. Mais je
t'avoue qu'un musicien de profession n'entre pas dans
ma tête. Ce n'est ni une carrière, ni une existence,
ni un but ; on n'est pas plus avancé à la fin qu'au
commencement. Fais sérieusement étudier ton fils ;
qu'il suive un cours de droit à l'Université, et qu'il
embrasse la carrière politique. L'art sera pour lui
alors un ami, un compagnon de jeu. Autant qu'il m'est
donné de prévoir la marche des choses, nous aurons be-

soin bientôt d'hommes instruits. S'il doit être négo-
ciant, qu'il entre de bonne heure dans un comptoir. »

Heureusement, Abraham Mendelssohn demeura
sourd à ces suggestions. Félix fit ses humanités ; il
suivit même un cours de jurisprudence ; mais son
père le destina à la carrière artistique, et la suite a
prouvé que cette idée n'était pas aussi saugrenue que
le prétendait l'oncle Bartholdy. Tous les efforts du
père tendirent à ce que cette carrière fût pour son fils
un but réel et solide; il lui recommanda l'étude des
anciens maîtres et surtout de Jean-Sébastien Bach,
l'illustre *Cantor* de Leipzig. Ceci contredit Marx, qui,
dans ses *Souvenirs*[1], affirme que l'hésitation du père,
quant à l'avenir de son fils, fut si grande, que pendant
longtemps il insista pour qu'il entrât dans les affaires.
Il croyait, ajoute Marx, que Félix n'avait point de
génie musical et que c'était un bonheur pour lui. Une
des lettres précédentes nous prouve qu'il n'en fut rien
et qu'Abraham Mendelssohn n'hésita pas à faire de
Félix un artiste, puisque, dès sa onzième année, il
pressentait déjà la vocation de son fils. Marx a donc
été mal renseigné à cet égard, et cela surprend d'autant plus qu'il fréquenta assidûment la maison Mendelssohn. Quoi qu'il en soit, l'étude des lettres et des
sciences marcha de front avec celle de la musique, et,
comme les parents choisirent toujours pour leurs en-

---

1. *Erinnerungen aus meinem Leben*, t. II, p. 113-114, Berlin, 1865.

fants les premiers professeurs de Berlin, ils leur donnèrent pour précepteur le docteur Heyse, plus tard philologue célèbre et père du poète Paul Heyse. Félix fit
des progrès en latin, mais il n'eut ni goût ni capacité
pour les mathématiques, et son ami Schubring (dans
ses *Souvenirs*) se désole de ne pouvoir lui faire comprendre comment l'étoile polaire sert de guide en
voyage. Il ne mordit pas volontiers au grec ; sa sœur
Rébecca, au contraire, y prit un intérêt si vif et acquit
une connaissance si complète de la langue hellénique,
qu'elle parvint à lire couramment Homère et Platon,
et que, plus tard, elle vint souvent en aide à ses fils
dans leurs études.

IV

Dans l'automne de 1821, Félix prit son premier vol hors de la maison paternelle, sous la conduite de Zelter, qui l'emmena à Weimar, chez Gœthe, où il demeura quinze jours. Quelques mois avant ce voyage, il avait commencé à improviser, ce qu'il fit encore à Weimar en présence de Gœthe, de Hummel et d'autres artistes de la Cour. Voici des passages de lettres qu'il écrivit alors à ses parents et qui n'ont pas été publiées. Qui croirait qu'elles sont sorties de la plume d'un enfant de onze ans ?

« Weimar, 6 novembre 1820.

» Maintenant, écoutez tous. — C'est aujourd'hui mardi. Dimanche, le soleil de Weimar, Gœthe, est

arrivé. Le matin nous étions allés à l'église, où l'on
chanta le Ps. 100 avec la musique de Händel. L'orgue
est grand mais faible; celui de Sainte-Marie, quoique
plus petit, a beaucoup plus de puissance. L'autre a
cinquante registres, quarante-quatre jeux et un
trente-deux pieds. Une fois sorti de l'église, je
vous écrivis ma petite lettre du 4, puis j'allai à
l'*Éléphant*, où je dessinai la maison de Lucas
Cranach. Vers deux heures survient le professeur
Zelter qui me dit : « Le vieux maître est arrivé;
Gœthe est ici! » — Aussitôt nous courûmes chez lui.
Il était au jardin et vint à notre rencontre, tenant un
échalas dans la main, juste comme avec toi, cher père :
n'est-ce pas étrange? — Il est très amical et je
trouve qu'aucun de ses portraits ne lui ressemble. On
ne lui donnerait certes pas soixante-treize ans; tout
au plus le prendrait-on pour un quinquagénaire. Nous
nous mîmes à table. Après le dîner, la sœur de sa bru,
mademoiselle Ulrike, lui donna un baiser et je fis de
même. Tous les matins, l'auteur de *Faust* et de *Wer-
ther* m'accorde un baiser, et, l'après-midi, le père et
ami, Gœthe, m'en donne deux. Qu'en dites-vous? Je
lui ai joué, pendant deux heures, tantôt des fugues de
Bach, tantôt de l'improvisation. Le soir, on a fait un
whist, et le professeur Zelter, qui en était, me dit :
« Whist signifie que tu dois taire ta g..... » *(Whist
heisst, du sollst das Maul halten).* C'est assez énergique! Ensuite nous avons soupé, même Gœthe, qui
pourtant ne prend rien le soir. — A toi maintenant,

Fanny, ma petite tousseuse. Tu sauras qu'hier matin j'ai porté tes *Lieder* à madame Gœthe [1], qui a une belle voix et qui les chantera au vieux maître. J'avais déjà dit à Gœthe qu'ils sont de toi et je lui demandai s'il voulait les entendre : « Oui, oui, très volontiers, » répondit-il. Ils plaisent beaucoup à madame Gœthe. C'est bon signe. Aujourd'hui ou demain il les entendra. »

« Weimar, 10 novembre.

» Je suis allé lundi chez madame de Henkel et chez S. A. R. le grand-duc héritier, auquel ma sonate en *sol mineur* a beaucoup plu. Mercredi soir, on a donné *Oberon* de Wranitzky, un fort bel opéra. — Jeudi matin vinrent chez nous la grande-duchesse et le duc héritier, devant lesquels il me fallut jouer. Après une interruption de deux heures, je pianotai depuis onze heures du matin jusqu'à dix heures du soir. Je joue ici beaucoup plus qu'à la maison; rarement quatre heures; le plus souvent six et même huit heures. Tous les après-midi, Gœthe ouvre le piano avec ces mots : « Je ne t'ai pas encore entendu aujourd'hui, fais-moi un peu de bruit; » il s'assied à côté de moi, et, quand j'ai fini (d'ordinaire j'improvise), je demande un baiser ou je le prends. Vous ne pouvez

1. La bru du poète. Le fils de Gœthe était en Italie pour sa santé.

vous faire idée de sa bonté et de son amabilité; pas plus que vous ne pouvez vous imaginer ses richesses en minéraux, bustes, estampes, statuettes, dessins, etc. Je ne lui trouve pas la taille imposante; il n'est guère plus grand que papa. Ce qui est imposant, c'est sa tenue, son langage, son nom! sa voix **a une réso**nance toute particulière; ses cheveux ne sont **pas** encore blancs; sa marche est ferme et sa parole douce. Mardi, le professeur Zelter voulut m'emmener à Iéna, et de là à Leipzig. Adèle, la fille de Schoppenhauer, était avec nous et Gœthe, contre son habitude, demeura là toute la soirée. On vint à parler de notre voyage. Alors Adèle proposa de demander à Zelter de différer notre départ de deux jours. On alla chercher le professeur, que l'on traîna dans la chambre, et Gœthe, de sa voix tonitruante, lui reprocha de vouloir nous faire sortir « du vieux nid »; il lui dit « de se taire, de ne se permettre aucune objection et de me laisser ici. Libre à lui d'aller à Iéna et de revenir. » Bref, la volonté de Gœthe l'emporta. Alors on se précipita sur lui; on l'embrassa sur la bouche, sur les mains, sur les bras, et même sur les épaules. Si nous n'avions pas été chez lui, je crois que nous l'aurions escorté jusqu'à sa maison, comme le fit le peuple romain pour Cicéron, lorsqu'il eut prononcé sa première *Catili-naire*. Mademoiselle Ulrike lui avait jeté les bras autour du cou, et, comme il lui fait un brin de cour (car elle est fort jolie), tout cela produisit le meilleur effet. »

Madame Mendelssohn envoya cette lettre à sa belle-sœur, la tante Jette, qui lui répondit aussitôt :

« Je ne puis assez vous remercier, chère Léa, de la joie que m'a causée cette délicieuse lettre. Vous êtes une heureuse mère! Il m'est impossible de vous exprimer combien j'en ai été touchée, émue, réjouie! Vous le sentez, ô mère bénie, et vous en êtes reconnaissante envers la Providence qui vous a donné de tels enfants, et un tel fils!... C'est vraiment un artiste dans la meilleure acception du mot, et rarement on voit de si hautes facultés unies au cœur le plus noble et le plus tendre. Si Dieu nous le conserve, ses lettres feront époque. Mettez-les de côté comme dans un sanctuaire, car elles sont déjà sanctifiées par l'expression de ce cœur enfantin et pur. — Que ce devait être beau de voir ce garçon si ouvert et si empressé auprès de Gœthe, le sublime vieillard, le patriarche! Dans notre jeunesse, nous avons souvent rêvé de vivre à côté de Gœthe; Félix a réalisé ce rêve, de même que la belle voix de basse du père s'est changée pour son fils en un talent extraordinaire. Je remercie Dieu du bonheur qu'il nous accorde de voir ce que notre pauvre mère ne pouvait supposer, lorsque, impatientée d'entendre ton éternel refrain, cher Abraham, — c'était alors le chœur d'*Athalie*, de Schulz, — elle s'écriait : « Bon Dieu qu'il m'ennuie avec son *Tout l'Univers* [1] ! »

---

1. Premier vers du chœur de l'*Athalie* de Racine : « Tout l'univers est plein de sa magnificence, etc. »

V

En 1822, Abraham Mendelssohn entreprit un voyage
d'agrément en Suisse avec toute sa famille. Il emme-
nait sa femme, ses quatre enfants, leur précepteur
Heyse, un certain docteur Neuburg et plusieurs domestiques.

Un semblable voyage, dans de telles conditions,
était, surtout alors, une chose peu ordinaire. Le jour
du départ arriva une petite aventure. Félix fut oublié
à Potsdam. Ceux qui étaient dans une voiture le
croyaient dans une autre; ce n'est qu'après avoir
atteint le lieu dit : « la Grande Croix » (*Grosskreuz*),
éloigné de Potsdam d'environ 3 milles, que l'on s'aperçut de son absence. Heyse s'empressa de courir à
Potsdam; mais, à un mille de Grosskreuz, il rencontra
son pupille, qui ne s'était avisé du départ des voitures

2.

que quand elles étaient déjà loin et qui espérait pouvoir
les atteindre en marchant.

Après un court séjour à Gœttingue (où, trente-six
ans plus tard, Rébecca devait finir ses jours à l'âge de
quarante-sept ans), et à Cassel, où l'on fit de la musique
avec Spohr, la société atteignit Francfort-sur-le-Mein.
En cette ville, Aloyse Schmitt leur offrit une séance
musicale que Fanny a décrite de la manière suivante,
à son amie, Marianne Saaling :

« Tu ne te figures pas combien je regrettai Henning,
Rietz, Kelch, Lysold, etc. Ah! comme ces braves
gens nous écorchèrent les oreilles! Pour commencer,
arrive un violoniste de Paris, Fémy, élève de Baillot,
ce professeur si renommé. Franchement, il ne me
plut pas. Son jeu est mou, empâté, effacé; pas d'archet, point de son, point d'énergie. C'est aussi l'avis
de Félix. Ils accompagnèrent ensuite son quartetto.
Le seul plaisir que j'éprouvai fut d'étudier les physio-
nomies. Je dus ensuite jouer quelque chose, mais
mieux vaudrait n'en point parler. Représente-toi la
chambre pleine d'étrangers, élèves ou amis de Schmitt;
un accompagnement détestable, et moi tremblante
comme une feuille! Je jouai si mal, que je me serais
volontiers battue, après avoir battu les autres. Me
compromettre ainsi devant vingt pianistes! Je m'arrête, car je me sens redevenir furieuse. Fémy joua
encore un quartetto, et enfin le plus jeune frère
d'Aloyse Schmitt exécuta des variations de sa composition. Schmitt a autour de lui une belle pépinière

d'élèves. Éliot, de Strélitz, était là aussi avec Ferdinand Hiller[1], son disciple de prédilection, beau garçon
de neuf ans, à l'aspect franc et ouvert. »

De Francfort, la joyeuse caravane se dirigea vers le
sud par Darmstadt, Stuttgard et Schaffouse. Une
fois au Saint-Gothard, on reprit la route de Berlin et
la belle espérance que Fanny nourrissait en secret,
de jeter au moins un regard sur l'Italie, fut déçue cette
fois; elle ne devait se réaliser que dix-sept ans plus
tard. Elle écrivait à ce sujet à son amie :

« J'ai vécu un jour, chère Marianne, un jour qui de-
meurera ineffaçable en mon âme et dont le souvenir
me poursuivra longtemps. J'ai pénétré dans la plus
grande nature de Dieu ! mon cœur palpitait de crainte
et de respect, et, lorsque j'ai été plus calme, apparut à
mes yeux la plus sublime beauté terrestre, la suavité
la plus désirable, les frontières d'Italie ! Hélas ! le des-
tin me cria : « Jusqu'ici et pas plus loin ! » Jamais,
jamais je n'ai éprouvé de sensation pareille : gratitude
envers Dieu pour m'avoir accordé ce beau jour; envie
démesurée de voir ce que me cachent les montagnes;
résolution arrêtée de le voir bientôt ; toutes ces émotions réunies jaillirent extérieurement en torrents de
larmes bienfaisantes. Je n'ai pas voulu t'écrire hier
soir, car tu n'aimes pas quand je suis vivement excitée.
J'étais exaltée, mais j'ai tout gardé pour moi; j'ai
voulu attendre que le calme fût revenu. Eh bien,

____

1. Plus tard, un des meilleurs amis de Félix, et mort en 1884,
maître de chapelle à Cologne.

maintenant encore, au souvenir de ce que j'ai vu hier et ce matin, mon cœur se dilate et m'enlève tout repos. Je vais néanmoins essayer de te raconter avec autant d'ordre que possible ce que j'ai vu et éprouvé. »

Suivent de longs détails aussi bien écrits que bien pensés, des descriptions fort intéressantes, mais qui n'ont point de rapports, ni de près ni de loin, avec l'art musical.

Au retour, on s'arrêta plus longtemps à Francfort pour y faire la connaissance de Schelblé, qui dirigeait magistralement la société Sainte-Cécile, et où Félix improvisa avec succès; puis à Weimar pour remercier la famille Gœthe de l'accueil si amical fait à Félix, lors de sa visite avec Zelter. Gœthe ne se lassait pas d'entendre Félix lorsqu'il était au piano, et ses entretiens avec son père roulèrent presque exclusivement sur lui. Un jour que Gœthe avait été contrarié, il dit au jeune homme :

— Je suis Saül et tu es mon David; quand je me sens triste et ennuyé, viens à moi et calme-moi par tes accords.

Un soir, il pria Félix de lui jouer une fugue de Bach que lui avait recommandée sa bru. Félix ne la savait pas par cœur; il n'en connaissait que le sujet, qu'il développa dans un long morceau fugué. Gœthe était ravi; il s'approcha de madame Mendelssohn, lui serra les mains et s'écria :

— C'est un garçon précieux, céleste ! Renvoyez-le-moi bientôt pour qu'il me ranime !

De son côté, Félix sentait tout le prix d'une telle amitié, et, bien que les belles dames de Weimar se missent en frais pour attirer chez elles et flatter cet adolescent, encore presque un enfant, il ne rechercha que l'amitié et la satisfaction de Gœthe.

Ce voyage fit grand bien à Félix et aida puissamment à son développement physique; car, peu de temps après son retour à Berlin, Fanny consignait dans son journal (*Tagbuch*) les détails suivants :

« Félix est devenu plus grand et plus fort; ses traits et l'expression de son visage se sont formés avec une incroyable promptitude, et son changement de coiffure ne contribue pas peu à son changement d'aspect. Le joli visage de l'enfant a disparu pour faire place à une mine plus virile, qui lui va très bien. Il est autrement, mais non moins beau que précédemment.

Ce n'est pas sans raison que madame Mendelssohn disait de ses deux aînés : « Ils sont vraiment fiers et glorieux l'un de l'autre. »

VI

Dans l'année qui suivit cette excursion en Suisse, le talent musical de Félix fit des progrès gigantesques ; ceux de Fanny ne leur furent pas inférieurs. L'affection qui les unissait demeura pure et sans la moindre altération jusqu'à leur dernier jour, et on trouve dans le journal de Fanny, à la date de novembre 1822, les lignes suivantes :

« Jusqu'ici, je puis dire que sa confiance en moi est sans bornes. J'ai vu son talent éclore et grandir peu à peu ; j'ai, en quelque sorte, contribué à son perfectionnement. En musique, il ne prend conseil que de moi, et jamais il n'a mis sur le papier une pensée sans la soumettre d'abord à mon appréciation. Ainsi, j'ai connu ses œuvres avant même qu'il en eût transcrit une seule note. »

L'activité de Félix, qui ne se démentit jamais de

toute sa vie, était continuelle ; car, outre son instruction scientifique, il consacra beaucoup de temps et d'assiduité au dessin. Bien que ses dispositions en ce genre ne fussent pas à la hauteur de ses dons musicaux, il pouvait passer pour un bon amateur. De son dernier voyage en Suisse, en 1847, il rapporta des aquarelles qu'un artiste n'aurait pas désavouées. Il affectionnait aussi tous les exercices du corps : danse, équitation, escrime, gymnastique, dans lesquels il montrait beaucoup d'habileté. Le patinage seul ne lui plaisait pas, parce qu'il ne pouvait souffrir le froid. Quant à son activité musicale, dès ses jeunes années elle fut extraordinaire, comme le prouve une petite biographie de lui, écrite par Fanny, et que possède M. Hensel, dans laquelle sont détaillés, année par année, tous les morceaux qu'il a composés. Rien qu'en 1822, où le grand voyage en Suisse ne laissa guère de temps pour le travail, la liste porte :

1° Le Ps. 66, pour trois voix de femmes ;

2° Le concerto de piano en *la mineur ;*

3° Deux romances pour voix d'homme ;

4° Trois *Lieder ;*

5° Trois fugues pour piano ;

6° Quartetto en *ut mineur* pour piano, violon, alto et violoncelle ;

7° Deux symphonies pour deux violons, alto et basse ;

8° Un acte de l'opéra : *les Deux Neveux (Die beide Neffen) ;*

9° *Jube Domine*, en *ut majeur*, pour la *Cæcilien-verein* (société Sainte-Cécile de Francfort);

10° Un concerto de violon (pour Rietz);

11° *Magnificat*, avec instruments.

Dans la même année, il parut pour la première fois en public, dans un concert donné à Berlin par la Milder. De cette époque aussi datent les *Sonntags Musiken*, ou matinées musicales du dimanche, qui devaient plus tard prendre tant d'extension chez madame Hensel. Dans le local exigu des Mendelssohn (sur la Nouvelle-Promenade) se réunit d'abord un petit cercle d'amis, où furent exécutées les compositions de Félix; les enfants s'habituèrent à jouer devant le monde, et eurent ainsi occasion d'entendre le jugement des autres. Déjà on voyait à ces séances tous les musiciens étrangers de distinction, de passage à Berlin. Ainsi, en 1823, Fanny écrivait sur Kalkbrenner :

« Il a entendu plusieurs choses de Félix qu'il a louées avec goût et blâmées avec une aimable franchise. Nous l'entendons souvent, et nous cherchons à apprendre de lui. Il réunit dans son jeu les qualités les plus diverses : précision, clarté, expression, le fini le plus parfait, la force et la persistance les plus infatigables. C'est un habile musicien, qui possède un coup d'œil surprenant. Abstraction faite de son talent, c'est un bel homme, aimable et fort instruit. Impossible de louer ou de blâmer plus agréablement que lui ! »

Le 3 février 1824, le jour même où Félix eut quinze

ans, on répéta pour la première fois, avec orchestre, son opéra *les Deux Neveux*. Zelter profita de cette occasion pour organiser, en l'honneur du jeune compositeur, une petite fête toute caractéristique. Pendant le souper qui suivit la répétition, un des chanteurs ayant porté un toast à Félix, Zelter prit celui-ci par la main, le fit lever, et lui dit devant toute l'assemblée :

— Mon cher fils, dès maintenant tu cesses d'être mon élève et tu deviens mon confrère. Au nom de Mozart, de Haydn, et du vieux Bach, je te proclame mon confrère.

Puis il le serra dans ses bras et lui donna l'accolade. L'opéra fut parfaitement accueilli du public, mais Félix ne le tint que comme un essai et le mit de côté ; il commença aussitôt la composition d'un second opéra, *les Noces de Gamache*, épisode tiré de *Don Quichotte*, et dont je ferai plus loin connaître le sort.

En 1825, arriva un événement qui, bien que peu important par lui-même, eut une influence immense sur le développement des enfants et sur l'ensemble de la vie familiale. Abraham Mendelssohn acheta la maison de la rue de Leipzig, n° 3 (Leipzigerstrasse, n° 3). Cette nouvelle résidence, de construction déjà ancienne, était située dans une partie de Berlin alors très éloignée du centre de la ville, près de la porte de Potsdam, non loin du vieux Thiergarten, ou parc aux daims de Frédéric le Grand. Les chambres étaient spacieuses et hautes; leurs fenêtres de derrière donnaient sur une vaste cour avec communs et offices, et plus loin, sur un jardin avec de grands arbres, des fleurs, des gazons, des allées d'une contenance de dix acres environ, en sorte que l'on pouvait réellement se croire à la campagne. Abraham et sa femme y passèrent le reste de leur vie; Fanny et Rébecca s'y marièrent, et la première y vécut jusqu'à sa mort. Pour tous les membres de la famille, ce n'était pas un simple bâtiment, une agrégation de pierres et de ciment, sans vie ni signification; ils la considéraient comme un être vivant, prenant sa part des bons et des mauvais jours et participant à la vie commune. C'est dans ce sens que Félix s'est toujours servi, dans sa correspondance, de l'expression *Leipzigerstrasse*, 3, et c'est dans ce sens que tous les enfants Mendelssohn aimèrent cette maison, qui, après la mort de Félix, fut vendue à l'État.

Aujourd'hui le *Herrenhaus*, ou chambre des seigneurs de l'empire allemand, occupe l'emplacement de la cour et du pavillon du jardin (*Gartenhaus*).

C'est dans le pavillon du jardin que se forma ce cercle d'amis qui, sauf de rares exceptions, fut toujours en parfait accord et dont les membres entretinrent des rapports personnels ou épistolaires que la mort seule put rompre. On y comptait le Hanovrien Klingemann, attaché d'ambassade à Londres, qui devint un des plus chers amis de la maison après les séjours répétés de Félix dans la métropole de la

Grande-Bretagne [1] ; Louis Heidemann, le juriste ; le médecin Wilhelm Horn ; le violoniste Rietz, ami intime de Félix ; Marx rédacteur du *Journal musical* (*Musikalische Zeitung*) de Berlin, le champion de la nouvelle école, qui contribua puissamment à faire connaître les œuvres de Beethoven, etc. — Moschelès et Spohr n'y manquaient pas lors de leur fréquents passages à Berlin.

En 1825, après le mariage de Fanny Sébastiani, la tante Jette ayant exprimé le désir de revenir en Allemagne et de finir ses jours au milieu des siens, son frère Abraham lui offrit d'aller la chercher, ce qu'elle accepta avec joie. Félix accompagna son père à Paris, où affluaient en ce moment les artistes les plus célèbres, tels que Hummel, Moschelès, Kalkbrenner, Pixis, Rode, Baillot, Kreuzer, Chérubini, Rossini, Paër, Meyerbeer, Lafont et *tutti quanti*. M. Sébastien Hensel prétend que la petitesse du caractère, la malignité et l'envie de ces hommes firent sur Félix une impression si fâcheuse, que jamais il ne put se lier avec *le monde musical parisien*. Il veut ainsi expliquer, justifier l'antipathie que son oncle éprouva toujours pour Paris, la musique et les musiciens français ; mais cette raison ne me paraît pas admissible, ni concluante ; car la plupart des artistes dont je viens de citer les noms, n'étaient pas Français ; il pou-

1. M. Barbedette (*loc. cit.*, p. 50) fait à tort de Klingemann un *compositeur*.

vait les retrouver partout, à Londres, à Berlin, à
Francfort, etc., et partout ils auraient été les mêmes.
Félix Mendelssohn n'avait pas hérité de la prédilection qu'eut son père pour Paris; car, chaque fois
qu'il en parle, il le fait dans des termes véhéments
et dans lesquels perce une amertume qui ne lui était
pas habituelle. Cependant, chaque fois qu'il y vint,
on lui fit bon accueil et on admira son talent; à la
vérité, on ne mordit pas à sa musique, et cette circonstance peut l'avoir indisposé contre les Français.
Incontestablement, le public eut tort, mais il n'est au
pouvoir de personne de forcer son goût. Si aujourd'hui
nous comprenons et estimons comme elles méritent
de l'être les grandes compositions de Mendelssohn,
c'est que le temps a marché, c'est que l'éducation
musicale de notre public s'est complétée, c'est qu'enfin,
grâce aux concerts populaires fondés par M. Pasde-
loup, qui ont été les facteurs les plus actifs de cette
éducation, continuée ensuite par ses imitateurs, nous
avons fini par saisir des beautés qui échappèrent aux
amateurs de 1830. Ce qui froissa surtout Mendelssohn,
ajoute M. Hensel, ce fut la méconnaissance des grands
maîtres allemands; mais, pour ces grands hommes
aussi, il fallait que nous fussions initiés peu à peu à
leurs chefs-d'œuvre; il fallait la persévérance de Habe-
neck, qui les fit entrer peu à peu dans nos têtes, absolument comme on fait pénétrer un clou dans le bois.
Quant à moi, je crois que le plus grand grief de Mendelssohn contre Paris fut de n'y pas être gâté comme

à Londres. Déjà, lors de ce premier voyage, son indisposition contre la France se fait sentir dans ses lettres à sa sœur Fanny, qui, elle, au contraire, avait un penchant décidé pour Paris.

VII

« 20 avril 1825.

» Pour que tu ne sois pas fâchée, je te dirai tout
de suite qu'hier nous sommes allés à Feydeau, où
nous avons vu le dernier acte de *l'Aubergiste*, opéra
de Catel, et *Léocadie*, d'Auber. Le théâtre est grand,
spacieux et fort joli. L'orchestre est très bon; si les
violons ne valent pas ceux du théâtre Italien, les
basses et les instruments à vent, ainsi que l'ensemble,
sont meilleurs. Les acteurs et les actrices manquent
de voix, mais ne chantent pas mal; ils enlèvent pres-
tement leurs rôles et le tout est satisfaisant. Arrivons
maintenant à la chose capitale, la composition. Je ne
veux rien dire du premier opéra, n'en ayant entendu
que la moitié, qui m'a paru faible, mais où l'on rencontre du moins des mélodies faciles et agréables.
Quant à la célèbre *Léocadie*, du célèbre Auber, tu ne

peux rien t'imaginer de plus pitoyable. Le sujet, tiré
d'une plate nouvelle de Cervantes, est mal conçu pour
un opéra, et je n'aurais pas cru que les Français, avec
la finesse de leur goût et leur tact, accepteraient une
telle pièce. Auber a écrit là-dessus une musique
flasque, qui n'est qu'un gémissement continuel. Je ne
parle pas ainsi parce qu'on ne trouve dans cet opéra
ni chaleur, ni vie, ni originalité; parce que c'est un
ramassis de réminiscences de Chérubini et de Rossini;
parce que, dans les passages les plus pathétiques, les
chanteurs font des fioritures, des trilles, des rou-
lades, des gargouillades, etc.; mais l'*instrumentation*
devenue si accessible à chacun, aujourd'hui que les
partitions de Haydn, Mozart et Beethoven sont ré-
pandues partout; l'instrumentation devrait être au
moins familière à un élève de Chérubini, au favori du
public, à un homme qui a déjà des cheveux gris! Eh
bien, non! Figure-toi que, dans tout l'opéra, il n'y a
peut-être pas trois morceaux dans lesquels n'inter-
vienne pas la petite flûte. L'ouverture commence
par un trémolo des cordes, et aussitôt la petite flûte
grimpe sur le toit, le basson descend à la cave,
et tous deux roucoulent une mélodie soporifique; dans
le thème de l'allegro, les cordes font un accompagnement espagnol, et la petite flûte dégoise de nouveau
une mélodie mélancolique. Le premier air, *Pauvre
Léocadie, il vaudrait mieux mourir*, est aussi accompagné par la petite flûte; bref, la petite flûte peint
la fureur du frère, la douleur de l'amant, la joie de

la paysanne, enfin le tout peut-être facilement réduit pour deux flûtes et une trompe, *ad libitum.* O misère !

» Tu m'écris que je dois me poser en convertisseur et faire aimer Beethoven et Bach à Onslow et à Reicha : c'est déjà fait en partie. Mais sache donc, chère enfant, que les gens d'ici ne connaissent pas une note de *Fidelio !* que, pour eux, Sébastien Bach n'est qu'une perruque bourrée de science ! J'ai joué à Onslow — et par parenthèse sur un très mauvais piano — l'ouverture de *Fidelio,* qui l'a mis hors de lui. Il se grattait la tête; il instrumentait en imagination; dans son ravissement, il chantait avec moi; en un mot, il était affolé ! Dernièrement, à la prière de Kalkbrenner, j'ai joué les préludes de Bach pour orgue, en *mi* et en *la mineur.* Il les trouvèrent « étonnamment gracieux », et l'un des auditeurs remarqua que le commencement du prélude en *la mineur,* avait une singulière ressemblance avec un duetto favori d'un opéra de Monsigny. J'ai failli avoir une attaque !

» Rode persiste à ne pas reprendre son violon ; mais il y a quelques jours, chez madame Kiéné, j'ai joué avec Baillot, Mial et Norblin, mon quartetto en *si mineur.* Baillot joua d'abord négligemment; mais, vers la fin du premier morceau, il prit feu et dit *l'adagio* on ne peut mieux. Il faut que le *scherzo* lui ait bien plu, car peu à peu il pressa le mouvement; les autres le suivirent ; je voulus les retenir, mais ar-

rête donc trois Français une fois lancés ! Ils m'entraî-
nèrent avec eux toujours plus follement et plus vite.
Arrivé au passage où le thème du trio doit être joué à
l'aigu, presque au chevalet, Baillot fit plusieurs fois la
même faute, ce qui le rendit furieux. Il était effrayant;
à peine eûmes-nous fini qu'il s'écria: *Encore une
fois ce morceau!* et nous voilà repartis avec plus de
fougue encore. Cette fois, tout alla bien; mais, vers la
fin, lorsque le thème en *si mineur* revient *fortissimo*,
Baillot se déchaîna avec un tel emportement, que j'eus
peur pour mon quartetto. Quand nous eûmes fini, il
vint à moi sans rien dire et me serra dans ses bras à
m'étouffer. Rode aussi était bien content et me dit
en allemand : *Bravo, mein Schatz!* (Bravo, mon
trésor.) »

Cette lettre est des plus intéressantes et des plus
spirituelles; mais le jugement porté par Mendelssohn
sur la *Léocadie* d'Auber manque d'équité. Cet opéra,
il est vrai, appartient à la première manière d'Auber,
qui cherchait encore sa voie; ses formules étaient
encore celles de Chérubini et de Rossini; l'instrumentation est un peu *naïve* et ne fait pas présager les
immenses qualités orchestrales que le maître acquè-
rera par la suite: mais elle n'est pas ridicule, comme
le feraient croire les saillies et les critiques de Félix.
Était-il possible, d'ailleurs, qu'Auber, le compositeur
le plus français, le plus spirituel et le plus sensé qui
fût jamais, écrivît quelque chose de ridicule !... Personne ne l'admettra. Du reste, il paraît que cette appré-

ciation déplut à Fanny, qui rompit une lance contre son frère et lui reprocha ses préventions contre Paris. Cette lettre de sa sœur le contraria, et, le 9 mai, il lui répondait, non sans aigreur :

« Ta dernière lettre m'a rendu quelque peu furieux et va te valoir de ma part une admonestation qui ne te satisfera pas; mais le temps et la bonté divine verseront un baume salutaire sur les blessures que pourra te faire ma juste colère. Tu m'accuses de préjugés, de partialité contre ce Paris, où, selon toi, coulent des ruisseaux de lait et de miel. Réfléchis donc un peu, je te prie. Lequel est à Paris de nous deux? Toi ou moi? Je dois donc mieux le connaître. Ai-je pour habitude de juger la musique avec des préventions ou des préjugés? Et quand cela serait! Rode était-il prévenu lorsqu'il me dit : *C'est ici une dégrin_ golade musicale !* — Neukomm était-il prévenu lorsqu'il s'écria devant moi : *Ce n'est pas ici le pays des orchestres !* — Herz était-il prévenu quand il prononça ces mots : *Ici, le public ne peut comprendre et goûter que des variations !* — Et dix mille autres encore sont-ils prévenus, qui invectivent Paris? C'est toi qui est prévenue en sa faveur, et tellement, que tu crois moins à mes rapports essentiellement impartiaux qu'à l'image que tu te fais de Paris, ton Eldorado ! — Lis *le Constitutionnel:* que donne-t-on aux Italiens, sinon du Rossini ? Prends un catalogue d'éditeur de musique : que publie-t-on? rien que des romances et des pots-pourris ! Viens donc ici et écoute

Alceste; écoute *Robin des bois* [1]; écoute ce qu'on joue dans les soirées (que tu confonds à tort avec les salons); écoute la musique de la chapelle royale, et blâme moi ensuite, si tu l'oses, pauvre aveuglée !... »

Le tableau, il faut l'avouer, est tracé de main de maître; cependant, pour être impartial comme il prétendait l'être, Mendelssohn, qui a si bien vu les défauts de la cuirasse, aurait pu aussi en énumérer les qualités, qu'il était trop clairvoyant pour ne pas les avoir discernées. — Dans le courant de mai, le père et le fils retournèrent à Berlin, emmenant avec eux Henriette, qui allait demeurer chez son frère Abraham.

A cette époque, parut la traduction allemande des œuvres de Shakspeare, par Schlégel et Tieck, la première qui s'offrit sous une forme agréable et lisible. Félix et Fanny ne connaissaient pas encore assez bien l'anglais pour comprendre le texte original du grand dramaturge de Stradford-sur-Avon. La nouvelle traduction fut pour eux une révélation en même temps qu'une source de jouissances infinies. *Le Songe d'une nuit d'été*, notamment, faisait leurs délices. Un horizon nouveau s'ouvrit devant Félix, qui changea subitement de genre; il écrivit son *Ottetto* en *mi majeur* pour quatre violons, deux altos et deux violoncelles, qu'il dédia à son ami Rietz. Le *scherzo* de cette œuvre était d'une coupe toute neuve, une vraie trouvaille. Voici ce qu'en dit Fanny, dans son journal :

1. Égorgement français du *Freischutz*, par Castil-Blaze.

« A moi seule il révéla ce qu'il entendait faire ; à moi seule il développa la vision qui flottait devant ses yeux. Tout le morceau doit être joué *staccato* et *pianissimo* ; tout est neuf : les frissons des trémolos ; les trilles rapides comme l'éclair. Tout cela est étrange, mais si intéressant, si léger, si vaporeux, que l'on se croit transporté dans le monde des esprits ou des sylphes ; on est tenté d'enfourcher un manche à balai, pour pouvoir suivre la troupe aérienne. A la fin, le premier violon s'envole avec la légèreté d'une plume, et tout s'évanouit. »

VIII

Dans son livre sur Beethoven[1], M. de Lenz dit « que
le tour hébraïque de ce *Scherzo* parut nouveau,
mais qu'il ne sera jamais *une vérité en musique*, par
la raison que cet élément de la pensée de Mendelssohn
n'est ni une nécessité, ni une exception suffisamment
motivée, mais le fait d'une individualité trop exclusive pour avoir le droit de s'imposer ». — Quel gali-
matias et que de mots pour ne rien dire! Je défie n'importe qui de comprendre ce qu'a voulu dire M. de
Lenz! C'est de la logomachie allemande dans ce
qu'elle a de plus obscur et de plus entortillé. L'auteur
aurait dû s'expliquer un peu moins métaphysiquement
et surtout un peu plus clairement; son livre y aurait

1. *Beethoven et ses trois styles*, Saint-Pétersbourg, 1852.
2 vol. in-8°.

gagné. Comment a-t-il fait pour découvrir *un tour hé-braïque* dans ce morceau ? Je n'en vois pas trace, et il faut réellement plus que de la bonne volonté pour en trouver. Il est vrai que, du moment où il s'agissait de Mendelssohn, il fallait bien admettre dans sa musique un reflet de judaïsme. M. de Lenz, à ce que je vois, ne connaît pas la musique juive, et je le mets au défi de dire en quoi elle diffère de l'autre. Et, d'ailleurs, y a-t-il une musique juive ? en quoi consiste-t-elle ? où la trouve-t-on ? Mais passons, il y aurait trop à dire là-dessus.

Ce *Scherzo* a été le prélude d'une création de même nature, quoique d'une importance bien autrement con-sidérable : je veux parler de l'admirable ouverture du *Songe d'une nuit d'été* (M. de Lenz la trouverait-il aussi *hébraïque* par hasard ?), qui doit le jour autant aux événements arrivés dans l'été de 1826 chez les Men-delssohn-Bartholdy qu'à la surexcitation provoquée par la lecture du chef-d'œuvre de Shakspeare. C'est à cette sorte de naissance qu'il faut attribuer le charme péné-trant de cette production; c'est précisément parce qu'elle fut le résultat de la nature la plus intime du compo-siteur, que se produit ce fait, peut-être unique dans les annales de l'art, que, vingt ans plus tard, Félix, rattachant à cette œuvre de sa jeunesse la musique scénique du *Songe d'une nuit d'été*, n'eut à changer à son ouverture ni une phrase, ni même une note. En y regardant d'un peu près, cela n'a rien qui doive surprendre; car tout le poème shakspearien, toute la rêverie poétique d'une nuit de la Saint-Jean d'été, est résumée dans ces quelques pages de musique. On y reconnaît, sans le moindre effort d'imagination, les allées et venues des Elfes, le colloque d'Oberon et de Puck, la folie amoureuse de Titania et de ses sylphes, le mariage de Thésée, les plaintes et les querelles des amants, Bottom, le cordonnier athénien, avec sa tête d'âne, et jusqu'au drame burlesque de Pyrame et Thisbé; et, pour que l'auditeur soit bien convaincu que tout cela n'est qu'un jeu, qu'un rêve, le compositeur termine son ouverture par quelques accords vagues, vaporeux, mourants, presque imperceptibles, représentant jusqu'à l'évidence l'évanouissement progressif du songe à l'approche des premières lueurs de l'aube.

Mais une *idée fixe* obsédait Félix : celle de composer pour le théâtre. Pour la satisfaire, il écrivit la musique des *Noces de Gamache*, opéra-comique en deux actes, dont j'ai déjà dit un mot. C'est alors qu'il apprit à connaître les déboires et les tribulations qui assiègent l'auteur dramatique. Au commencement, les petitesses de l'administration, la basse jalousie de Spontini, directeur général de la musique du roi de Prusse, sentiment indigne d'un homme de génie, surtout vis-à-vis d'un débutant; les mesquines intrigues des acteurs, les mystères des coulisses, le désordre des répétitions, l'amusèrent et le firent rire; mais le dégoût ne tarda pas à venir, et avec lui le découragement.

Dans le courant de l'année précédente, Félix avait soumis sa partition à Spontini, alors directeur général de la musique à Berlin, et qui, par une bizarrerie du sort, habitait une maison qu'avaient un moment occupée les Mendelssohn dans les premiers jours de leur résidence dans la capitale de la Prusse, c'est-à-dire dans la Markgrafen Strasse n° 28, en face de l'église catholique. Prenant le jeune compositeur par le bras, Spontini le conduisit à la fenêtre, et, désignant le dôme de l'église, lui dit :

— Mon ami, il vous faut des idées grandes comme cette coupole!

Malgré son emphase et sa pompe, cette remarque d'un homme de cinquante ans, occupant une haute position, à un jeune homme de dix-sept, aurait dû être prise en bonne part; il n'en fut pas ainsi et on lui en garda rancune. Les Mendelssohn et Spontini n'étaient pas seulement de natures radicalement différentes, mais appartenaient encore à des partis absolument opposés en musique, et il y eut des froissements de part et d'autre dans leurs rapports. Il se peut que le directeur général n'ait pas rendu justice à l'œuvre de son jeune rival, et qu'il ait cherché à l'entraver; mais il n'en est pas moins regrettable qu'un noble esprit comme Félix Mendelssohn, se soit servi envers Spontini de termes de colère et de mépris comme ceux que l'on trouve dans quelques-unes de ses lettres.

L'opéra fut donné le 29 avril 1827, et n'obtint qu'un « succès d'estime ». Félix, il est vrai, fut rappelé après la chute du rideau, et ses parents comme ses amis crurent à une réussite; mais il avait le jugement trop sain et trop droit pour se laisser abuser par les apparences. Abattu et chagrin de cet insuccès, il retira sa pièce, qui n'eut pas de seconde représentation.

Son découragement en cette circonstance a cependant lieu d'étonner; car, un an plus tôt, lors de l'anniversaire de la naissance de sa mère (15 mars 1826), il avait écrit les vers suivants, comme manifestation de ses sentiments :

Schreibt der Komponist ernst,
    Schläfert er uns ein;
Schreibt der Komponist froh,
    Ist er zu gemein.

Schreibt der Komponist lang,
    Ist er zum erbarmen;
Schreibt ein Komponist kurz
    Kann man nicht erwarmen.

Schreibt ein Komponist klar,
    Ist's ein armer Tropf;
Schreibt ein Komponist tief
    Rappelt's ihm am Kopf.

Schreib'er also wie er will,
    Keinem steht es an;
Darum schreibt ein Komponist
    Wie er will und kann.

Si le compositeur écrit sérieusement,
    Il nous endort;
S'il écrit gaiement,
    Il est trop vulgaire.

> Si le compositeur écrit longuement,
>   Plaignons ses auditeurs ;
> Écrit-il brièvement,
>   Personne ne s'en soucie.
>
> Si un compositeur écrit simplement,
>   On dira que c'est un niais ;
> Vient-il à écrire avec profondeur,
>   On le prend pour un fou.
>
> De quelque manière qu'il écrive,
>   Il ne peut plaire à chacun ;
> C'est pourquoi le compositeur
>   Doit écrire comme il veut et peut.

Ne passons pas sous silence que, dans le rôle de don Quichotte, on voit un exemple de l'emploi d'un *Leit-motif* (motif typique), dont certains wagnerolâtres ont voulu attribuer la découverte et la première application à Richard Wagner, mais qui est ici de la propre invention de Mendelssohn.

Avec un génie musical incontestable, Mendelssohn n'avait rien de ce qu'il faut pour constituer l'auteur dramatique. Il en était si bien convaincu, que, depuis *les Noces de Gamache*, il n'écrivit plus d'opéra, et ses objections aux poèmes qu'on lui offrait et qui, tous, lui parurent inacceptables, ne provenaient que de sa défiance envers lui-même. Le sens dramatique manquait à cet esprit pourtant si bien équilibré, et, pour peu que l'on y réfléchisse, on n'en sera pas surpris.

En général, on n'est pas supérieur dans tous les genres, pas plus en musique qu'en quoi que ce soit ; or, s'il est un fait patent, c'est que les grands sym-

phonistes n'ont presque jamais réussi quand ils ont
voulu aborder le théâtre, et les grands compositeurs
dramatiques ne se sont pas distingués dans la symphonie. Cette bizarrerie provient, à mon avis du moins,
de ce que le symphoniste, s'attachant principalement
au développement de l'idée sous toutes ses faces, et
par tous les moyens — diversité des timbres dans
l'orchestre, artifices de contrepoint, etc., — procède
de même pour la composition d'un opéra. Il donne
une ampleur disproportionnée à son orchestre et à ses
combinaisons harmoniques, ce qui est incompatible
avec le drame, qui veut s'avancer d'un pas rapide
vers la conclusion et ne supporte pas que le développement d'une idée musicale entrave la marche de
l'action. Le dramatiste, au contraire, préoccupé du
besoin de donner de la vie à sa musique, ne développe
son idée qu'autant que le permet le sujet, et s'efforce
de rester dans les justes limites imposées par la scène
à traiter. Voyez Beethoven, Haydn, Mendelssohn,
Onslow, Schumann, Berlioz, etc.; aucun d'eux n'a
écrit un bon opéra, et je n'excepte même pas *Fidelio*,
qui est pourtant un chef-d'œuvre. D'un autre côté
voyez Gluck, Händel, Rossini, Spontini, Meyerber,
Halévy, Weber, Auber, Verdi, Richard Wagner,
Gounod, Ambroise Thomas, etc.; pas un n'a brillé
dans la symphonie, genre de composition contraire à
la nature de leur génie, et il y a mille à parier contre
un, qu'ils font bon marché de ces œuvres, qui n'ajou-
tent rien à leur bagage musical. Je sais bien que l'on

peut m'opposer Mozart, également grand dans tous les
genres : musique d'opéra, de chambre, d'église, de
symphonie, etc. ; mais c'est précisément Mozart qui
vient étayer mon opinion ; car il est *le seul* à citer, et
son pareil n'a jamais existé. Mozart, c'était la musique
faite homme ; il fut une exception et l'exception con-
firme la règle. Voilà pourquoi je suis persuadé que,
malgré son génie, Mendelssohn n'aurait jamais écrit
un bon opéra. Si la nature n'a pas mis au cœur de
l'artiste le sens dramatique, c'est en vain qu'il voudra
l'acquérir. Le Créateur, qui avait si richement doué
Félix, lui avait refusé ce don-là.

IX

Un tempérament de sensitive comme celui de Félix
Mendelssohn, devait se ressentir plus que tout autre
des ennuis du théâtre et du demi-succès de son opéra.
Ce fut pour lui une désillusion cruelle et sa santé en
souffrit. Son abattement s'accrut par la mort d'un
ancien ami, nommé Hanstein, qui fut enlevé au printemps, et à côté du lit de mort duquel Félix composa
sa fugue bien connue en *mi* mineur (*op.* 35, n° 1). Le
choral du majeur qui forme le pinacle de la fugue
devait exprimer la délivrance de son ami.

Pour faire diversion à ses idées chagrines, ses parents lui conseillèrent une excursion, un petit voyage
d'agrément. Cette idée lui sourit, et, dans l'automne
de 1827, accompagné de deux ou trois amis, il partit
pour les montagnes du Harz, la Franconie, la Bavière
et poussa jusqu'au Rhin. De là, il se rendit à Heidel-

berg, où il fit la connaissance de Thibaut[1] et de sa magnifique collection de musique des vieux maîtres italiens. Voici une charmante lettre qu'il écrivit sur ce sujet à sa mère, le 20 septembre. On s'aperçoit que sa bonne humeur était revenue avec la santé et que les désagréments des *Noces de Gamache* étaient totalement oubliés.

« O Heidelberg, s'écrie-t-il! ô ville adorable où il pleut toute la journée, si l'on en croit le commun des martyrs; mais moi, qui suis un gaillard et un pilier d'estaminet, que me fait la pluie? N'y a-t-il pas des raisins, des facteurs d'instruments, des journaux, des Thibaut! Non, halte là! il n'y a qu'un Thibaut, mais il en vaut cent. Quel homme!

» J'éprouve une joie féroce, chère mère, de n'avoir pas fait sa connaissance uniquement pour obéir à ta lettre reçue aujourd'hui. Hier déjà, — donc vingt-quatre heures avant la réception de ta lettre — j'ai bavardé pendant plusieurs heures avec lui. Cet homme est étonnant! il ne sait que peu de chose en

---

1. THIBAUT (*Antoine-Charles-Just*), né à Hameln, le 4 janvier 1772, et mort à Heidelberg, le 28 mars 1840; célèbre jurisconsulte, fut professeur à l'Université de Heidelberg. Il avait réuni une précieuse collection de musique ancienne qui a été achetée par le roi de Bavière, et qui se trouve aujourd'hui dans la bibliothèque royale de Munich. Son livre, dont parle Mendelssohn, est intitulé : *Ueber Reinheit der Tonkunst* (sur la pureté de la musique) et a paru à Heidelberg, en 1825, in-8°. On y trouve, dit Fétis, les aperçus les plus fins et les plus justes.

musique ; ses connaissances historiques en cet art sont
bornées ; j'en sais là-dessus bien plus que lui, et cependant, j'ai beaucoup appris dans sa conversation, car
il m'a fait voir sous un jour tout nouveau l'ancienne
musique italienne, et je me suis réchauffé au feu
de son enthousiasme. Il parle avec une exaltation, une
ardeur telles, que son langage paraît fleuri. Je viens
de prendre congé de lui, et, comme je lui avais raconté beaucoup de choses sur Bach, en ajoutant que le
plus important de son œuvre lui était inconnu, car
tout se trouve réuni chez le vieux maître, il me dit
en me serrant la main : « Adieu, portez-vous bien, et
» scellons notre amitié par Luis de Vittoria et Sébas-
» tien Bach, absolument comme deux amoureux se pro-
» mettent de se revoir à la pleine lune, et ne se croient
» plus séparés l'un de l'autre. »

» Mais, d'abord, il faut que je te raconte comment
je suis allé chez lui. Hier, le temps était affreux ; il
pleuvait et l'ennui régnait parmi nous, lorsqu'il me
vint à l'esprit que, dans son livre, Thibaut parle
d'un *Tu es Petrus*, et comme justement j'en veux
composer un, je passai mon habit, je m'armai de courage, je me dirigeai vers la Kaltethal, et je tombai
chez lui. — Il ne pouvait me donner ce morceau,
mais il y en a là d'autres, ajouta-t-il, et de meilleurs ;
puis il me montra sa grande bibliothèque, bondée de
musique de tous les peuples et de tous les temps ; il
joua et chanta à la fois ; il me présenta les morceaux
dans leur ordre, et ainsi se passèrent plusieurs heures,

jusqu'à ce qu'une visite arrivant, me fît quitter la place, mais non sans lui promettre de revenir aujourd'hui de bonne heure.

» Ce qui surtout m'enchante, c'est qu'il ne m'a pas demandé mon nom ; ce détail l'intéresse peu ; j'aime la musique : cela sufît, qu'importe le reste ! Comme on me prenait pour un étudiant, on m'avait fait entrer dans son cabinet de travail sans m'annoncer. Ce matin, nous avons de nouveau passé deux heures ensemble, et c'est alors seulement qu'il a désiré savoir comment je me nomme. Si, d'abord, il s'était montré amical, il le devint bien davantage. Nous fîmes de la musique ; nous causâmes ; il me remit un magnifique morceau de Lotti pour en prendre copie ; je promis de le lui rapporter dans l'après-midi. Mais, après mon dîner, le temps me paraissant supportable, j'en profitai pour aller faire un tour jusqu'aux *Riesensteine*. Pendant ma promenade, Thibaut vint à l'hôtel pour me rendre ma visite ; je le manquai donc ; mais plus tard je retournai chez lui, et nous passâmes ensemble le reste de la journée. Malheureusement, ses affaires l'appellent demain à Carlsruhe ! »

En octobre, Félix revint à Berlin et se remit au travail avec plus de cœur que jamais. — Il ne pensait plus à ses *Noces de Gamache*. En ce même mois d'octobre, l'ami Klingemann partit pour Londres, où il allait occuper un poste diplomatique. Dès lors s'établit entre lui et la famille Mendelsshon-Bartholdy — particulièrement avec Fanny — une correspondance

que la mort seule interrompit. Le 26 décembre, elle
lui écrivait :

« Les bougies de Noël sont brûlées, les cadeaux sont
enlevés, et nous voici bien tranquilles chez nous.
Maman dort dans un coin du sofa, Paul dans l'autre,
Rébecca lit un journal de modes qui l'absorbe, et moi
je reprends ma lettre. Hier, tout était très beau et
amusant, quoique vous nous ayez manqué et qu'il ait
été souvent question de vous. Félix avait écrit pour
Beckchen (Rébecca) une symphonie enfantine avec les
mêmes instruments que Haydn dans la sienne; nous
l'exécutâmes et on la trouva extrêmement comique.
Il a composé pour moi un morceau tout différent, un
chœur à quatre voix, avec petit orchestre, sur le choral :
Christ, agneau de Dieu. — Je l'ai joué une couple
de fois aujourd'hui et je le trouve fort beau. Depuis
peu, il s'est adonné à la musique religieuse, et, le jour
de ma fête, il m'a fait cadeau d'un morceau à dix
neuf voix pour chœur et orchestre, sur les paroles :
Tu es Petrus, etc [1]. Je le tiens pour une œuvre très
importante, qui ne peut être dignement appréciée
qu'après une audition complète, dans une vaste église
et devant un nombreux auditoire... »

» Votre représentation du *Don Juan* me plaît fort.
Était-ce en allemand ou en italien? Ce doit être un
enivrement que d'entendre un Anglais chanter en

---

1. C'est sans doute le *Tu es Petrus* dont Félix parle dans la
précédente lettre, et qu'il commença à Heidelberg.

4

italien!... Vos oreilles britanniques n'ont pas encore
entendu dire que Naegeli va publier la grande messe
de Bach, en *si mineur* et à cinq voix. Triomphe pour
les Berlinois fanatiques; Marx à leur tête! Cet homme
a vraiment un grand mérite, car il ne lui en reviendra rien, et il le sait. »

Le 18 avril 1828, eut lieu, pour la première fois en
Allemagne, une de ces grandes fêtes générales qui
plus tard, et surtout de 1848 à 1866, prirent une extension considérable. Cette fois, il s'agissait du *Jubilé*
d'Albert Dürer, et Fanny en rend compte à Klingemann en ces termes :

« Berlin, 14 avril 1828.

» Cet hiver, nous avons entendu chez Mœser des
symphonies de Beethoven, mais très imparfaitement
exécutées. N'importe! C'est un pas en avant! *La
Passion* paraîtra dans le courant de cette année chez
Schlesinger. Schelblé, à Francfort, a fait entendre une
partie de la messe en *si mineur* qui a été bien
accueillie; le vieux Phénix attend son bûcher, qui ne
lui manquera pas; car les temps sont proches et nous
assisterons encore à de grandes choses. Je ne sais
pourquoi je me sers de tournures historiques et veux
tout mesurer par siècles et par peuples. Serait-ce
parce que, le jour de pénitence, Spontini donnera la

première partie de la messe de Beethoven et, le lendemain, la messe de Bach? Serait-ce parce que je vois que les plus grands talents n'ont que de petits sentiments? Serait-ce parce que je les vois courir le monde en bottes de sept lieues, tandis que les petits n'en ont pas besoin? Non; ma consolation, c'est que Félix reste encore une année à Berlin, qu'il est à peu près libéré de son service militaire, et que le reste viendra. »

« *Du* 20 *avril.* Je n'aurais jamais cru que la fête de Dürer nous donnerait un si beau jour et nous laisserait un si agréable souvenir. En six semaines, Félix a écrit une grande cantate pour chœur et grand orchestre, avec airs, récitatifs et tout le tralala obligé. Vous pouvez penser que pour lui ce travail superficiel n'a point de valeur; il en était si mécontent qu'il disait vouloir jeter le tout, au feu après l'exécution. Mais, lorsque les répétitions s'avancèrent, que les chœurs furent excellemment chantés par l'Académie, il retrouva sa bonne humeur, et, lorsqu'il eut vu la superbe décoration de la salle, son contentement fut complet. Jeudi soir, eut lieu la répétition générale, assez peu satisfaisante, mais Félix n'en demeura pas moins calme et assura que tout irait bien. Et tout alla fort bien! Vendredi, trois centième anniversaire de la naissance de Dürer, par une admirable journée de printemps, toute l'Académie des beaux-arts, y compris le Sénat et les onze de l'Académie d'architecture, se rendirent en corps dans la salle qui avait

été élégamment ornée pour la circonstance. L'or
chestre, composé des meilleurs artistes et amateurs,
était sous la direction de Félix et de Rietz ; Zelter,
au piano, conduisait les chœurs. Les dames, contrairement à leur habitude, étaient très élégantes et paraissaient jolies ; l'orchestre offrait un coup d'œil de
toute beauté. La *Trompetten ouverture*[1] de Félix,
en *ut majeur*, supérieurement exécutée, ouvrit la
fête. Elle fut suivie d'un ennuyeux discours de trois
grands quarts d'heure qui parurent trois siècles ; je
vous laisse à penser quel murmure de satisfaction en
accueillit la fin. Puis vint l'exécution de la cantate,
qui dura cinq quarts d'heure. La Milder, la Stümer,
Türrschmiedt, et Devrient chantèrent les solos et
tout alla si bien, que je ne me souviens pas d'avoir
passé des moments plus agréables. A trois heures, la
fête était terminée et, à quatre heures, commença un
dîner de deux cents couverts auquel assista Félix. Je
ne puis vous dire les honneurs dont l'accablent même
des gens qui lui sont inconnus. Vers la fin du repas,
Zelter et Schadow le prirent chacun par une main et,
après l'avoir félicité, le proclamèrent membre honoraire de la société artistique. Toute la journée d'hier
s'est passée en réceptions et en visites congratula-
toires. Ce qui me cause le plus de joie, c'est de le voir
si heureux de cette journée. Je vous assure qu'il de-

1. Ouverture pour musique d'harmonie. Abraham Mendelssohn aimait tant cette ouverture, qu'il disait qu'il voudrait l'entendre en mourant.

vient chaque jour meilleur et plus aimable ; ce n'est pas, croyez-le bien, une prévention fraternelle, mais un jugement impartial. Ne communiquez, je vous prie, cette lettre à personne ; d'abord parce que personne (pas même vous !) n'est disposé à me croire sur parole, et ensuite parce que Félix bougonnerait s'il savait que je vous en dis tant sur son compte ! »

« 15 septembre 1828.

» J'ai tout un sac de nouvelles à vider devant vous. Il vous souvient sans doute encore, qu'à l'époque antédiluvienne où vous résidiez en Allemagne, un congrès de médecins et de naturalistes se réunissait annuellement quelque part. Cette année, c'est Berlin qui a été choisi ; Humboldt en est le président, Lichtenstein le secrétaire, et c'est la grande question du jour. Humboldt, le cosmopolite, le courtisan le plus sensé, le plus aimable et le plus savant de son temps, donne à ses collègues une fête comme certainement notre ville n'en a pas encore vu. Elle aura lieu dans la salle des concerts ; les convives seront sept cents, parmi lesquels le roi, six étudiants, trois élèves de première classe, tous les directeurs des écoles, tous les naturalistes *et le reste* (sic). On a demandé à Félix d'écrire une cantate pour leur réception (vous voyez qu'il devient à la mode) et Rellstab, qui est heureuse-

4.

ment revenu de Potsdam au moment précis, en a fait le poème. Mais, comme le paradis naturaliste est dépourvu de femmes, le chœur ne consistera qu'en voix d'hommes, et, de plus, comme Humboldt, qui n'est pas fort en musique, n'accorde aux auteurs qu'un personnel restreint, l'orchestre a reçu une physionomie curieuse : il n'y aura que des violoncelles et contrebasses, des trompettes, des cors et des clarinettes. Hier on a fait une petite répétition et l'effet a été bon. Le pire, c'est que nous n'y serons pas. Vous ne pouvez vous imaginer de combien de cancans cette fête à été le sujet ici; on dirait d'une petite ville!...

» Félix a bien des travaux en train. Il remanie pour l'Académie *Acis et Galatée*, de Händel ; en remerciement, l'Académie lui chantera, ainsi qu'à Devrient, *la Passion* de Bach, qui sera donnée dans le courant de cet hiver, pour un but de bienfaisance. La partition paraîtra en même temps chez Schlesinger ; les planches sont déjà en partie terminées, de sorte que l'année 1829 fera époque dans l'histoire de la musique. Félix s'est préparé une longue liste de travaux jusqu'à son départ, qui s'effectuera au printemps prochain ; mais, alors, il n'y aura plus rien de beau pour moi ! »

Cette époque, selon M. Sébastien Hensel, fut peutêtre la plus heureuse de la vie de son grand-père, Abraham Mendelssohn-Bartholdy. L'existence assurée et fixée dans une des plus belles maisons de Berlin, ayant à ses côtés une épouse aimée, prudente et spirituelle, fidèlement attachée à son mari depuis de longues années d'une union bénie; tous ses enfants donnant les plus belles espérances : Félix, sorti de la période d'hésitation, suivant sa route glorieuse dans l'art; Fanny, son égale en talents et se tenant dans les limites assignées par la nature à la femme modeste; Rébecca, devenue une belle jeune fille, sage, réfléchie et remplie d'instruction; Paul, déjà habile et assidu au travail, également bon musicien; tous les quatre bien portants, sains de corps et d'esprit et s'aimant d'une affection rare; ajoutez à cela un cercle d'amis dévoués, fréquentant chaque jour sa maison; estimé de tous, savants ou ignorants : telles furent les circonstances dans lesquelles vécut le père Mendelssohn, de 1826 à 1828. Un plus grand bonheur n'est pas désirable en ce monde !

X

Nous voici parvenus à l'époque la plus sérieuse et la plus grave de la vie de Fanny Mendelssohn. Elle avait été promise au peintre Wilhelm Hensel, lors de son départ, en 1823, pour l'Italie, où il allait terminer ses études. Revenu en 1828, son courage et sa constance furent récompensés : Fanny l'avait attendu. Leurs fiançailles eurent lieu le 22 janvier 1829. Mais, d'abord, il faut faire connaître en peu de mots ce nouveau membre de la famille Mendelssohn-Bartholdy.

Wilhelm Hensel était le fils d'un pauvre pasteur protestant de Trebbin, petite localité non loin de Berlin, où naquit Wilhelm, en 1799. De bonne heure, Hensel, dont le père mourut jeune, montra un goût prononcé pour la peinture; mais la position peu aisée de ses parents l'obligea d'entrer dans les mines. Quand il avait un instant de liberté, il se livrait tout entier à

sa chère peinture, et sa bonne étoile voulut qu'un
riche amateur vît un jour ses dessins, et lui fournît
les moyens de continuer la difficile et longue étude de
l'art pour lequel il montrait tant de dispositions. Il
ne recula devant aucune peine, aucune privation,
aucun travail. Ayant eu occasion, en 1821, d'exposer
à Berlin une série de dessins qui avaient pour sujet
le poème de *Lalla-Roukh*, de Thomas Moore, lesquels
furent très remarqués [1], le gouvernement prussien
l'envoya à Rome pour y travailler et faire une copie
de *la Transfiguration* de Raphaël. Ce voyage fut
pour lui le zénith de son développement artistique.

Fanny, en compagnie de sa mère, avait été voir l'ex-

---

1. Voici à quelle occasion Hensel composa ses dessins.

Au commencement de l'année 1821, le grand-duc Nicolas de
Russie (plus tard le czar Nicolas) et son épouse vinrent à Berlin,
et pour fêter leur arrivée, le comte Brühl, intendant des théâtres royaux eut l'idée d'organiser une représentation en *Tableaux vivants*, du poème de Thomas Moore, *Lalla Roukh*, dont
on parlait beaucoup alors. Cette fête, qui eut lieu au palais royal
le 27 janvier, fut exécutée par les plus grands personnages.
Ainsi le prince Wilhelm (aujourd'hui Guillaume Ier, empereur
d'Allemagne) joua le rôle du schah Jehander; le duc de Cum-
berland, celui d'Abdallah; la duchesse, sa femme, celui de Je-
hanara; la princesse Radziwill représenta la Péri; le grand-
duc Nicolas Aliris et la grande-duchesse Lalla-Roukh. Pour en
perpétuer le souvenir, le roi chargea Hensel de dessiner les
principaux *tableaux*, qu'il offrit ensuite à la grande-duchesse.
Il y en eut dix, disposés en ordre consécutif et comprenant les
histoires de Feramors (1), le poète voilé (2), le Paradis et la
Péri (3), les adorateurs du feu (3) et la fête des roses (1). Spontini en avait écrit la musique.

position des dessins; c'est alors que Hensel l'aperçut et en devint amoureux. Il demanda sa main, après qu'il eût obtenu du gouvernement des subsides pour aller à Rome. Mais les parents ne voulurent pas entendre parler de fiançailles avant son retour d'Italie, non qu'ils désirâssent pour leur fille un parti plus brillant, ou que Wilhelm ne leur parût pas digne de Fanny, mais parce que, avant tout, ils voulaient que leur gendre eût une position assurée. Ils ne lui permirent même pas d'écrire à Fanny; cependant, madame Mendelssohn promit de correspondre avec lui et tint parole. La lettre suivante qu'elle lui adressa à Rome, fera connaître la belle âme, la noblesse des sentiments de cette mère modèle, et peut donner une juste idée de sa haute raison, de sa fermeté et de sa prévoyance.

« Sérieusement, cher monsieur Hensel, vous ne pouvez m'en vouloir si je ne permets aucun échange de lettres entre Fanny et vous. Mettez-vous un moment à la place d'une mère et échangez votre intérêt contre le mien; alors ma décision vous paraîtra naturelle, juste et raisonnable; tandis que, dans votre impétuosité, vous me gratifiez sans doute des noms les plus barbares. Le même motif qui m'a poussée à ne vous faire aucune promesse, m'engage aussi à m'opposer énergiquement et résolument à toute correspondance. Vous savez que je vous estime et que même, au fond du cœur, je suis bonne pour vous; vous savez aussi que je ne fais aucune objection contre votre personne;

les raisons qui me retiennent encore de me déclarer
pour vous sont : votre âge, et l'incertitude de votre
situation. Un homme ne doit pas penser à se marier
avant que sa position soit, en quelque sorte, assurée : en tout cas, il ne doit pas fulminer contre les
parents de la jeune fille qu'il désire épouser, parce-
qu'ils ont de l'expérience, de la raison et du sang-
froid ; et parce que la nature les a destinés à réfléchir
et pour elle et pour lui. L'existence de l'artiste célibataire est heureuse ; tous les cercles lui sont ouverts ;
la faveur publique l'excite ; les petits tracas de la vie
disparaissent. Vif et joyeux, il franchit les écueils
amoncelés sur sa route ; il travaille quand il veut,
comme il veut et tant qu'il veut ; il cherche dans l'art
ses sujets favoris ; c'est l'être le plus fortuné de la
création, et la poésie le transporte dans d'autres
sphères. Aussitôt que les soucis de la famille s'empa-
rent de lui, tout ce charme magique s'évanouit. Il
faut qu'il travaille pour l'entretien des siens ; l'aimable coloris a disparu. Je me suis efforcée d'élever
mes enfants dans la simplicité ; je ne les ai pas habitués au luxe ni au faste, afin de ne pas les *obliger*
à se marier richement ; un avenir certain, un revenu
modeste, mais suffisant et solide, voilà pour les parents la condition indispensable d'une vie exempte
d'inquiétudes, et, quoique mon mari puisse donner
une assez jolie dot à chacun de ses enfants, il n'est
pas assez riche pour assurer leur sort sans qu'ils y
contribuent.

» Vous commencez votre carrière sous des auspices favorables ; laissez-la se réaliser ; mettez à profit autant que possible le temps et la faveur, et soyez sûr que nous ne vous serons pas contraires si, vos études terminées, nous sommes rassurés sur votre avenir, et si votre position nous paraît devoir vous suffire. Ne m'accusez donc pas d'égoïsme et d'avarice, mon cher et doux enragé ! (*Wüthikus*), sinon je me verrai forcée de vous rappeler que j'ai épousé mon mari quoiqu'il ne possédât pas un denier. Mais il avait un revenu certain, bien que modeste, dans la maison Fould à Paris, et j'étais convaincue qu'il saurait faire valoir la dot que je lui apportais. Cependant, l'ambition de ma mère n'étant pas satisfaite si j'épousais un commis, Mendelssohn dut s'associer avec son frère, et depuis lors, Dieu soit loué ! la chance n'a pas cessé de le favoriser. Fanny est très jeune et, jusqu'à présent, grâce au ciel ! candide et sans passion. Vous ne devez pas vouloir l'arracher à cette quiétude et, par des lettres passionnées, la jeter dans une disposition d'esprit qui lui est tout à fait étrangère et qui pourrait, pendant plusieurs années, la rendre impatiente, ennuyée, languissante, tandis qu'elle est maintenant gaie, libre et bien portante. »

Il n'est pas besoin, je crois, de faire l'éloge de cette lettre ; elle n'est pas l'œuvre d'un esprit ordinaire. Jamais plus de bon sens, d'intelligence, de cœur, de saine logique ; jamais plus beau style et meilleures raisons ne furent mis au service d'une cause plus belle et plus juste; jamais mère ne fit preuve de plus de tendresse ni de plus de prévoyance. Madame Mendelssohn tint parole et écrivit régulièrement à Hensel. Naturellement, ce ne fut qu'un maigre dédommagement pour l'artiste, mais il sut s'aider; il fit parler son art et peignit ce qu'il n'osait écrire. Il envoya de Rome à Berlin de charmants dessins dans lesquels il idéalisa les figures des personnes faisant partie du cercle des Mendelssohn, mais où celle de Fanny jouait le premier rôle. De tels hommages firent plus d'effet que les lettres les plus éloquentes; ils arrivèrent tout droit au cœur de la jeune fille.

Hensel mit à profit le temps de son séjour en Italie, dont il passa la plus grande partie à Rome. Il travailla quatre ans à la copie de *la Transfiguration*, qui a pris place dans les salons des Raphaëls au palais de Sans-Souci. Il composa de plus un grand tableau, *le Christ et la Samaritaine*, qui appartient au roi de Prusse.

Au bout de cinq années, Hensel quitta l'Italie qu'il considérait comme sa seconde patrie et où il se promit de revenir un jour. Pour Fanny aussi, ces années avaient été bien employées et riches en résultats physiques et moraux.

Les fiançailles de Fanny avec Hensel étaient à peu près conclues, lorsque commencèrent les répétitions de *la Passion* (selon saint Matthieu), oratorio de J.-S. Bach, dont l'exécution fut, pour Félix, la manière la plus brillante de prendre congé de Berlin. A cette époque, bien des trésors de Beethoven et surtout de Bach étaient encore ignorés ; mais, précisément alors, les musiciens s'aperçurent qu'il devait y avoir quelque chose à faire pour que l'on connût ces chefs-d'œuvre, et que cette révélation était peut-être la plus grande tâche musicale du temps. Nous avons déjà vu, par les communications de Fanny à Klingemann, combien ces grands génies étaient honorés dans le cercle des Mendelssohn ; Félix contribua puissamment à cette tâche, et, si Beethoveen et Bach sont aujourd'hui appréciés, c'est à lui qu'en revient une bonne part.

Pendant l'hiver de 1827, Félix, agacé par les plaintes réitérées de son ami Schubring, à qui la musique de Bach faisait toujours l'effet d'un exercice d'arithmétique, voulut le convaincre de la fausseté de son jugement. A cet effet, il réunit chez lui le samedi soir un chœur de seize voix, choisi parmi ses amis musiciens, auxquels il fit étudier la *Matthæus Passion*. Quelque longue et compliquée que soit cette œuvre, Félix la connaissait par cœur tout entière ; car Schubring rapporte qu'un soir où il accompagnait un des chœurs au piano, sans avoir la partition sous les yeux, il arrêta ses choristes en leur disant :

— A la vingt-troisième mesure, les sopranos ont un *ut naturel*, et non un *ut dièse !*

Voici comment Fanny en parle à Klingemann :

« Berlin, 29 mars 1829.

« Nous vous enverrons bientôt Félix ; il laissera ici un beau souvenir par la double exécution de *la Passion* au profit des pauvres. Ce que nous ne regardions que comme une possibilité lointaine, est aujourd'hui une réalité, *la Passion* est entrée dans la vie publique ; elle est devenue la propriété de tous les cœurs... Félix et Devrient parlaient depuis longtemps de cette entreprise, mais leur plan n'avait ni queue ni tête. Un soir, ils se mirent d'accord, et, le lendemain, ils se rendirent en gants jaunes chez les présidents de l'Aca-

démie de chant (*Sing akademie*) et demandèrent mo-
destement si l'on consentirait à leur accorder la salle,
dans un but de bienfaisance. Ils voulaient en outre —
car la musique plairait probablement beaucoup (sic)
— donner une seconde représentation au bénéfice
de l'Académie.

» Ces messieurs remercièrent courtoisement, ne
voulurent accepter comme rémunération qu'une
somme de 50 thalers, et laissèrent le reste à la disposition des entrepreneurs du concert. Zelter ne trouva
rien à objecter contre cette décision, et les répétitions
commencèrent le vendredi suivant. Félix revit la partition, y apporta de légères modifications et instru-
menta seulement le récitatif : « Le rideau du temple
se déchira en deux morceaux. » Il laissa intact tout le
reste. On s'étonnait; on s'extasiait; on demeurait
bouche béante, et, lorsqu'au bout de quelques semaines
les répétitions commencèrent à l'Académie, les visages
s'allongèrent et les académiciens berlinois demeurèrent stupéfaits qu'une telle œuvre existât et qu'ils n'en
eussent rien su. Lorsqu'ils en furent convaincus, ils
l'étudièrent avec un véritable intérêt. Zelter, qui avait
coopéré aux premières répétitions, se retira peu à
peu, et, pendant les dernières, ainsi que pendant les
concerts, il prit avec résignation place parmi les auditeurs. L'Académie rendit sur cette musique un juge-
gement si favorable; l'intérêt fut si vivement surexcité
dans toutes les classes, que, dès la première annonce
du concert, tous les billets furent enlevés, et le der-

nier jour, plus de mille personnes durent se retirer sans avoir été satisfaites. Mercredi, 10 mars, eut lieu la première exécution et, à part quelques négligences peu importantes de la part des solistes, on peut dire que tout réussit à merveille. Nous étions les premières à l'orchestre; à peine les portes furent-elles ouvertes, que la foule, qui attendait depuis longtemps déjà, se précipita dans la salle; en moins d'un quart d'heure elle fut comble. J'étais assise de façon à bien voir Félix, et j'avais à côté de moi les plus fortes voix d'altos. Les chœurs eurent un feu, une énergie, et en même temps une délicatesse comme je ne me souviens pas de les avoir entendus, si ce n'est à la seconde séance, où ils se surpassèrent encore. Comme je suppose que vous vous rappelez la forme du drame, je vous envoie le livret sur lequel je vous désigne que Stümer chantait le récit de l'Évangéliste, Devrient les paroles de Jésus, Busolt le grand-prêtre et Pilate, et Weppler Judas. La Schœtzel, la Milder et Türrschmiedt chantèrent dans la perfection les *soli* de sopranos et d'altos.

» La salle, regorgeant de monde, avait l'air d'une église, tant le silence était profond et l'assemblée recueillie; on n'entendait que les acclamations involontaires et étouffées de cœurs vivement émus. On peut dire qu'en cette circonstance, tous ont fait plus que leur devoir. Ainsi Rietz, qui avait accepté de copier, avec l'aide de son frère et de son beau-frère, toutes les parties instrumentales, ne consentit, ni lui ni ses aides, à recevoir d'honoraires pour ce travail ; la plupart des chanteurs qui avaient reçu des billets, les renvoyèrent ou les payèrent, en sorte qu'au premier concert il n'y eut que six billets de faveur (dont deux de Spontini) et pas un au second. On demanda à grands cris une seconde audition, et les écoles industrielles se présentèrent en suppliantes ; mais, cette fois, Spontini veillait et s'efforça (avec l'amabilité qui le caractérise) d'entraver la seconde exécution. Félix et Devrient prirent le parti le plus décisif et le chemin le plus court : ils allèrent trouver le prince royal, qui, dès le début, s'était grandement intéressé à cette œuvre, et obtinrent de lui l'autorisation de donner un second concert, le samedi 21 mars, jour anniversaire de la naissance de Jean-Sébastien Bach. On revit la même foule, plus compacte encore que la première fois ; car elle occupait même la salle d'attente et le petit salon d'accord, derrière l'orchestre. Les chœurs marchèrent, s'il est possible, mieux qu'au premier concert ; les instrumentistes furent excellents ; il n'y eut que la Milder qui fit une grosse bévue, ce qui causa de l'humeur à Félix. En somme, on ne peut souhaiter de meilleure réussite à une bonne entreprise[1].

» Henri Heine est ici et ne me plaît nullement ; il pose trop. S'il se laissait aller, il serait le plus ai-

---

1. Ainsi, selon les propres paroles de Félix (l'unique fois où il ait fait allusion à son extraction hébraïque), « ce fut un acteur et un juif qui restaurèrent pour le peuple cette grande œuvre chrétienne ».

mable des mal élevés. S'il se prenait au sérieux, cela pourrait encore passer ; mais il pose par sentiment ; il pose pour poser ; il ne parle que de lui, et ne considère les hommes qu'autant qu'ils le considèrent lui-même. Ses *Reisebilder* vous sont-ils parvenus ? Il s'y trouve d'admirables choses. Le méprisât-on dix fois, qu'à la onzième il saurait bien vous forcer d'avouer qu'il est poète, et quel poète ! Les mots résonnent, et la nature parle en lui comme elle ne le fait qu'aux poètes ! »

Outre Heine, beaucoup d'importants personnages et d'hommes distingués fréquentaient, à cette époque déjà, la maison Mendelssohn ; entre autres Paganini, la Milder, le poète Ludwig Robert et sa femme Frédérike, renommée pour sa beauté. Hégel, Alexandre de Humboldt, le professeur Eacke et bien d'autres encore dont la nomenclature serait trop longue.

XII

Le 10 avril 1829, Félix partit pour l'Angleterre;
son père et sa sœur Rébecca l'accompagnèrent jusqu'à
Hambourg, où il s'embarqua. La traversée fut longue
et pénible, aussi souffrit-il beaucoup du mal de mer
et dut-il demeurer deux jours au lit pour se remettre tout à fait. Le 25, il écrivait de Londres :

« Tout est colossal ici! tout est insensé! Je suis
rompu, moulu, brisé. Londres est le monstre le plus
grandiose et le plus compliqué qui soit au monde.
Comment faire pour résumer dans une lettre ce que
j'ai vu et éprouvé durant ces trois jours!...

» Après que je vous eus expédié ma dernière lettre
de malade, Klingemann me conduisit dans un café où,
naturellement, je lus le *Times*. En vrai Berlinois, je
regardai d'abord le programme des théâtres, et je vis
que, le soir, on donnait *Othello* pour la *first appearance*

de madame Malibran. Malgré la fatigue et le mal de
mer, je résolus d'y assister. Klingemann me prêta les indispensables bas gris, car, dans la précipitation, je ne
pus mettre la main sur les miens, et il fallait être en
grande tenue, comme tout gentleman, pour aller à
l'Opéra Italien. Nous entrâmes donc dans *King's-
Theater*, où, pour une demi-guinée, je trouvai place
dans les *pits* [1]. Grande salle avec des tentures
pourpre, six rangs de loges superposées, avec des ri-
deaux rouges faisant ressortir les toilettes des dames
et leurs plumes blanches, leurs brillants et autres bijoux; une odeur de pommade et de parfums qui vous
saisit dès l'entrée et me donna un violent mal de
tête; dans les *pits*, tous les hommes en tenue de bal
et les favoris frisés; plein partout; l'orchestre fort bon,
dirigé par le signor Spagnoletti (je vous l'imiterai;
c'est à mourir de rire!); Donzelli (Othello) plein de
bravoure, fioritures ingénieuses, crie et pousse terri-
blement la voix, mais avec un *haut goût infini* (*sic*). La
Malibran est une belle jeune femme, bien développée,
aux cheveux frisés, pleine de feu, de force et de coquetterie; ses fioritures, très agiles et très neuves, sont
en partie, imitées de la Pasta. Elle joue bien, fait
de bons passages, seulement elle exagère trop souvent
et malheureusement elle touche alors au ridicule et
au désagréable. Néanmoins, j'irai toujours l'entendre,
mais pas demain; car elle reprend *Othello*, et je ne

1. Les *Pits* répondent à nos stalles d'orchestre.

veux revoir cet opéra que quand il sera chanté par la Sontag, que l'on attend ces jours-ci. Levasseur est une assez bonne basse, et Curioni un ténor supportable ; tout a été frénétiquement applaudi des mains et des pieds. Après le second acte, est venu un long divertissement avec bonds et inepties, comme chez nous ; il a duré jusqu'à onze heures trois quarts ; j'étais à demi-mort de fatigue, mais j'ai tenu bon jusqu'à une heure moins un quart, au moment où Othello étouffe Desdemona, ce qui n'empêcha pas la Malibran de crier et de gémir. J'en avais assez, et je rentrai chez moi sans attendre la fin de la représentation, qui allait se terminer par le célèbre ballet de la *Somnambule*. Le lendemain matin, pendant que je dormais encore à poings fermés, je sentis une main presser délicatement la mienne ; c'était Moschelès, qui resta une bonne heure assis devant mon lit, à me donner des conseils... Je ne trouve pas d'expression pour vous dire comment j'ai été accueilli par lui et par sa femme. Tout ce qui peut m'être agréable, utile ou honorable, ils savent me le procurer. Malgré la multiplicité de ses occupations, Moschelès m'a conduit cette après-midi chez Latour, Clementi, Neukomm, Cramer, et, comme le soir je devais jouer chez lui mes variations pour violoncelle, et que la copie des parties n'était pas terminée, il en écrivit la moitié, qui manquait, pendant mon dîner. Madame Moschelès m'a conduit à Hyde-Park dans son élégant équipage, et aujourd'hui elle a voulu me montrer Regent's Park.

Pensez donc, moi, me promenant en voiture avec une belle dame! moi! (Dans ma toilette neuve, bien entendu!) Puis elle me conduisit chez Bulow, auquel je fis une longue visite. Jugez de mon étonnement en sortant : elle m'avait attendu dans la voiture, parce que seul, disait-elle, je n'aurais pu trouver mon chemin. Que vous dirai-je? Ils sont la prévenance même. »

« Londres, 21 mai 1829.

» En allant aujourd'hui faire répéter ma symphonie [1] dans *Argyle Rooms*, j'y trouvai tout l'orchestre réuni et environ deux cents auditeurs, la plupart étrangers et des dames en majeure partie. Comme on répétait d'abord une symphonie de Mozart avant la mienne, je n'en fus point inquiet; au contraire, je sentis grandir mon courage. Pendant que l'on jouait Mozart, j'allai faire un tour dans Regent's Park, et, quand je revins, tout était prêt, on m'attendait. Je montai sur l'estrade et tirai de ma poche mon bâton blanc, que j'avais fait faire exprès pour la circonstance (l'ouvrier me prenant pour un alderman, voulait y fixer une couronne). — Alors le chef des violons, Fr. Cramer, me fit voir comment l'orchestre était disposé. Il me présenta aux artistes et nous nous saluâmes. Quelques-uns souri-

1. En *ut mineur*.

rent bien un peu de ce qu'un jouvenceau, un gamin avec un bâton, prenait la place de leur solennel *conductor*, en perruque frisée et poudrée, puis nous commençâmes. Dès la première fois, tout marcha bien et les auditeurs se montrèrent satisfaits; après chaque morceau, ils applaudirent et l'orchestre fit comme eux. (En signe de bon accueil, ils frappent de l'archet le dos de leur instrument et trépignent.) Le premier morceau fini, ils firent un vacarme du diable, et, comme j'en fis redire la fin, qui n'avait pas été jouée à mon idée, ils recommencèrent le même tapage. Les directeurs vinrent me trouver sur l'estrade, dont je dus descendre pour faire des saluts à n'en plus finir. J.-B. Cramer était dans l'enchantement et m'accablait de compliments; il me fallut faire le tour de l'orchestre et donner des poignées de main en veux-tu en voilà. Ce fut certainement un des plus heureux moments de ma vie; car tous ceux qui, une demi-heure plus tôt, étaient des étrangers pour moi, venaient de se changer en amis. Hier soir, le succès du concert fut plus grand que tout ce que j'avais rêvé. On commença par la symphonie; le vieux Cramer me conduisit au piano comme si j'avais été une jeune dame, et je fus accueilli par une longue salve d'applaudissements. On voulut me faire bisser l'*adagio*, mais je m'y refusai dans la crainte de fatiguer le public; quant au *scherzo*, on le redemanda avec tant d'insistance, que je me vis obligé d'obéir, et, quand nous l'eûmes exécuté, le public prolongea ses applaudissements jusqu'à ce

qu'après avoir remercié l'orchestre, je quittai la
salle. »

On peut s'imaginer la joie que ressentirent les parents de Berlin en apprenant le succès de l'enfant
chéri. Fanny particulièrement, en fut tout émue, et
la lettre suivante, qu'elle écrivit à Klingemann, le 4 juin,
témoigne de sa tendre et constante sollicitude pour
son frère bien-aimé :

« Vous me comprendrez quand je vous dirai que les
succès de Félix ne m'étonnent ni ne me remuent ; car,
en ce qui le touche, j'ai toujours cru à sa prédestina-
tion. Tout cela est beau et bon, et des lettres comme
la sienne d'hier, et la vôtre d'aujourd'hui, me causent
une joie infinie, parce que je vois que vous le gâtez et
le dorlotez, exactement comme je le souhaitais. Maintenant, une prière : Félix recevra prochainement un
paquet contenant quelques douceurs et des souvenirs
du pays. Ce paquet vous est adressé ; soyez assez bon
pour le lui remettre vous-même ; seulement, attendez
qu'il soit bien disposé, et non quand il sera mécontent de son copiste ou de toute autre chose. Ah ! cher
Klingemann, plus vous ressentez de plaisir de sa présence, de la vie qu'il apporte partout avec lui, plus
vous devez comprendre combien son éloignement
nous attriste et comme il nous manque ! Aussi, je vous
en supplie, écrivez-nous souvent ; vos lettres sont pour
nous un baume et une consolation. »

DE FÉLIX A SA FAMILLE

« Londres, 7 juin 1829.

» Samedi avait lieu le concert et je n'avais pas encore mis les doigts sur les touches du piano que Cramer m'avait fait envoyer de sa fabrique. La salle était vide quand j'y entrai et chacun de mes pas se répercutait en écho. Le piano à queue était fermé; je dus envoyer chercher la clef, mais elle ne vint pas. En attendant, je m'assis devant le vieil instrument sur le clavier duquel doivent s'être promenés les doigts d'au moins vingt générations; je voulais repasser mon morceau et, sans m'en douter, je me mis à improviser jusqu'à ce que, voyant entrer du monde, je me ressouvins que j'étais venu pour étudier; mais il n'était plus temps; l'heure du concert (deux heures) allait sonner, et je n'avais pas même essayé le piano sur lequel je devais me faire entendre. Je ne perdis cependant pas courage. Mais, lorsque, en grande tenue (que Beckchen et son journal de modes sachent que cette grande tenue consistait en un frac bleu, un long pantalon collant, un gilet de soie brun et une cravate noire), j'arrivai sur l'estrade occupée par des dames qui n'avaient pas trouvé à se caser ailleurs; quand j'aperçus les chapeaux bariolés des belles ladies; quand je réfléchis à l'effrayante

chaleur qu'il faisait et à l'instrument que je ne con-
naissais pas, je ressentis une terreur panique qui me
donna la fièvre. Cependant, comme, dès mon apparition, les susdits chapeaux bariolés m'accueillirent par
des applaudissements, comme ils étaient attentifs et
silencieux, et comme je trouvai le piano délicieux et
facile à jouer, je repris mon assiette, et j'eus du plaisir
à voir ces chapeaux se balancer à chaque passage
gracieux, et sir George prendre méthodiquement une
prise. Tout alla à souhait, et, quand j'eus fini, on fit un
tapage infernal. J'ai été aussi extrêmement loué par le
Times, que je lis tous les matins en prenant le thé. Je
suis dans l'enchantement, car le public est excellent
pour moi, et ce qui me ravit, c'est que je le dois plus
à ma musique qu'à mes lettres de recommandation.

» J'ai reçu une commande qui vous fera rire et qui
me réjouit fort, car elle est unique et seulement possible à Londres. Je dois composer une cantate qui
sera chantée... à Ceylan !!! Il n'y a pas longtemps que
les indigènes de là-bas ont été émancipés, et ils veu-
lent célébrer l'anniversaire de leur indépendance ;
c'est pourquoi on fera entendre des chants de fête, et
le gouverneur de l'île, sir Alexander Johnston, m'en a
donné la commission. C'est en vérité comique, fou,
et j'en ai ri pendant deux jours !... »

Et, pour faire voir à sa famille combien cette marque de confiance en son talent l'avait amusé, il
ajouta à la signature de cette lettre ces mots :
Composer to the Island of Ceylon.

XIII

L'année 1829 avait été calamiteuse pour la Prusse. D'épouvantables inondations, à la suite de pluies continuelles, avaient surtout désolé le territoire de Dantzig et la Silésie. Nathan Mendelssohn, qui, ainsi que je l'ai dit, demeurait non loin de Breslau, écrivit à son frère Abraham pour lui signaler l'affreuse disette qui décimait le pays, et ce dernier en avait donné communication à Félix, en ce moment à Londres. Celui-ci n'eut point de repos qu'il n'eût organisé un concert au bénéfice des malheureux Silésiens, et nous allons voir, dans les lettres suivantes, comment il s'y prit pour que la recette fût fructueuse.

« Londres, 10 juillet 1829.

» Ce qui m'a considérablement occupé dans ces

derniers temps, c'est le concert au bénéfice des Silésiens. Le choix des morceaux est incontestablement le plus brillant de l'année ; tout ce qui peut appeler l'attention du public y a contribué, et gratuitement en majeure partie ; nous avons même dû refuser plusieurs bons *performers*, car le concert aurait duré jusqu'au lendemain. L'affiche monstre que vous a envoyée Klingemann est vraiment intéressante. A la demande générale, on commencera par mon ouverture du *Songe d'une nuit d'été*, puis Moschelès et moi, nous jouerons mon double concerto en *mi*. Hier, nous avons eu la première répétition chez Clementi ; madame Moschelès et M. Collard y assistaient ; je me suis énormément amusé, car on ne peut se faire idée de nos farces et plaisanteries de toute sorte ; nous nous imitions l'un l'autre et nous faisions les *sucrés*. Moschelès enleva le dernier morceau d'une façon merveilleuse. Quand il eut fini, tous les assistants regrettèrent que nous n'eussions pas fait de cadence. Je signalai alors, dans le dernier *tutti* du premier morceau, un passage où l'orchestre s'arrête sur un point d'orgue, et Moschelès, *volens nolens*, dut consentir à écrire une longue cadence : « Il nous faut un *tutti* » entre la cadence et le solo final, » dis-je. « Pendant » combien de temps voulez-vous qu'on applaudisse ? » demanda Moschelès. « Dix minutes, *I dare say*, » répondis-je. Mais Moschelès marchanda, discuta, et nous décidâmes pour cinq minutes. Je promis de livrer le *tutti* et nous prîmes nos mesures pour confectionner un superbe concerto avec des *manches à la Mame-luke (sic)*. Aujourd'hui, nouvelle répétition, puis un pique-nique musical ; car Moschelès doit apporter la cadence et moi le *tutti*. Demain à deux heures, grande répétition instrumentale, après quoi j'irai faire une partie de plaisir à Stamfort-Hill, avec Rose et Mühlenfels... »

Voici maintenant la lettre qu'il écrivit à son oncle Nathan, pour lui apprendre le résultat du concert.

« Londres, 16 juillet 1829.

» Cher oncle,

» Il y a longtemps que je ne t'ai écrit, aussi m'empressai-je de saisir l'occasion qui s'offre à moi de t'envoyer de consolantes et agréables nouvelles. Tes compatriotes doivent à la lettre de papa un important secours qui leur parviendra sous peu par la voie officielle. Je ne puis te dire combien il m'est doux qu'ils t'en soient redevables et que j'aie été à même de leur venir en aide. Écoute maintenant comment les choses se sont passées.

» Après bien des supplications, la Sontag avait promis de donner, en mai, un concert au profit des habitants du cercle de Dantzig ; mais l'envie semblait lui en être passée, car elle différa jusqu'en juin, puis en juillet. Sur ces entrefaites, son bénéfice n'ayant pas répondu à son attente, elle renonça tout à fait à

ce concert. Cela me fit de la peine. J'allai plusieurs
fois chez elle, où je ne rencontrai jamais que son
homme d'affaires ou sa dame de compagnie, et tous
deux se montrèrent si peu polis, que je me retirai
avec la ferme résolution de ne plus revenir. Le lendemain, m'arriva la lettre de mes parents avec la copie
de la tienne ; cela me décida tout à fait, et je jurai que
le concert aurait lieu. Je me souvins en même temps
qu'un jour tu voulus bien me prêter quelque argent
pour payer le souffleur des orgues de Reinerz, et que
tu ne me permis pas de te le rendre ; tu me dis
qu'avec ma musique, je t'avais procuré du plaisir pour
plus de *huit Groschen* et qu'un jour je pourrais te
rembourser, en mettant mon talent au service des
pauvres. Tout cela me revint en mémoire, et aussitôt
me voilà parti chez la Sontag. Cette fois, je ne me
laissai pas circonvenir, et j'envoyai promener *homme
d'affaires* et dame de compagnie. Je la vis, et je lui
affirmai qu'elle était tenue de donner un concert puisqu'elle l'avait fait annoncer dans la *Gazette officielle* ;
que les Silésiens étaient encore plus malheureux que
ceux de Dantzig ; que... que... Bref, elle se rendit à
mes raisons. J'étais convaincu qu'elle seule, par ses
nombreuses relations, sa popularité, son influence sur
toutes les classes de la société anglaise, pouvait faire
réussir un concert donné au profit de malheureux
étrangers, dans un moment où la misère à Londres
est si effroyable, que l'on ne sait comment y parer.
Tout était contre nous. Les musiciens nous prédisaient

une salle vide, car l'été est avancé; ils se montraient plus que tièdes et peu aimables; ils nous objectaient les grands frais à faire, que l'on ne couvrirait peut-être pas. Je ne me laissai point déconcerter et j'allai de l'avant. Le concert fut annoncé; de grands digni-taires en prirent le patronage; tous les chanteurs dis-tingués s'offrirent gratuitement, *honoris causa*; beau-coup étaient les obligés de la Sontag; les instrumen-tistes s'y prêtèrent pour me plaire, en sorte que pas un des noms qui avaient brillé pendant la saison ne manqua sur le programme, et la chose devint *fashio-nable*. Dès lors, la réussite était certaine; toute la ville en parla. Lundi dernier, lorsque, une heure avant le concert, je passai devant *Argyle Rooms* (que le propriétaire nous avait également laissée gratis), et que je vis la foule se presser pour entrer; lorsque, arrivant à l'orchestre encombré de belles dames en grande toilette, je vis les loges et même les salons d'attente pleins de monde, j'éprouvai une joie indi-cible et je regrettai que la salle ne fût pas plus vaste : car, faute de place, on dut refuser plus de cent personnes. Le produit s'est élevé à 300 guinées (7500 francs) qui seront remises à l'ambassadeur de Prusse, pour être par lui envoyées en Silésie. Les An-glais ne parviennent pas à s'expliquer comment nous avons pu réussir. Le *Bulletin* dit que la Sontag a reçu, de grands personnages de son pays, des lettres et même des injonctions: ces grands personnages, c'est toi seul. Le *Times* prétend que le roi de Prusse s'est

adressé à la Sontag; ce n'est pas vrai; c'est encore
toi. En un mot, succès complet. Sans contredit, le
concert a été le meilleur de la saison. On n'y a pas
chanté de grand air, mais seulement des morceaux
d'ensemble par les premiers chanteurs du monde;
néanmoins, il a duré quatre heures. La Sontag s'est
produite six fois; Drouet a joué de la flûte; Moschelès
a exécuté avec moi mon concerto pour deux pianos,
puis est venue mon ouverture du *Songe d'une nuit
d'été*, etc., etc. En voilà assez. Le meilleur de tout
cela, c'est que nous avons réussi. Écris-moi quelques
mots, cher oncle, mon père me les fera parvenir dans
les montagnes de l'Écosse, où je vais aller passer
quelques jours. Donne-moi des nouvelles de tous les
tiens, et porte-toi bien. »

La saison musicale étant finie, Mendelssohn alla
faire avec Klingemann un tour en Écosse, ainsi qu'il
l'annonçait à son oncle. Il quitta Londres le 21 juillet,
se dirigeant sur Edimbourg, et de là sur Abbotsford,
où il espérait rencontrer sir Walter Scott; mais ses
lettres nous apprennent qu'il fut déçu dans son attente.

« Édimbourg, 30 juillet 1829.

» Mes chers,

» Demain matin, Klingemann et moi, nous partons
pour Abbotsford, chez sir Walter Scott, et, de là, nous
nous rendrons dans les Highlands. Aujourd'hui, au

crépuscule, nous sommes allés visiter le palais de Holyrood, où la reine Marie a vécu et aimé. Il y a là une petite chambre à laquelle on arrive par un étroit escalier en colimaçon. C'est par là que montèrent les assassins de Rizzio, qui était dans cette petite chambre; ils l'en arrachèrent, et le traînèrent dans une autre pièce, où ils le mirent à mort. La chapelle qui est à côté n'a plus de toit; l'herbe et le lierre y poussent de toutes parts. C'est devant l'autel, aujourd'hui renversé, de cette chapelle que Marie Stuart fut couronnée reine d'Écosse. Tout est brisé; on n'y voit que des décombres et le ciel bleu au-dessus de la tête. Je crois y avoir trouvé le commencement de ma symphonie écossaise. Et maintenant, portez-vous bien. »

Le lendemain, il ajoutait à cette lettre :

« Nous avons trouvé sir Walter Scott sur le point de quitter Abbotsford. Ainsi, nous avons fait quatre-vingts milles et perdu un jour pour une demi-heure de conversation insignifiante! Melrose Abbey ne nous a pas consolés; nous étions vexés; nous maudissions les grands hommes, nous-mêmes et le monde entier. Le temps était atroce. Aujourd'hui, il fait beau. Ah! quelle journée! Nous avons oublié celle d'hier et nous en rions. »

D'Écosse, nos voyageurs pénètrent dans le pays de Galles; mais Klingemann, rappelé à Londres, dut laisser Félix continuer seul son excursion. Toutefois, avant de le suivre plus loin, consignons ici une lacune dans son sentiment musical. Il n'aimait pas, il ne comprenait pas les chants populaires. Les mélodies nationales lui déplaisaient ; elles étaient trop simples pour lui qui n'affectionnait que la musique travaillée selon toutes les règles de l'art. Il ne fit usage qu'une seule fois de mélodie populaire, dans le but de flatter la reine Victoria : c'est dans la fin de sa symphonie écossaise, dédiée à cette princesse, et même cette unique tentative n'est pas très heureuse ; car cette mélodie ne s'accorde en rien avec ce qui la précède : elle arrive on ne sait pourquoi et déconcerte l'auditeur. Mendelssohn n'a adapté cette mélodie à sa symphonie que pour justifier le titre d'*Écossaise* qu'il lui donna. La lettre suivante ne laisse subsister aucun doute sur son peu de penchant pour les airs populaires, et certainement il s'est montré injuste envers ceux du pays de Galles, parmi lesquels il s'en trouve d'admirables[1]. Il ne les a probablement jamais entendus ; s'il les avait mieux connus, il ne se serait pas si vertement prononcé sur leur compte. Cette antipathie, ce dégoût même pour toute mélodie nationale, explique jusqu'à un certain point l'absence du sens dramatique chez Félix Mendelssohn.

1. Voyez mon livre : *Études historiques sur la poésie et la musique dans la Cambrie*, 1 vol. in-8°, Paris, 1884.

« Llangollen, 25 août 1829.

» Surtout point de musique nationale ! que dix mille diables emportent toute nationalité ! Me voici dans le pays de Galles. Dans la grange de chaque auberge en renom est assis un harpiste qui joue ce qu'on appelle des mélodies populaires, c'est-à-dire des choses infâmes, communes, fausses, pendant qu'un orgue de Barbarie s'évertue à moudre aussi des mélodies ; c'est à devenir fou. J'y ai gagné un affreux mal de dents. Est-ce, en vérité, de la musique que font entendre les cornemuses écossaises, les trompes suisses, les harpes welches ? Font-ils de la musique, ceux qui débitent comme des improvisations le chœur des chasseurs avec variations plus abominables les unes que les autres, sans parler de ces jolis chants dans les granges ? On n'a pas idée de cela ! Quand, comme moi, on ne peut supporter les chansons nationales de Beethoven, que l'on vienne ici et que l'on écoute ces soi-disant mélodies beuglées d'une voix nasillarde, accompagnées stupidement par des doigts maladroits, et on ne les dédaignera plus. Pendant que j'écris ces lignes, l'animal assis dans la grange joue sur sa harpe un air soporifique en *sol majeur*, qu'il varie à sa fantaisie, pendant que l'orgue de Barbarie moud un chant d'église en *mi bémol majeur*. Je le répète, c'est à en devenir fou ! »

Peut-être que, si Mendelsshon avait entendu ces airs nationaux gallois bien exécutés sur la *Tripleharp*, dans un *Eisteddfod*, ou congrès bardique annuel, il serait revenu sur sa mauvaise impression, à laquelle contribua probablement le mal de dents qui le faisait souffrir. En tout pays, on rencontre de méchants ménétriers qui vous écorchent les oreilles, et ce n'est pas faire preuve d'équité que de juger la musique du peuple sur de tels échantillons.

Le 10 septembre, il rentrait à Londres dans l'intention de quitter sous peu l'Angleterre, pour aller assister au mariage de sa sœur Fanny avec Wilhelm Hensel. Il devait rejoindre son père en Hollande et revenir avec lui à Berlin. Mais, le 17, il fit une chute de voiture si malheureuse, qu'il se déboîta le genou et fut contraint de garder le lit pendant deux mois, soigné avec le dévouement le plus affectueux par Klingemann, les Moschelès et autres amis qu'il s'était faits dans la capitale de l'Angleterre.

XIV

Le 3 octobre 1829, Fanny Mendelssohn et Wilhelm
Hensel furent mariés. Elle avait composé un morceau pour orgue, que l'on exécuta pendant la bénédiction nuptiale. Naturellement, tous les amis de la
famille y assistèrent, et le seul nuage qui troubla la
félicité de la jeune femme fut l'absence de son cher
Félix, qui ne revint à Berlin que dans les premiers
jours de décembre.

Le lecteur doit se souvenir que Fanny désirait ardemment voir l'Italie, qu'elle considérait comme une
terre promise. Maintenant qu'elle était unie à un
homme qui l'avait habitée cinq ans et qui, lui aussi,
tenait à y retourner et à la faire connaître à sa femme,
elle espérait que ce projet ne tarderait pas à devenir
une réalité, d'autant mieux que Hensel mettait tout
en œuvre pour que le gouvernement prussien fondât

à Rome une institution analogue à celle de l'Académie de France. Mais il fallut renoncer à ces rêves dorés ; car, en mars 1830, Rébecca, Félix et Paul furent atteints de la rougeole, et, dans l'été, Fanny accoucha d'un fils, M. Sébastien Hensel, l'auteur du livre que j'analyse, enfant chétif, que l'on craignit de ne pouvoir élever, étant venu au monde deux mois avant terme.

C'est vers cette époque que les matinées musicales du dimanche prirent tout leur développement chez madame Hensel et devinrent permanentes. On y exécuta des chœurs, des solos de chant, des trios et des quatuors pour cordes et pianos par les meilleurs artistes de Berlin ; les personnes de la plus haute société, ainsi que les artistes étrangers de passage en cette ville, se firent un honneur d'y assister et d'y prendre part. Madame Hensel dirigeait elle-même ses choristes et les répétitions avaient lieu le vendredi. Un dimanche de l'année 1834 doit avoir été particulièrement remarquable ; car voici ce qu'on lit dans son journal (*Tagbuch*) entièrement écrit de sa main :

« Le mois dernier (juin), j'ai eu chez moi une séance admirable. *Iphigénie en Tauride* a été chantée par la Decker, Bader et Mantius. L'exécution en fut parfaite, et je doute que l'on en puisse entendre une meilleure. Bader surtout fut entraînant, tous les trois luttèrent de talent, et ces belles voix suscitèrent un tonnerre de bravos. Mon auditoire se composait de plus de cent personnes, entre autres de l'illustre

Bunsen et de plusieurs Anglais. Ce fut encore plus beau que l'*Orphée* de l'année dernière. Le dimanche suivant, j'ai fait jouer par l'orchestre de la résidence (*Kœnigsstadt*) mon ouverture, qui a été fort bien accueillie. »

En mai 1830, Félix entreprit son voyage d'Italie, dont les détails les plus circonstanciés sont consignés dans ses *Lettres de voyage* (*Reisebriefe*), que son frère Paul a publiées en 1861. Mais ce que ces lettres ne contiennent pas, ce qu'elles ne pouvaient contenir, ce que sa modestie l'empêcha d'écrire et ce que peut-être il n'aperçut pas, car il était le moins présomptueux des hommes, c'est le charme qu'il exerçait sur tous ceux qui avaient des rapports avec lui et qu'atteste une lettre adressée à Fanny, de Munich, le 21 juillet 1830, par Marx, qui l'accompagna jusqu'en cette ville. Voici un extrait de cette lettre :

« Vous ne pouvez vous imaginer, chère Fanny, l'accueil que Félix a rencontré ici. Il ne saurait vous en décrire la centième partie, et, moi-même, avec la meilleure volonté du monde, je n'y parviendrais pas. Nous savions déjà combien on y apprécie sa musique ; mais, aujourd'hui, jouàt-il les choses les plus plates, les plus nulles, que l'on en serait ravi. Il est devenu la coqueluche de tous les cercles. Ainsi, hier, pendant qu'il dormait encore et que j'étais à écrire, arrive le chasseur de l'ambassade, porteur d'un billet de la charmante Betty, disant que, puis que M. Mendelssohn ne pouvait dîner à trois heures, on l'attendrait à midi ou plus tôt ou plus tard, à son choix; que l'on sera heureux de le recevoir, etc. A peine ce chasseur est-il parti, qu'il en vient un autre de la part du comte Protzschy ou Prutzschy (un nom à coucher dehors!) avec un bouquet de la part de mademoiselle X***. Il est suivi par le premier professeur de piano d'ici, qui vient demander une leçon à Félix; car il renonce à professer tant qu'il sera à Munich. Puis un compliment de la part de la belle Seppi Lang; ensuite un billet de mademoiselle Schauroth — seize ans — qui prie Félix de venir la voir à dix heures; le conseiller d'État Maurer, le maître de chapelle Stang; Moralt, et d'autres visites trop longues à citer; M. de Staudacher, qui fait demander à M. *de* Mendelssohn, s'il peut espérer l'avoir à diner!... Vous croyez peut-être que je plaisante, mais je vous jure que cela est très sérieux, quoique risible... »

Je ne dirai rien de son voyage en Italie et me contenterai de renvoyer le lecteur désireux d'en connaître les détails, à ses *Reisebriefe*. Je ferai seulement remarquer que, malgré son séjour dans le midi de l'Europe, malgré sa résidence dans le pays « où fleurit l'oranger », ses sentiments germaniques demeurèrent en pleine force, si même ils ne s'accrurent pas. C'est là qu'il composa ses œuvres les plus *Septentrionales*, si l'on peut s'exprimer de la sorte. Je veux parler de son ouverture des *Hébrides, ou la Grotte de Fingal*[1],

1. Ce fut pendant son voyage en Écosse avec Klingemann que Félix eut la première idée de cette ouverture, qui porte

de la *Walpürgisnacht* (*la Nuit de sainte Walpurge*), sur le poème de Gœthe. Dans ses lettres, il
revient à plusieurs reprises sur ce travail. Ainsi il
écrit de Milan :

« Je me mis au piano et j'empoignai avec rage
l'éternelle *Nuit de Walpurgis* pour en finir. Le matin de bonne heure, elle était terminée, du moins
jusqu'à l'ouverture ; car je ne sais encore si je ferai
une grande symphonie ou une introduction. La fin est
devenue meilleure que je ne m'y attendais. Le spectre
et le druide barbu, avec les trombones et les trompettes sonnant derrière lui, me font l'effet d'une facé-
tie très drôle, et j'en ai ri tout à mon aise. »

Dans une lettre à Edouard Devrient, il lui dit :

« Ces jours derniers, j'ai composé un grand morceau de musique qui fera peut-être beaucoup d'effet :
c'est *la Première Nuit de sainte Walpurge*, de Gœthe.

trois noms : *les Hébrides* (*Die Hebriden*), *la Grotte de Fingal*
(*Fingals Höhle*) et *l'Ile déserte* (*Die einsame Insel*). Une de ses
lettres à sa famille est datée « de l'une des Hébrides » (*auf
einer Hebride*), et contient les vingt premières mesures de
l'ouverture. Revenu à Berlin, ses sœurs lui demandèrent ce
qu'il avait vu de remarquable dans ce voyage ; il se mit alors
au piano et leur joua le commencement de cette ouverture,
comme pour leur dire : « Voilà ce que j'ai vu. » Il ne commença
à l'écrire qu'à Rome, dans l'hiver de 1830, et sa partition datée
de cette ville, 16 décembre 1830, est intitulée : *Die einsame Insel*. Le manuscrit de cette partition appartient aujourd'hui à son
filleul, M. Félix Moschelès. Une seconde partition manuscrite
datée de Londres, 20 juin 1832, et intitulée : *the Hebrides*, appartient à la famille de sir W. Sterndale Bennett. Ces deux ma-
nuscrits diffèrent assez sensiblement l'un de l'autre.

Je l'ai entrepris parce que le sujet me plaisait et m'inspirait, mais je ne me suis pas préoccupé de son exécution. Maintenant que je l'ai devant moi, tout terminé, je vois qu'il pourra fort bien servir pour mon premier concert d'abonnement à Berlin, où tu chanteras la partie du prêtre barbu. Avec ou sans ta permission, je l'ai écrite pour ta voix, il faudra donc que tu t'en charges, et, comme jusqu'à présent les morceaux que j'ai composés ont plu et convenu au public, je crois qu'il en sera de même pour celui-ci... »

Il ne se trompait pas : *la Nuit de Walpurgis* fut toujours en grande faveur chez les Allemands et les Anglais, et, si on l'exécutait à Paris, dans les concerts Colonne et Lamoureux, le public l'accueillerait certainement avec faveur. On la joua souvent dans les matinées de madame Hensel, et les chanteurs comme les instrumentistes la dirent toujours avec un plaisir et un feu qu'ils n'apportaient pas à d'autres œuvres; c'était une fête pour eux quand on reprenait cette cantate. Ce fut aussi la dernière musique qu'entendit Fanny ; nous verrons plus loin que c'est pendant une des répétitions de cette œuvre que la mort vint la frapper. Du reste, il était tout naturel qu'elle eût une prédilection pour *la Nuit de sainte Walpurge,* elle avait, pour ainsi dire, présidé à toutes les phases de sa composition et de ses transformations. Félix lui écrivait :

« Ma dernière œuvre doit probablement le jour à tes concerts dominicaux. Lorsque tu m'en dis

un mot dernièrement, je me demandai si je ne
pouvais rien t'envoyer pour y être exécuté, et j'en
revins à un plan que je caressais depuis longtemps.
Écoute et frémis ! En quittant Vienne, j'avais à moitié
composé la musique de *la Première Nuit de sainte
Walpurge* de Gœthe; mais je n'avais pas encore eu le
courage de l'écrire. Maintenant, la chose a pris forme
et est devenue une grande cantate avec orchestre. La
gaieté n'y manque pas; elle commence par une chanson, puis vient le chœur des veilleurs criant comme
des enragés; ensuite les sorcières, pour lesquelles j'ai
un faible, comme tu le sais. J'introduis après cela les
druides, qui viennent faire un sacrifice en *ut majeur*
avec trombones. Les veilleurs reparaissent, et là
j'applique un triple chœur de couleur sinistre, et enfin,
pour finir, le chœur du sacrifice. Ne penses-tu pas que
cela pourra faire une cantate d'un nouveau genre? J'y
ajouterai une introduction instrumentale et le tout
sera vivant. »

Dans un autre passage il s'exprime ainsi :

« Il faut que je revienne à mes sorcières, car toute
ma lettre flotte dans l'incertitude, ou plutôt c'est moi
qui ne sais pas, si je dois oui ou non, y introduire la
grosse caisse. Les fourches et les piques me conduisent
inévitablement à la grosse caisse, mais la sobriété me
le déconseille. Je suis assurément le seul qui ait composé de la musique sur le Bloxberg sans petite flûte ;
mais renoncer à la grosse caisse me ferait de la peine.
Malheureusement, avant que l'avis de Fanny m'ar-

rive, la *Walpurgisnacht* sera terminée et empaquetée ;
je vais me remettre à courir le monde, et Dieu sait où
il en sera de nouveau question. Je suis persuadé que
Fanny dira oui, mais je n'en demeure pas moins
indécis. En tout cas, il faut beaucoup de bruit. »

La Nuit de Walpurgis est incontestablement une
œuvre capitale, qui rivalise avec *le Songe d'une nuit
d'été*, et je ne partage nullement l'opinion de Fétis,
qui en trouve « le style lourd [1] ». Le savant musico-
graphe n'a pas été juste pour cette cantate, ou ne l'a
pas comprise. Le morceau du Sabbat, entre autres, est
admirable, et Berlioz ne lui a pas marchandé l'éloge,
puisqu'il l'a qualifié de « chef-d'œuvre », et l'on sait si
Berlioz était prodigue de louanges.

En 1842, Mendelsshon remania cette cantate, et
c'est après cette dernière élaboration qu'elle a été
éditée sous sa forme actuelle. Outre cette grande
œuvre et l'ouverture des *Hébrides*, il rapporta encore
de son voyage de la musique d'église, genre vers
lequel le portait son génie un peu mélancolique, et des
Romances sans paroles pour le piano. En même temps,
parut à Munich le concerto de piano en *sol mineur*, et
à Londres, le *Capriccio* brillant en *si mineur*. Il avait
aussi commencé sa symphonie en *la majeur*, que,
dans ses *Reisebriefe*, il appelle « italienne » et que
l'on connaît en France sous le nom de « Symphonie
romaine ». Il la termina plus tard à Berlin.

---

1. *Biographie universelle des musiciens*, t. VI.

Puisque je viens de mentionner les *Romances sans paroles*, quelques mots à leur sujet ne seront pas déplacés ici. Ces pièces pour le piano, dénommées *Lieder ohne Worte* par Mendelssohn lui-même, sont associées à son nom plus étroitement qu'aucune autre de ses compositions. Il est le créateur de ce genre et, quoique sans paroles, la signification n'en est pas moins définie. Une lettre de Félix à Souchay, du 15 octobre 1841, révèlera le point de vue sous lequel il considérait son art en général et le *Lied* en particulier.

« ... La musique, dit-il, est plus définie que la parole, et vouloir l'expliquer par des paroles, c'est l'obscurcir... Je ne pense pas que les mots suffisent pour cet objet, et, si j'étais persuadé du contraire, je ne composerais plus de musique. Il est des gens qui accusent la musique d'être ambiguë, et qui prétendent que les paroles se comprennent toujours ; pour moi, c'est tout le contraire ; car les mots me paraissent ambigus, vagues, inintelligibles, si on les compare à la vraie musique, qui remplit l'âme de mille choses meilleures que les mots. Ce que m'exprime la musique que j'aime, me paraît plutôt trop *défini* que trop *indéfini* pour pouvoir y appliquer des paroles. Certes, les tentatives faites pour mettre des paroles sous de telles pensées sont recommandables, mais toutes sont insuffisantes et il en est de même de la vôtre. Je ne prétends pas que ce soit de votre faute, mais celle des mots, qui ne permettent pas de faire mieux. Si j'avais dans l'esprit des termes définis pour un ou plusieurs de mes *Lieders*, je me garderais de les dévoiler, parce que les mots ont pour telle personne, une signification qui diffère pour une autre ; — parce que la musique seule peut éveiller les mêmes idées et les mêmes sentiments dans un esprit comme dans un autre... Les paroles ont beaucoup de significations, mais nous pouvons tous comprendre correctement la musique. Permettez que ceci serve de réponse à votre question. En tout cas, c'est la seule que je puisse vous faire, bien qu'elle, aussi, ne soit autre chose que des mots ambigus. » Nous voyons ici la raison pour laquelle Mendelssohn a publié ses *Romances sans paroles* dépourvues de toute appellation distincte. Les seuls titres qui viennent de lui sont : les *Chants des gondoliers vénitiens* (*Venetianisches Gondellied*), op. 19, 30, n° 6 et 62, n° 5 ; — *le Wolkslied*, op. 53, n° 3, et *la Chanson du Printemps* (*Frühlingslied*), op. 62, n° 6. Les titres donnés aux autres, appropriés ou non, n'ont pas été autorisés par lui. Les sept livres de « Romances sans paroles » pour piano, édités par Simrock, de Bonn, portent les n^os d'op. 19, 30, 38, 53, 62, 67 et 85.

Entre temps, Zelter était mort, laissant vacante la place de directeur de l'Académie de chant (*Singakademie*). Félix avait été l'élève favori de Zelter, qui plusieurs fois lui avait confié la suppléance de sa direction ; l'exécution de *la Passion* de J.-S. Bach, qu'il avait dirigée trois ans plus tôt, prouvait

qu'il était capable de faire progresser l'Académie.
Revenu après avoir fait son tour d'Europe, reçu partout à bras ouverts, acclamé et honoré dans toutes les villes où il avait passé, il pouvait espérer que le comité de la *Singakademie* voudrait se l'attacher ; il aurait même consenti à n'être que sous-directeur en attendant mieux ; mais le comité lui préféra Rungenhagen, qui, selon l'expression de Devrient[1], « allait, pendant une longue suite d'années, condamner cette Académie à ne point sortir de la médiocrité, et prouver la folie de ses administrateurs ». Déjà, le froid accueil fait à son opéra des *Noces de Gamache* l'avait indisposé contre les Berlinois ; mais il avait oublié cette mésaventure et il ne leur en garda pas rancune. La déception qu'il éprouva cette fois la lui remit en mémoire ; elle le dégoûta du séjour de Berlin, et ne contribua pas peu à l'insuccès des démarches que l'on tenta plus tard pour l'y attirer.

Félix passa dans sa famille l'hiver de 1832 ; il donna plusieurs grands concerts dans lesquels il fit entendre son ouverture des *Hébrides*, et sa nouvelle cantate, *la Nuit de Walpurgis.* Certes, son existence au milieu des siens était charmante et digne d'envie ; mais ce n'était pas une position, et son père insistait pour qu'il s'occupât d'en trouver une ; il reprit ses voyages dans ce but. En avril 1833, il se rendit à Düsseldorf

---

1. *Meine Erinnerungen an Felix Mendelssohn Bartholdy,*
Leipzig, 1860.

où il entama les premières négociations qui devaient
le conduire à un établissement durable et solide. Pour
le moment, on convint seulement qu'il viendrait y diriger la grande fête musicale de 1833. Il mit à profit
l'intervalle de liberté qu'on lui laissait pour faire une
excursion en Angleterre, où sa symphonie « italienne »
fut exécutée avec un très grand succès par la Philharmonique, qui lui offrit cent guinées (2500 francs) pour
avoir le droit exclusif d'exécuter cette symphonie pendant deux ans. Il revint ensuite à Düsseldorf prendre
la direction de la fête musicale. Pendant ce séjour à
Londres, il avait eu la bonne fortune de mettre la
main sur la partition originale de l'*Israël en Egypte*,
de Händel; l'exécution de cet ouvrage dut être l'affaire
capitale de la fête. Pour cette circonstance, Abraham
Mendelssohn se rendit à Düsseldorf, et il existe une
longue suite de lettres écrites par lui à sa femme,
donnant les détails de cette solennité et d'un voyage
qu'il fit ensuite en Angleterre avec Félix. En voici
quelques-unes.

XV

« Düsseldorf, 22 mai 1833.

» ... Lorsque je descendis de voiture, Félix était à la répétition. M. de Woringen y courut pour lui annoncer mon arrivée et le triomphe qu'il venait de lemporter en obtenant de moi que je logerais chez rui, ce que Félix eut peine à croire. Il a très bonne mine, et, si mes yeux de père ne m'abusent pas, il a bien gagné en peu de temps ; ses traits sont plus accentués, plus énergiquement découpés et dessinés ; il a toujours ses mêmes bons yeux, et tout cela forme un ensemble particulier. Je n'ai pas encore vu un tel visage. Il ne m'est pas encore arrivé non plus de voir honorer un homme comme il est honoré ici. Il ne peut assez se louer du zèle de ses coopérateurs, de leur confiance en lui. Partout son jeu et sa mémoire excitent l'étonnement et l'admiration.

» La foule qui se porte à cette fête est vraiment ré-
jouissante. Il vient du monde de la Hollande ; on aura
une forte chanteuse d'Utrecht. Aujourd'hui, avant midi
a lieu au piano une répétition des solos d'*Israël* ; à
trois heures, répétition générale qui, à ce que croit
Félix, durera jusque vers huit heures du soir. Demain,
répétition le matin et l'après-midi ; dimanche et lundi,
concert ; mardi, grand bal ; et, le lendemain, troisième
concert dans lequel, je l'espère, *cinq ou six* symphonies de Beethoven seront jouées l'une après l'autre.
La Decker chantera, Félix jouera, etc. etc. »

« Düsseldorf, dimanche de la Pentecôte, 1833.

» Si je regrette quelque chose, ce n'est pas d'être
venu ici, mais de n'avoir personne de vous avec moi,
car une fête musicale sur le Rhin est unique ; c'est un
événement que la musique seule peut provoquer et
qui n'est possible qu'en ce pays. Depuis avant-hier,
des bateaux à vapeur, des trains de toute espèce, des
voitures de poste, des équipages amènent des familles
de vingt lieues à la ronde ; il en vient même de Breslau. Tous ces gens sont habitués à traiter le plaisir
comme une affaire sérieuse et contribuent de toutes
leurs forces à la faire réussir. Hier et avant-hier, de
huit heures du matin à neuf heures du soir, sauf les
courtes interruptions des pauses et du dîner, on n'a

fait que répéter. Aujourd'hui, premier concert; il y a répétition instrumentale de huit heures à dix heures du matin. De onze heures à je ne sais quelle heure, on répétera les solos chez nous. A toutes ces séances, aucun volontaire ne manque; les rares dérangements sont causés par les instruments à vent (payés), et tous, par une chaleur accablante, exécutent consciencieusement et gaiement un aussi pénible travail pour... s'amuser!

» Il est vrai qu'il n'y a ici ni cour, ni grands seigneurs, ni directeur général de la musique, qui pourraient mettre des entraves à cette activité. C'est une vraie fête populaire; je n'ai pas encore aperçu le nez d'un agent de police ou d'un gendarme. Le bourgmestre a fait copieusement arroser, avec les pompes à incendie, la route conduisant à la salle de concert qui a été construite hors de la ville. A deux mille pas des murs, dans un grand jardin bien ombragé, attenant à une auberge, on a établi une salle de 135 pieds de long sur 70 de large; malheureusement, elle n'a que 27 pieds de hauteur quand il en aurait fallu au moins 40. Cette salle, blanchie à la chaux et sans ornements (Est-ce possible!) peut contenir de 12 à 1500 personnes; un tiers a été réservé à l'orchestre et au chœur; le reste est occupé par des chaises fixées au sol et numérotées.

» Pendant les pauses, qui sont plus longues que chez nous, chacun se précipite dans le jardin et demande, qui des tartines de beurre, qui du vin, qui du

lait caillé, etc., en sorte que l'aubergiste a aussi sa
fête, qui ressemble à une kermesse. On profite de cet
entr'acte pour ouvrir au large les portes et les fenêtres
de la salle, et, quand l'air est renouvelé et que le délai
de pause est expiré, une fanfare appelle les consom-
mateurs qui s'élancent pour reprendre leurs places;
une seconde fanfare s'adresse aux retardataires, puis
Israël crie de nouveau vers le Seigneur.

» Une fête musicale exigeant absolument un directeur d'orchestre, il faut bien que je dise deux mots de
celui de cette année, *Herrn Felix*, comme chacun
l'appelle ici. Cher enfant! quelle satisfaction il nous
donne et que de joies nous lui devrons encore! Il fait
en ce moment un travail inouï, mais il s'en acquitte
avec plaisir, sérieusement, dignement et habilement.
Il opère de vrais miracles. Il y a quelque chose de
merveilleux dans ce fait, que quatre cents personnes
de tout sexe, de tout âge et de toute condition, réunies en masse compacte, se laissent diriger comme
des enfants par un jeune homme sans titre ni dignité,
et presque trop jeune pour être leur ami. Il est parvenu à réaliser ce que pas un chef d'orchestre n'a
encore pu obtenir, c'est-à-dire à briser toutes les op-
positions. Avant lui, on causait continuellement dans
l'orchestre; il a pris la parole pour dire qu'il *voulait*
être écouté et obéi; et maintenant, lorsqu'il fait une
observation, chacun garde le plus profond silence. Il
a réussi de plus — et l'on m'assure que c'est la première fois ici — à introduire des nuances dans les

chœurs et dans l'orchestre. Hier soir, eut lieu la répétition générale de l'ouverture et d'*Israël*. Cette ouverture plut beaucoup ; mais le chœur de la première partie de l'oratorio : « Il arrêta le flux de la mer et la mit à sec, » et le premier de la deuxième avec son effrayante conclusion : « Il précipita dans la mer le cheval et le cavalier, » excitèrent un tel enthousiasme, qu'il fallut un bon quart d'heure pour que tout rentrât dans l'ordre. »

« Düsseldorf, 28 mai.

» Hier pendant la répétition, Woringen avisa l'orchestre et le public que, pour la première fois depuis l'institution de la fête musicale, on avait l'intention de donner un troisième concert, mais que cette proposition avait rencontré de l'opposition dans le comité, parce que c'était une innovation et que l'on craignait d'échouer. Tous répondirent par des applaudissements et acceptèrent le troisième concert, attendu que la Decker chanterait, que Félix jouerait et que l'on exécuterait la deuxième partie d'*Israël*, ce qui n'exigeait point de répétition. Donc, le concert eut lieu et réussit au delà de toute attente ; les chœurs et l'orchestre rivalisèrent de zèle, et le dernier chant d'*Israël* a été enlevé. La venue de Félix fut saluée par trois fanfares, et, lorsqu'il eut joué, je crus que la salle allait crou-

ler sous les bravos et les cris. Il accompagna au piano
les morceaux de chant, et, quoique pendant le concert
il eût été constamment occupé, quoiqu'il eût passé une
mauvaise nuit (ce que j'appris ensuite), il n'en assista
pas moins au dîner, et le soir au bal.

» De tout cela est résulté pour lui une position que
je l'engage vivement à accepter. On lui propose de le
nommer directeur de la musique à Düsseldorf, pour
trois années qui commenceront le 1er octobre prochain, avec un traitement de 600 thalers (environ
2500 fr.) ce qui équivaut à 900 thalers à Berlin
(3500 fr.), plus un congé annuel de trois mois, à
prendre à son choix de mai à novembre. Ses fonctions
municipales consisteront dans la direction de la musique de l'église; il dirigera en outre les sociétés
chantantes et instrumentales; il organisera de quatre
à huit concerts annuels, le festival excepté. J'augure
bien de cette proposition, dont les suites seront avan-
tageuses pour lui comme préparation nécessaire pour
monter plus haut, et je ne doute pas, chère Léa, que tu
ne sois heureuse de voir notre fils occuper cette situation. Ce qui me plaît surtout, c'est que, quand tant
d'autres ont des titres sans emploi, il aura, lui, un
emploi très honorable sans titre[1]. Quoi qu'il en soit,

1. Ceci n'est pas tout à fait exact, car Félix s'est lui-même
donné un titre. Au printemps de 1834, ayant été élu membre de
l'Académie des beaux-arts de Berlin, il envoya un document
ainsi rédigé :

« Mémorandum de ma biographie et de mon éducation artiss'il plaît à Dieu, mercredi prochain à midi, je déjeunerai à Londres. Portez-vous bien. »

Sur les instances de son fils, qui allait entreprendre son quatrième voyage à Londres, Abraham Mendelssohn s'était décidé à l'y accompagner. Félix aimait beaucoup Londres, où il comptait une foule d'amis et d'admirateurs; tout y était pour lui plus beau et meilleur qu'autre part. Nous allons le voir par les lettres de son père, dont je vais extraire quelques intéressants détails.

« Félix, dit-il dans l'une, trouve vertes les prairies desséchées, brûlées et jaunies. Il trouve bleu le ciel qui est tout gris; moi pas. »

Et ailleurs :

« Ce matin à neuf heures quinze, le soleil avait tout juste assez de force pour colorer le brouillard en jaune, et l'air ressemblait à une épaisse fumée pendant un incendie :

» — *A very fine morning,* me dit mon barbier.

tique. Je suis né le 3 février 1809 à Hambourg ; à huit ans, je commençai l'étude de la musique ; j'appris l'harmonie et la composition avec le professeur Zelter, et le piano, d'abord avec ma mère, puis avec M. Ludwig Berger. En 1829, je quittai Berlin ; je voyageai en Angleterre et en Ecosse, dans le sud de l'Allemagne, en Italie, en Suisse et en France; deux fois encore, je visitai l'Angleterre, au printemps de 1832 et 1833; j'y fus fait membre honoraire de la Société philharmonique, et depuis octobre 1833, je suis *directeur de musique de l'Association pour l'avancement de l'art musical à Dusseldorf.* »

Cette pièce est conservée dans les Archives de l'Académie des beaux-arts de Berlin.

» — *Is it?* demandai-je. »

» — *Yes, a very fine morning,* reprit-il.

» Et j'appris ainsi à connaître ce qu'on nomme à Londres « une belle matinée ». Il est maintenant midi, le brouillard est décidément vainqueur, le jour ressemble à celui que nous avons chez nous à quatre heures du soir, en novembre. Il m'a fallu traîner ma table devant la fenêtre, pour que je puisse voir non pas *ce que* j'écris, mais *que* j'écris. Félix est allé essayer l'orgue de Saint-Paul, et je n'ai pu me décider à quitter la chambre; quand il rentrera, il me soutiendra que nulle part les journées d'été ne sont aussi belles qu'à Londres.

» Tu apprendras avec plaisir combien Félix est aimé et considéré ici. Je l'éprouve *par ricochet (sic)*. Ainsi le vieux Horsley a cru me servir aujourd'hui un joli compliment, en me disant qu'il me considérait comme très heureux d'être le fils et le père d'un grand homme. Où est le compliment? J'en aurais probablement été contrarié si je ne m'étais souvent moqué de ce que, entre mon père et mon fils, je suis quelque chose comme un trait d'union. »

« 17 juillet.

» Hier soir, j'avais le choix d'aller faire une visite à madame Austin, ou d'entendre chanter la Malibran, qui,

vous devez vous le rappeler, ne m'avait produit aucune impression la première fois que je l'entendis au
théâtre. Je donnai la préférence à la société Malibran
et *j'eus le nez fin* (sic). Félix étant à la campagne,
j'avais dîné avec Klingemann, et, à dix heures et demie,
nous faisions notre entrée dans le salon. Bériot jouait
un quartetto de Haydn avec amour et respect, avec
chaleur et précision, en un mot très bien, sauf çà et
là quelques tournures françaises modernes. Après lui,
madame Malibran chanta très simplement, avec calme
et pureté, d'ennuyeux airs d'église du maître de la
maison; puis vint un madrigal anglais pendant lequel
Félix entra. Madame Malibran, qui était au piano,
chanta une chanson espagnole et, sur la demande de
Félix, un refrain maritime anglais et une ronde française avec tambour. Quand on pense que cette femme
— qui a fait ma conquête — sait chanter en quatre
langues, on peut s'imaginer les torrents de force et
d'esprit, la hardiesse et la sûreté des moyens qu'elle
répandit dans ces petits morceaux. Fougue espagnole,
coquetterie française, franche rudesse anglaise, elle
sait tout rendre admirablement; elle aime, languit,
vogue, tambourine avec une étonnante perfection.
C'était quelque chose d'entièrement nouveau pour
moi, et j'aurais donné beaucoup pour que vous l'enten-
dissiez. Par raison, ou au moins par bienséance, Félix
avait refusé de jouer après elle; mais elle alla le chercher, le força de se mettre au piano, et il improvisa
sur les chansons qu'elle venait de dire; il s'en tira,

ma foi, très bien. Elle chanta aussi deux romances espagnoles, puis le trio du *Matrimonio secreto* avec les deux filles de la maison et accompagnement de Félix. Ce trio fut interprété d'une manière incomparable. »

Le père Mendelssohn, après être demeuré un mois en Angleterre, s'apprêtait à retourner chez lui, et en avait déjà prévenu sa famille, lorsqu'une blessure, qu'il se fit à la jambe, l'obligea de retarder son départ. Coïncidence bizarre! le même accident était arrivé à Félix quelque temps plus tôt, et aussi à la veille de quitter Londres. Cette blessure qui, au début, n'était que peu de chose, s'envénima par la négligence qu'il mit à la soigner; il dut prendre le lit, et ne put repartir pour l'Allemagne que le 25 août. Dans ses lettres à sa famille, il ne tarit pas sur les attentions et les prévenances dont il fut l'objet. Je citerai entre autres celle du 2 août :

« Madame Moschelès, mon ange tutélaire, ma fée bienfaisante, est venue ce matin me lire le *Times* et m'a promis sa visite pour ce soir. Avec ses meilleurs compliments pour toi, elle veut que je te dise de ne rien croire de tout le bien que je t'écris d'elle; mais au lieu de cela je te dirai : « Crois tout et ajoutes-y encore tout ce qu'il y a de mieux... » Je ne puis te dire la bonté, la gracieuseté, l'attention dont je suis comblé par cette excellente femme, née Allemande et devenue anglaise. *Le sang juif*[1] *ne gâte rien (sic). Et con*

1. Les Moschelès, comme les Mendelsshon, étaient d'extraction juive.

tutto ció, je commence à perdre patience et me lamente d'être redevable de ces soins à d'autres que vous! »

Enfin l'heure de la délivrance sonna pour lui. Félix l'accompagna jusqu'à Berlin, où il demeura quelques jours, avant d'aller prendre possession de son emploi à Düsseldorf.

D'importants changements étaient survenus à cette époque dans la famille Mendelssohn-Bartholdy. Paul avait quitté la maison paternelle en mai 1831, pour se rendre à Londres, où il fut reçu à bras ouverts par l'ami Klingemann. Il allait tenter en Angleterre la carrière commerciale. Un an plus tard, Rébecca épousait le professeur de mathématiques Dirichlet. Bonne musicienne, mais moins bien douée pour cet art que Félix et Fanny, Rébecca s'était adonnée à l'étude des lettres. Sa forte intelligence, son savoir étendu et son esprit pétillant, quoique sérieux, avaient fait d'elle une femme accomplie. Bien des prétendants avaient aspiré à sa main, mais elle les refusa tous pour leur préférer le professeur Dirichlet. Ce n'était ni le rang, ni la naissance, ni la fortune qui l'avaient séduite en son prétendu; elle avait reconnu en lui un homme de mérite, et le choix qu'elle fit prouve sa haute raison ; car, si Dirichlet n'était pas riche, elle savait qu'en tout temps elle pourrait s'appuyer sur lui avec confiance, et que c'était un savant des plus distingués. Assurément, il n'aurait tenu qu'à elle de faire un parti beaucoup plus brillant; elle préféra les vertus solides et un nom honorable à l'éclat et à la grandeur.

Gustave-Pierre Lejeune-Dirichlet, comme Wilhelm Hensel, descendait d'une humble famille. Fils d'un receveur des postes à Düren, petite ville située entre Cologne et Aix-la-Chapelle, il naquit le 3 février 1805, le dernier de onze enfants. De bonne heure, il montra un goût décidé pour les mathématiques et se rendit en France afin de se perfectionner dans cette branche du savoir. Il entra comme précepteur chez le général Foy, qui le chargea de l'éducation de ses enfants, et qui faisait très grand cas de ses talents. Protégé par Alexandre de Humboldt, il obtint la place de professeur de mathématiques au collège de Breslau. La même chaire étant devenue vacante à l'École militaire de Berlin, en 1825, on le chargea de l'intérim de ce cours dont il ne tarda pas à devenir titulaire, sur la recommandation de Humboldt. Il occupa ce poste jusqu'en 1855, où il alla s'établir à Gœttingue.

Ayant aperçu Rébecca, le professeur Dirichlet s'éprit d'elle, et son amour ne fit qu'augmenter à mesure qu'il put la fréquenter, après son admission dans la maison de la Leipzigerstrasse, 3. — Les époux

Mendelssohn auraient préféré pour leur fille un autre mari ; mais Rébecca avait su apprécier les mérites de son adorateur, et fit connaître son intention formelle de devenir sa femme. Leur mariage fut célébré en mai 1832, et la suite a prouvé qu'elle avait bien choisi.

Nouveau changement en 1834. Au commencement de cette année, Paul revint d'Angleterre et entra dans la maison de banque *Mendelssohn et Cie*, dirigée par Joseph Mendelssohn et son fils Alexandre. Plus tard, il en devint l'associé et épousa Albertine Heine, de la famille du célèbre poète de ce nom, et l'une des amies du cercle des Mendelssohn.

Le mois de septembre 1834 ramena Félix à Berlin. Son attachement pour son père était devenu de l'adoration. Abraham, du reste, en était digne. Malheureusement, avec l'âge, sa santé périclita et sa vue déclina. Déjà, lors du dernier voyage en Angleterre, il s'était aperçu d'un affaiblissement sensible de l'organe visuel ; l'amaurose se développa rapidement, et bientôt il ne vit plus qu'à travers un brouillard. Il fallut en venir à l'opération qui n'apporta point d'amélioration. Il supporta cette infirmité avec une résignation stoïque, et ne cessa de témoigner sa reconnaissance à ses filles, qui, à tour de rôle, lui servaient de lectrices ou de secrétaires. Pour Félix, il fut le plus cher des amis et le conseiller le plus influent comme le plus écouté.

Au printemps de 1835, les Hensel se rendirent à

Paris. Dans sa lettre du 10 juillet à ses parents, Fanny fait connaître son sentiment sur les peintres français, et ce passage offre trop d'intérêt pour que j'omette de le rapporter.

« Après tout ce que nous voyons et entendons des artistes eux-mêmes, dit-elle, je n'éprouve pas grand désir de vivre ici; car, si les commandes y sont parfois colossales, les intrigues, les obstacles et les méchancetés qu'il faut supporter ne le sont pas moins. En outre, la facilité avec laquelle le public foule aux pieds les plus belles renommées qu'il a d'abord consacrées, fait mal à voir. Depuis quinze jours à peine que nous sommes ici, nous en avons eu deux exemples frappants. Il n'y a qu'une voix pour affirmer que c'est un traitement de ce genre qui a poussé Gros à se jeter dans la Seine, et Delaroche est dans un si grand désespoir, à cause de l'ignoble perfidie dont il vient d'être victime (le retrait de la décoration à fresques d'une église), que je ne m'étonnerais pas s'il prenait le même chemin que Gros. Cependant, Hensel voudrait bien passer une année à Paris, y peindre un tableau et étudier les musées. Les artistes qui ont vu quelque chose de lui, l'engagent à faire un grand tableau pour l'Exposition; mais tous sont unanimes pour déclarer qu'il faut être sur les lieux; car, sans cela, il se pourrait que l'on maltraitât son œuvre. On lui cite l'exemple de Delaroche, auquel on a retiré la commande de son église pendant qu'il était en Italie, où il faisait des études pour ce travail, et cependant

Horace Vernet, son beau-père, était à Paris, et, malgré son crédit, il n'a rien pu empêcher. Les amis ne servent à rien, il faut être là soi-même. Or ceci aggrave tellement la situation, qu'elle devient impossible. »

M. et madame Hensel firent beaucoup de connaissances intéressantes dans le monde artistique parisien, entre autres celles de Delaroche et d'Horace Vernet. Fanny a décrit le costume de ce dernier dans son atelier. « Il ressemble, dit-elle, à un maître de danse; il porte des escarpins, un pantalon blanc, une jaquette de même couleur, avec une écharpe rouge enroulée autour de sa taille.

« Cinq ans plus tard, dit à son tour M. Sébastien Hensel, nous revîmes à Rome cet homme de génie excentrique. Il parcourait les rues en costume oriental, ayant poignards et pistolets dans la ceinture, ressemblant tout à fait à un Turc, et tel que mon père l'a dessiné en une séance d'une demi-heure. »

Le peintre Gérard intéressa beaucoup madame Hensel. Il avait assisté à toute la Révolution et à l'époque impériale; il possédait, peint de sa main, les portraits des personnages les plus marquants de son temps : Talma, mademoiselle Mars, Napoléon dans sa jeunesse, Humboldt, Canova, etc.

Ce séjour à Paris fut marqué par un horrible événement, qui leur laissa un triste souvenir de la France : l'attentat de Fieschi. Ils allèrent s'installer à Boulogne-sur-Mer, où Fanny devait prendre des bains; mais, au bout de quelques jours, ils furent obligés de repartir pour l'Allemagne, où les appelait une lettre annonçant à Hensel qu'il devait se hâter de revenir s'il voulait encore voir sa mère en vie. Il eut la consolation d'arriver à temps pour lui fermer les yeux. Elle expira dans ses bras le 4 octobre 1835.

XVII

Nous avons quitté Félix au moment où, dans l'automne de 1833, il partait pour Düsseldorf occuper l'emploi qu'il avait définitivement accepté, et qu'il ne quitta qu'en 1835, pour aller se fixer à Leipzig. Si ces deux années furent activement employées, elles furent aussi fécondes en résultats, ainsi que l'avait prévu son père. Le succès dépassa même ses espérances.

Ayant la direction des festivals de l'église catholique de Düsseldorf, il se mit d'abord à « parcourir ses domaines », selon son expression, c'est-à-dire qu'il alla visiter Elberfeld, Bonn et Cologne, où il fouilla les bibliothèques, et d'où il rapporta des trésors de vieille musique italienne, tant profane qu'ecclésiastique ; toutefois, il ne pensa pas une minute à écrire une messe qui aurait été, comme il le dit, « la seule composée sans préoccupation cléricale ».

C'est à cette époque qu'il mit au jour le Rondo pour piano, en *mi bémol majeur*, et le Capriccio en *la mineur* (1834); le Capriccio en *mi majeur*, et une fugue en *la bémol majeur* (1835), aussi pour piano; beaucoup de romances avec et sans paroles, et enfin, pour orchestre, l'ouverture de *la Belle Mélusine*. Ces différents travaux, en partie très développés, ne furent, en quelque sorte, que des études préparatoires à une œuvre d'une bien autre envergure, qu'il termina pendant son établissement à Düsseldorf : l'oratorio de *Paulus* (la conversion de saint Paul). Il y mit tous ses soins et toute son application; car il y était vivement poussé par son père, qui pressentait la haute position que cet oratorio donnerait à son fils parmi les compositeurs contemporains, et qui, de plus, craignait de quitter ce monde sans l'avoir entendu. Cette composition devint pour Félix l'affaire principale à laquelle les autres devaient céder le pas. Dans sa correspondance, publiée par son fils aîné, Carl, et par son frère Paul à Leipzig, en 1863, on voit avec quelle conscience il s'occupa de tout ce qui s'y rapportait; avec quelle profondeur il commenta le texte, aidé par ses amis, les prédicateurs Bauer et Schubring. On y remarque les sages conseils que lui donna son père, dans sa belle lettre du 10 mars 1835, au moment ou le *Paulus* allait être terminé; on y voit encore avec quelle anxiété il attend le jugement de sa sœur Fanny; car il veut des remarques critiques et raisonnées de la part du « Cantor aux yeux bruns », comme il l'appelle, parce que, pour lui, « l'opinion enthousiaste de ses amis de Düsseldorf ne prouve rien ». — Lors de la visite de tous les membres de la famille au festival de Cologne, il firent connaissance avec les parties terminées, et en ressentirent autant de joie que les amis de Düsseldorf. Son père en fut très satisfait, et la critique paternelle lui parut plus sûre que l'épreuve du feu; elle lui donna confiance dans le succès final. Ç'aurait été une bien grande joie pour Abraham Mendelssohn, si le *Paulus* avait pu être exécuté au festival de 1835, et s'il avait assisté au triomphe de son fils; mais cela ne fut pas possible.

« Tu sais, lui écrivit Félix (lettre du 3 avril 1835), que votre présence à tous, non seulement me calme, mais encore me cause du plaisir et de la joie. J'ajoute que le bon accueil et l'approbation du public, dont je suis certes très ambitieux, ne me réjouissent véritablement que quand je puis vous en parler; car je sais que vous vous en réjouissez comme moi, et je fais plus de cas d'un mot élogieux de vous que de ceux de tous les publics du monde. C'est pour moi la louange la plus chère, et, lorsque je vous vois parmi mes auditeurs, c'est la plus douce récompense de mes travaux. Mon *Oratorio*, selon ce que m'écrit Schelblé, sera exécuté en novembre à Francfort, et, malgré le bonheur que j'aurais à te le faire entendre plus tôt, cher père, je préfère que tu l'entendes au festival de l'année prochaine. Pour décider cette

question, j'ai résolu d'attendre l'exécution de Francfort, afin qu'après l'audition, je sache si l'œuvre convient pour le festival. Si elle réussit, comme je l'espère
et le désire, la chose n'en vaudra que mieux; je sau-
rai alors si cela peut te plaire ou non, ce dont je ne
suis nullement sûr quant à présent. »

A cette fête musicale, où fut exécuté le *Paulus*, Félix
ne vit pas son père au nombre de ses auditeurs, et
il en ressentit la première grande douleur de sa vie.

Le séjour de Düsseldorf commençait à lui peser.
L'accord qui avait régné d'abord entre lui et Immer-
mann, chargé de la gestion du théâtre, n'existait plus;
déjà se faisaient jour des dissentiments qui mena-
çaient de s'accroître. C'est alors que lui arrivèrent de
Leipzig des propositions qui le firent sérieusement
réfléchir. On lui offrait un emploi qui ne pouvait que
flatter ses vues : celui de directeur des concerts du
Gewandhaus. Le traitement était le même qu'à Düsseldorf; mais la situation avait cela d'agréable, qu'elle
ne dépendait ni de la municipalité, ni des magistrats,
et seulement d'une société libre de ses actions,
n'ayant qu'un but: celui de faire de bonne musique
et d'avoir un chef capable de la diriger. Leipzig était,
en outre, une des villes d'Allemagne, de grandeur
moyenne, où la vie devait plaire à un homme de son
caractère. Indépendamment de son importance commerciale comme point central de la librairie, et de
sa remarquable université, Leipzig avait encore l'avantage de posséder une institution musicale de premier

ordre, celle des concerts du Gewandhaus, fondée depuis déjà cinquante-six ans. Par cela seul, la position d'un maëstro à Leipzig devenait plus favorable qu'à Düsseldorf, qui commençait seulement son existence musicale; de plus, le souvenir de Jean-Sébastien Bach, autrefois *Cantor* et chef de la fameuse *Thomasschule* de Leipzig, était attrayant pour Félix, qui professait pour Bach une admiration sans bornes. Ajoutons qu'il se rapprochait sensiblement de Berlin, et cette considération avait du poids à une époque où les chemins de fer n'existaient pas encore; on comprendra donc sans peine que le jeune maître ait accepté avec empressement les offres qu'on lui faisait. Dans l'automne de 1835, il signait son engagement comme chef des concerts du Gewandhaus.

Dans une de ses lettres à Fanny, qui datent de son arrivée à Leipzig, il lui dit (13 novembre 1835) :

« Tu sauras, chère Fanny, que l'autre jour au concert de Wiecke, j'ai entendu pour la première fois mon Capriccio en *si mineur* par *Clara*[1], qui l'a joué comme un petit démon. Il m'a beaucoup plu, et j'en suis ravi, sur ma parole ; car je le considérais comme une sotte production, après l'avoir entendu tant maltraiter par Marx et toi. Avec l'orchestre, il est vraiment charmant et très bon pour les concerts. Je le trouve même plus réussi que celui en *mi mineur*, bien que je sache que tu penses différemment. »

1. Clara Wiecke, depuis madame Schumann.

» Le docteur Reiter est revenu ici enchanté de votre réception. Il est enthousiaste de papa, et ne parle qu'avec admiration de ton talent de pianiste. Il dit que si tu voulais voyager et donner des concerts, tu *enfoncerais* les autres ! »

Au commencement de novembre, Félix avait accompagné Moschelès à Berlin, où il ne resta que trois ou quatre jours. C'était la dernière fois, hélas! qu'il embrassait son père devenu complètement aveugle, et dont la santé déclinait de plus en plus. Félix promit de revenir pour Noël; mais le vieillard, comme s'il pressentait sa fin prochaine, lui dit :

— Espérons que nous vivrons encore jusque-là.

Le 18 novembre, il fut pris d'un fort accès de toux. Le lendemain matin, on prévint madame Hensel qu'il avait passé une mauvaise nuit. Elle courut à son chevet, craignant une apoplexie, mais il avait toute sa connaissance et l'entière liberté de ses mouvements. Les médecins, appelés en consultation, le jugèrent si peu en danger, qu'ils déclarèrent inutile de donner à Félix avis de la maladie de son père, afin de ne point l'effrayer inutilement. A dix heures du matin, Abraham Mendelssohn se tourna du côté du mur en disant qu'il voulait un peu dormir. Il ne se réveilla pas : une demi-heure après, il n'était plus. Sa fin avait été si douce, si calme et si prompte, que ses enfants, réunis autour de son lit, ne purent préciser l'instant de son trépas. Son vœu avait toujours été de mourir sans souffrance; ce vœu venait d'être exaucé.

Dans son journal, Fanny termine ainsi le récit de ce décès :

« Son visage était si calme, si beau, si peu changé, que nous contemplions cette chère dépouille non seulement sans appréhension, mais encore avec admiration. L'expression de ses traits était sereine; il avait le front pur et les mains douces. Véritable fin du juste, fin digne d'envie. Pour moi, je prie Dieu de m'en accorder une semblable; je veux m'efforcer de la mériter comme il la mérita. Cette image était assez belle pour réconcilier avec la mort. »

Il fallait prévenir Félix; mais comment lui porter ce coup affreux? qui se chargerait de cette pénible mission? Hensel consentit à partir pour Leipzig. Le samedi, il ramenait à Berlin Félix brisé, anéanti et paraissant avoir perdu toute espérance en l'avenir. C'est qu'en réalité, c'était lui qui perdait le plus. Ses sœurs étaient mariées et trouvaient des consolations auprès de leurs maris et de leurs enfants; Paul était à Berlin et pouvait pleurer avec elles. Lui, au contraire, n'avait personne pour partager son affliction et l'adoucir. Son père avait été l'objet particulier de sa tendresse et le stimulant le plus efficace de son activité intellectuelle et artistique; et maintenant, tout était fini, il ne le verrait plus!

« Je ne sais, dit-il dans sa lettre au pasteur Bauer, son ami d'enfance, je ne sais ce que sera ma vie désormais, car ce n'est pas seulement un père qui me manquera, mais encore le plus parfait ami de mes années de maturité et mon maître dans l'art comme dans la vie. Il faut maintenant que je termine mon *Paulus* avec un surcroît de zèle ; car la dernière lettre de mon père m'y engage, et il attendait impatiemment la fin de ce travail. Il me semble que je ne dois plus penser qu'à cela : le terminer aussi bien que possible, et m'imaginer qu'il y prendra part. Ce que je ferai ensuite, Dieu le sait ! »

Après être demeuré quelques semaines à Berlin, Félix reprit tristement le chemin de Leipzig.

XVIII

L'hiver de 1835-36 se passa languissamment pour la famille Mendelssohn. Chacun cherchait à consoler l'autre et ne parvenait pas à se consoler soi-même de la perte cruelle qu'ils avaient faite. Le chagrin de Félix était si profond et si persistant, que Fanny voulut l'arracher à sa prostration et l'amener à un changement total dans son existence. Elle lui conseilla de prendre femme et, à sa grande joie, son frère lui répondit « qu'il y penserait l'été prochain en allant faire un tour sur le Rhin ».

Madame Mendelssohn et ses enfants ressentaient vivement le vide qu'avait laissé l'être chéri qui les avait quittés si brusquement. Dans une lettre du 3 février 1836, adressée à Klingemann, toujours à Londres, madame Hensel fait de son père un portrait moral qui doit avoir été ressemblant.

« Nous nous sommes remis à la musique, dit-elle, avec le *Paulus*, dont Félix nous a envoyé des morceaux que nous avons chantés hier devant quelques amis. Nous en eûmes grande joie et la conviction que papa y aurait pris part. Il est réellement curieux, et souvent Félix et moi en avons fait la remarque, que, sans la connaissance technique de la chose, on puisse avoir en musique, comme l'avait notre père, un jugement aussi fin et parfois irréfutable. Il se plaignait souvent de n'avoir eu en partage aucun talent; mais ce qu'à mon avis il y avait de très caractéristique en lui, c'est que toutes ses facultés, de même que tous ses organes cérébraux, s'étaient développés dans une harmonie parfaite, d'où naquit un accord du sentiment et de la perception comme il n'est pas donné d'en rencontrer souvent. Il était notre centre commun, et nous ne sentons que trop douloureusement combien il nous manque... »

Dans cet hiver, Félix termina son *Paulus*, qui fut exécuté pour la première fois à Düsseldorf, lors de la fête musicale de la Pentecôte, en 1836. Il avait d'abord été décidé que Paul et sa femme iraient seuls, mais Fanny ne put résister au désir de les accompagner. Les instances des Woringen, qui disaient lui avoir réservé « un coin dans leur maison », la perspective de rencontrer Klingemann et d'autres amis, et surtout l'envie d'assister à l'entrée du *Paulus* dans le monde, finirent par triompher de ses hésitations et la déterminèrent à faire ce voyage sans son mari ni son fils. — Aussitôt après la première répétition, elle écrivit à son mari et à sa famille pour leur faire connaître son appréciation :

« Vous pouvez penser, leur disait-elle, avec quelle émotion je me suis rendue à cette répétition. — L'ouverture est superbe, et l'idée de s'être servi du choral : « Debout, la voix nous appelle », pour l'introduction, est noble et ingénieuse. Il a ajouté à l'orchestre une partie d'orgue, ce qui produit un effet grandiose. — Les chœurs s'acquittent très bien de leur tâche ; on n'a pas chanté les solos hier. Le passage de l'apparition résonne tout autrement que je ne me le figurais, mais je ne sache pas de musique qui soit plus entraînante ou plus satisfaisante. C'est Dieu qui apparaît sous la tempête. Jamais je n'ai éprouvé un tel sentiment de bonheur et de tristesse tout à la fois... »

Elle écrivait à Rébecca :

« Je viens d'entendre une nouvelle ouverture de *Léonore*; c'est un chef-d'œuvre. Il est à croire qu'elle n'a pas encore été jouée jusqu'ici ; elle ne satisfaisait pas Beethoven, qui l'a jetée de côté. Encore un peu, je dirais qu'il n'avait pas de goût. Je ne connais rien de plus beau, ni de plus intéressant. Haslinger en a fait imprimer une édition qu'il n'a pas lancée dans le commerce. Je pense qu'après ce succès, il n'hésitera pas s à la mettre en vente. »

En septembre 1836, madame Mendelssohn recevait la lettre suivante, datée de Francfort-sur-le-Mein, du 9 :

8.

« Chère mère,

« Je rentre chez moi à l'instant et m'empresse de te faire part que je viens de me fiancer avec Cécile Jeanrenaud. La tête me tourne après tout ce que j'ai fait aujourd'hui. La nuit est déjà avancée ; mais, quoique n'ayant rien de plus à t'apprendre, il fallait que je te disse combien je suis heureux. Demain, si c'est possible, je t'écrirai plus longuement, et peut-être ma chère fiancée ajoutera-t-elle quelques mots. Ta lettre est là devant moi. J'y ai vu que vous êtes tous en bonne santé, mais je ne l'ai pas encore lue. Portez-vous toujours bien, et pensez à votre

» FÉLIX. »

Quoiqu'il eût eu l'intention de « faire un tour sur le Rhin » pour chercher une épouse, c'est sur le Mein qu'il rencontra celle qui devait être le charme de sa trop courte vie.

En 1836, Félix reçut de Francfort l'invitation de venir y prendre la direction du *Cæcilienverein* (Société de Sainte-Cécile), parce que Schelblé, fondateur et jusque-là directeur de cette association, était malade depuis longtemps et que, faute d'un chef capable, l'institution menaçait ruine. Avec sa délicatesse habituelle, Félix répondit qu'à aucun prix il ne voulait enlever à Schelblé son emploi, d'autant mieux qu'il se plaisait à Leipzig ; mais que, si l'on pensait qu'un voyage pût faire du bien à Schelblé, et le mettre à même de reprendre l'hiver suivant la direction du

Cæcilienverein, il était tout disposé à consacrer son été á l'amélioration de l'institution. En agissant ainsi, il entendait remplir un devoir envers un ami qu'il estimait, et, quoique ayant projeté un voyage en Suisse, il y renonça pour lui rendre service.

Aussitôt après la fête de Düsseldorf, dont il a été question plus haut, Félix partit pour Francfort et, dès le 4 juin, il prit en mains les rênes du *Cæcilienverein*. — Mais son cœur, qui n'avait encore battu que pour la musique, allait s'ouvrir à un autre amour. Madame Jeanrenaud, veuve d'un ministre protestant de Francfort, avait deux filles dont l'aînée était déjà mariée et l'autre, Cécile, joignait à une grande beauté une amabilité parfaite. Félix, devant rester assez longtemps à Francfort, s'était fait présenter chez madame Jeanrenaud et devint un hôte assidu de la maison. Il s'éprit de Cécile et conçut dès lors la pensée de la demander en mariage. Il eut d'abord à vaincre certains préjugés, car Cécile s'était représenté le *docteur Mendelssohn* comme un pédant maussade, refrogné, la tête couverte d'une calotte de velours noir et jouant des fugues plus ennuyeuses les unes que les autres. Ce préjugé s'évanouit dès qu'il se montra. Il ne tarda pas à devenir familier avec Cécile, qui répondit à son amour. Quant aux autres personnes de la famille, auxquelles la profession d'artiste ne paraissait pas avantageuse, ce ne fut qu'un jeu pour lui de se les rendre favorables.

Toutefois, avant de se déclarer, il résolut de faire un voyage à Düsseldorf, et d'accompagner son ami Schadow, le peintre, aux bains de mer de Scheveningen. Il se proposait, pendant cette excursion, de mettre à l'épreuve la solidité de son inclination. Le souvenir de Cécile ne le quitta pas, et il s'ennuya mortellement à Scheveningen, ainsi qu'il l'avoua à son ami Ferdinand Hiller, dans sa lettre du 7 août 1836.

D'après le portrait que donne de sa tante M. Sébastien Hensel, Cécile Jeanrenaud ne se faisait pas remarquer par de transcendantes qualités; c'était plutôt l'absence de ce genre de qualités qui constituait l'équilibre, l'harmonie de sa nature. Elle ne cherchait pas à éblouir par son esprit ou par ses saillies; son instruction était ordinaire et elle ne brillait pas par le talent; mais elle était d'un commerce aussi agréable, aussi rafraîchissant que l'air pur ou l'eau de source. On pouvait presque dire qu'elle avait été créée pour Félix, dont le tempérament nerveux et excitable avait besoin d'un calmant qu'il trouvait en elle. Sa douceur et sa placidité eurent sur lui une bienfaisante influence, et, jusqu'à son dernier jour, elle sut l'entourer d'un bonheur parfait.

Avant son départ de Francfort, les administrateurs du *Cæcilienverein* lui offrirent, au nom de la société, un splendide nécessaire de voyage qui, dit-il dans une lettre à sa sœur Rébecca, « conviendrait plutôt à un prince qu'à un artiste; c'est le *nec plus ultra* du luxe et de l'élégance, mais je m'en servirai tout de même. Sur le couvercle on a gravé **F. M. B.** et *Cæcilia*, ce qui me plaît fort ».

Son amour pour Cécile Jeanrenaud grandit encore pendant ce voyage, et c'est parce qu'il s'ennuyait loin d'elle, que le séjour de Scheveningen lui parut si fastidieux. Sa décision fut bientôt prise. La lettre suivante qu'il écrivit de La Haye à madame Mendelssohn, le 9 août 1836, le démontre, en même temps qu'elle prouve le respect et l'affection qu'il portait à sa mère. On éprouve un sentiment de satisfaction à se dire que, chez cet homme éminent, les qualités du cœur l'emportaient encore sur celles de l'esprit.

« Tu as vu dans ma dernière, chère mère, plus de choses que je n'ai voulu y mettre ; car, bien que tu me reparles de mes fiançailles, de mon bonheur, de mon changement d'existence, tout cela est encore indécis. Je ne te remercie pas moins des bonnes, des chères paroles que tu m'écris sur cette possibilité, et, bien que je puisse les considérer comme une autorisation d'agir comme je l'entends pour mon bonheur, je tiens à ce que tu me donnes ton consentement, afin de faire disparaître tous mes doutes. Ces lignes n'ont donc qu'un but : celui de te prier de me l'envoyer. Dis-moi qu'aujourd'hui encore tu m'accordes la liberté dont tu m'as laissé jouir pendant mes jeunes années, et tu me rendras heureux. Je suis et serai toujours digne de ta confiance et tu sais que je n'en abuserai jamais.

» Que ferai-je à mon retour à Francfort ? C'est encore une énigme. Tout dépendra de la manière dont je serai reçu. Quand j'aurai revu cette aimable jeune fille, je crois que tout sera lestement décidé. Jusqu'à présent, je ne la connais pas plus qu'elle ne me connaît; je ne puis donc t'envoyer tous les détails que tu me demandes. Ce que je sais, c'est qu'auprès d'elle j'ai passé de doux moments, alors que j'en avais grand besoin et que je m'y attendais le moins; ce que je sais encore, c'est qu'elle est la fille de feu le pasteur Jeanrenaud; que sa mère (née Souchay) l'a élevée en bonne ménagère; qu'elle s'appelle Cécile et me plaît infiniment. »

Comme il l'avait dit, aussitôt son retour à Francfort, il fit sa demande, obtint la main de Cécile et l'on célébra leurs fiançailles; mais il ne put demeurer longtemps auprès de sa bien-aimée, car les devoirs de sa charge le rappelaient à Leipzig. En mars 1837, le mariage eut lieu, et le jeune couple alla passer les premiers jours de la lune de miel en Souabe et sur le Rhin. Félix écrivait le 10 avril 1837, de Fribourg en Brisgau, à sa sœur Fanny :

« Je ne puis te dire combien la vue de cette belle nature me ravit; et, quand je me promène avec ma Cécile sous les rayons du soleil, m'arrêtant où je veux, allant où je le désire; quand nous causons de l'avenir ou que je lui parle du passé, je me dis avec une profonde gratitude que je suis un homme heureux! »

Néanmoins, son bonheur ne le rendait pas oisif, car il ajoute dans la même lettre :

« J'ai fait à Spire trois préludes pour orgue qui te

plairont, je l'espère; de plus, un cahier de romances sans paroles qui sera prêt à être gravé sous peu, mais que je ne publierai pas tout de suite; je préfère écrire des choses plus importantes. J'aurai bientôt terminé un quartetto pour cordes et j'en commencerai un second; le travail est maintenant pour moi un plaisir et une joie. »

Cependant, il fut obligé de quitter momentanément cette félicité domestique pour aller en Angleterre diriger le festival de Birmingham. « Hélas, écrivait-il à Fanny, cela va durer jusqu'au 22 septembre, et le 30, il faut que je sois à Leipzig pour la répétition du premier concert d'abonnement qui aura lieu le 10 octobre. N'est-ce pas terrible? »

Dans le courant de l'été de 1838, la joie régna dans la maison de la Leipzigerstrasse, 3. Félix et sa femme vinrent passer quelque temps à Berlin. Au printemps, Cécile était accouchée d'un fils, ce qui mit le comble au bonheur de Félix; ce ne fut qu'après ses relevailles qu'elle put aller faire la connaissance de sa nouvelle famille. Mais tout finit ici-bas, les jours heureux comme les jours tristes; seulement les premiers semblent s'écouler beaucoup plus vite que les derniers. En octobre, les « Féliciens » (*Felicier*), ainsi que les appelait madame Hensel, repartirent pour Leipzig. Le 29 décembre, le maître écrivait à sa sœur :

« Hier soir, Thalberg a donné un concert et m'a fait un plaisir extrême. Tâche de l'entendre souvent quand il sera à Berlin, car c'est le comble de la perfection. Sa fantaisie sur *la Donna del Lago* est une accumulation d'effets plus beaux et plus recherchés les uns que les autres, et en même temps un amas de difficultés qui étonnent. Tout est calculé et raffiné avec une sûreté et un talent du meilleur goût. Cet homme a une force de poignet incroyable et une légèreté de doigts incomparable. Que te dirai-je? Comme musique de virtuose, il n'est rien de plus exquis ».

Il lui recommande aussi Drouet, l'admirable flûtiste qui, de Leipzig, se rendait à Berlin.

« Fais en sorte, je te prie, qu'il puisse se faire entendre au public; on en sera ravi, j'en réponds; car jouer et ravir, c'est tout un pour lui. Quand tu l'entendras, quand tu pourras juger de cette perfection étonnante, de cette virtuosité absolument admirable, de ce son enchanteur; quand tu verras cette infaillibilité unie au calme le plus complet, je suis certain que tu l'aimeras — au figuré bien entendu, — car je vois d'ici Hensel me faire les gros yeux... »

XIX

On n'a sans doute pas oublié que, depuis longtemps, madame Hensel nourrissait un ardent désir de connaître l'Italie, où son mari avait passé cinq années ; lui aussi n'attendait que le moment de pouvoir y retourner. Ce voyage étant devenu possible, fut enfin résolu, et les deux époux se mirent en route dans les premiers jours de septembre 1839, emmenant avec eux leur fils Sébastien, alors âgé de neuf ans. Nous les laisserons traverser la Bavière, le Tyrol et le nord de l'Italie, pour les retrouver à Rome, d'où Fanny écrivit un grand nombre de lettres dont vont suivre quelques extraits, qui contiennent d'intéressants détails sur le monde artistique d'alors. On en verra de très curieux sur certains de nos concitoyens, et particulièrement sur l'éminent compositeur auquel nous devons la musique de *Faust, Roméo et Juliette, Sapho,* etc.

9

« Rome, 8 décembre 1839.

» Hier, pour la première fois, nous avons dîné chez Ingres, le directeur de l'Académie de France en cette ville. Il nous a reçus très amicalement ; il se souvient avec plaisir de Paul, et pour le distinguer de Félix, il le désigne toujours par *votre frère qui joue si bien de la basse.* Vous savez qu'il est grand violoniste devant l'Éternel. Après le dîner, on a joué des trios, ce qui arrive tous les dimanches, jours où l'Académie se réunit chez lui ; la *jeune France (sic)*, avec barbe et cheveux taillés *à la Raphaël (sic)*. Ce sont de beaux jeunes gens que je ne puis blâmer de regretter les marmites de l'Égypte et les bals d'Horace Vernet : car on ne danse pas chez Ingres ; on n'y fait que de la musique classique. Vous pouvez vous imaginer si j'ai pensé à Félix. Quelle institution grandiose que cette Académie de France à Rome, et que les artistes français sont heureux ! Que cette villa Médicis est belle, et combien est digne d'envie ce poste de directeur dans la ville la plus artistique du monde, avec tous les moyens possibles d'instruction pour l'élite de la jeunesse de son pays ! Rien ne doit être plus beau pour un artiste ; mais malheureusement, les Français sont blasés là-dessus ; ils ne connaissent pas leur bonheur et vraiment il faudrait qu'ils fussent de nouveau secoués pour qu'ils se défissent de leur arrogance...»

EXTRAIT DU JOURNAL DE FANNY

« J'ai prié Horace Vernet de se laisser dessiner par mon mari, dans son costume d'atelier, et il y a très amicalement consenti. Il est venu vers midi avec le vieux peintre Reichardt. Un bon déjeuner les attendait; la conversation fut très animée; Vernet nous raconta beaucoup de choses sur l'Orient et nous communiqua les plans qu'il formait pour l'avenir. Il voulait aller en Algérie et y peindre des tableaux de batailles. Pendant qu'il causait, Reichardt et un autre peintre aidaient mon mari en lui préparant des crayons et des pinceaux pour qu'il allât plus vite, Vernet n'ayant que peu d'heures à nous donner. De temps en temps, je jouais du piano, et en moins d'une heure le portrait fut terminé, à la grande satisfaction des artistes qui ne pouvaient assez s'étonner de l'extrême facilité de Wilhelm. Vernet lui-même était très content, et, je l'avoue, ce fut une après-midi des plus agréables. »

AUTRE EXTRAIT

« Le *Miserere* d'Allegri est un simple verset à quatre voix, en *sol mineur*, qui, avec très peu de variété,

se répète dix fois et ne sert aux chantres que de
canevas qu'ils brodent, selon la tradition, en style
rococo. Autrefois, le chœur comprenait quatre-vingt
voix; aujourd'hui, je n'en ai compté que dix-neuf,
lorsque les chantres passèrent devant notre banc
pour monter à leur tribune, l'étroitesse du passage
les obligeant de défiler un par un. Ils commencèrent
en *sol mineur;* mais, comme cette tonalité les obli-
geait à se maintenir dans les cordes aiguës, à chaque
verset ils baissèrent d'un demi-ton; de telle sorte
qu'ils terminèrent en voix de basse, et, ma foi, l'effet
produit ne fut pas mauvais.

» Ce soir, nous sommes allés chez la comtesse Kai-
sarof. Après toute la musique d'église que nous
avions avalée dans la journée, cette brave dame ne
s'est-elle pas avisée de faire chanter le *Stabat* de
Pergolèse? Landsberg, Bousquet et l'excellent M. Le-
dreux, avec son doux sourire, se mirent de la partie, et
on me colla au piano. J'éprouvai un tel ennui et tant
de lassitude, que je faillis m'endormir sur le clavier.
Mais, *Kreuz donnerwetter!* nous avions lapé assez
de musique pour être plus que rassasiés! »

Madame Hensel était parvenue à se former à Rome
un cercle intime d'amis et de connaissances, consis-
tant surtout en artistes de talent. Elle les désigne
ainsi dans son journal :

«D'abord trois jeunes Français: Bousquet et Gounod [1]

1. BOUSQUET (Georges), compositeur et critique, naquit à
Perpignan, le 12 mars 1818. Son père, qui adorait la musique, le

élèves musiciens de l'Académie, et Dugasseau, peintre plus distingué par son amabilité que par son talent. Puis Charlotte Thygeron, jeune Danoise, parente de Thorwaldsen et bonne pianiste, et les Allemands Magnus, Elsasser et Kaselowky. Presque tous les soirs, on se réunit chez moi pour faire de la musique. »

Le 23 avril 1840, elle écrivait :

« Ce soir, ils m'ont fait rester au piano jusqu'à minuit. Bousquet et Dugasseau me demandèrent des morceaux que je n'avais pas joués de plusieurs mois. Gounod est possédé pour la musique d'une passion comme j'en ai rarement vu. Mon petit morceau vénitien lui plaît énormément, ainsi que celui en *si mineur*, que j'ai composé ici. Il aime aussi beaucoup le duetto de Félix, son capriccio en *la mineur*, et surtout le concerto de Bach, que j'ai déjà dû lui jouer au moins dix fois. »

Du 2 mai. — « Il m'a fallu rejouer ce soir le concerto de Bach, et, quoique l'ayant souvent entendu,

destina à la carrière artistique, et, comme il montra d'heureuses dispositions, il l'envoya au Conservatoire de Paris, où il fut admis en 1833. Il obtint le prix de Rome en 1838, et passa deux années dans la ville éternelle. Il a composé de la musique d'église et de chambre qui se distingue par de réelles qualités. Il écrivit aussi quelques petits opéras et entre autres *Tabarin*, qui eut beaucoup de succès en 1852. Chef d'orchestre du Théâtre-Italien de 1849 à 1851, il fit aussi de la critique musicale dans le journal l'*Illustration* et dans la *Revue et Gazette musicale*. Malheureusement, il était atteint d'une maladie de poitrine qui l'enleva, à peine âgé de trente-six ans, le 15 juin 1854. Quant à Gounod (Charles), il est trop connu pour que j'aie besoin de le présenter au lecteur. Gounod est né à Paris, le 17 juin 1818.

nos gens étaient dans un véritable délire ; ils me ser-
raient et me baisaient les mains, particulièrement
Gounod, qui est d'une incroyable vivacité ; il dit qu'il
ne trouve pas de mots convenables pour exprimer
l'influence que j'exerce sur lui et combien il est heureux d'être avec nous. Mes deux musiciens français
diffèrent beaucoup l'un de l'autre. Bousquet, plus
calme, penche vers le classicisme, et Gounod est un
hyperromantique passionné. La connaissance qu'il a
prise chez nous de la musique allemande, est tombée
sur lui comme une bombe et pourrait bien lui faire
du tort... »

Vendredi, 8 mai. — « Nous avons eu ce soir
Magnus et nos Français, ou, comme nous les appe-
lons, les trois Caprices. Bousquet est le *Caprice en la,*
Gounod le *Caprice en mi,* et Dugasseau le *Caprice en
si bémol.* Comme d'habitude, nous avons beaucoup
musiqué, bavardé et ri. — Il est toujours fort tard
quand on se sépare. Bousquet m'a montré une cantate qu'il a commencée et qui contient de belles
choses. Pour lui, à ce qu'il me semble, la musique
allemande ne peut être que favorable, au lieu qu'elle
égare Gounod et le rend à moitié fou. Je le crois
encore bien peu mûr. Je ne connais rien de sa musique, car je ne compte pas un *scherzo* qu'il m'a joué
dernièrement et qu'il veut me dédier ; il est trop
mauvais, et je suppose que déjà il a voulu y *expec-
torer* de la musique allemande. »

Du 13 mai. — « Encore nos Français, dont Wilhelm

a commencé les portraits, ce qui donne lieu à bien
des plaisanteries. Celui qui pose a le droit de me faire
jouer ce qu'il lui plaît. J'ai exécuté ainsi tout *Fidelio*
et j'ai terminé par la sonate de Beethoven en *ut
majeur*. Gounod en était comme ivre et parlait tout
haut. Enfin n'y tenant plus, il s'écria : *Beethoven est
un polisson!* (*sic*). Les autres pensèrent qu'il était
temps pour lui de gagner son lit et l'emmenèrent. Il
était plus de minuit. »

Du 17 mai. — « Notre partie a été tout autre que
nous ne nous y attendions, mais très géniale. Le coucher du soleil et le lever de la lune ayant été fort
beaux, personne ne doutait que la nuit ne fût splendide. Magnus et Landsberg vinrent à la tombée du
soir. A neuf heures, arrivèrent nos Français, et Bousquet m'en présenta un quatrième, M. Terry, violoniste
à l'Opéra-Comique. Tout à coup, la lune se voila, et le
temps devint si menaçant, que nous perdîmes l'espoir
d'exécuter notre partie projetée, et qu'après force
gémissements et lamentations, nous dûmes renvoyer
la voiture. Quel ennui! Il fallut me mettre au piano,
et jamais je n'ai si mal joué *les Adieux, l'Absence et
le Retour*. Pourtant, déjà, pendant la sonate, le ciel
s'était quelque peu éclairci; vers onze heures et
demie, il était si pur, que nous résolûmes d'aller au
Colisée. Vivat! nous prîmes notre direction par la
Fontana Trevi, admirable au clair de lune, et par le
Monte Cavallo; tout paraissait merveilleux. La lune,
se couvrant et se dégageant tour à tour, nous offrait

un spectacle adorablement beau. Après être demeurés quelques temps au Colisée, nous rentrâmes par le Forum. Gounod grimpa sur un acacia et nous jeta des branches chargées de fleurs. L'un de nous alors se mit à chanter le concerto de Bach, et nous l'achevâmes en chœur et en marchant en mesure. Nous traversâmes Rome à la façon d'étudiants en goguette, ayant un peu trop bu, et, aujourd'hui encore, je rougis en pensant à l'étranger qui m'avait vue ce jour-là pour la première fois, et qui n'était à Rome que de la veille. A une heure et demie, nous rentrions chez nous, et nous ne dormîmes guère de la nuit. »

Du 19. — « Ce soir, en nous promenant, nous avons rencontré Dugasseau, qui sortait de chez Ingres et qui fut surpris de nous voir. Il nous accompagna. En passant devant l'Académie, il nous proposa de faire un tour dans le jardin, qui est adorable en cette saison. Comme nous hésitions, il alla sous les fenêtres de Gounod, qui demeure à l'entresol, et lui cria de descendre, parce qu'un monsieur et une dame le demandaient. Gounod se mit à la fenêtre et dit en ricanant : — *Bah ! elle est bonne, votre dame ; je voudrais bien la voir* (*sic*). Il me prenait pour un pensionnaire déguisé. Pendant ce colloque, nous étions entrés dans le jardin. Dugasseau monta chez Gounod, qui s'habilla en toute hâte ; Bousquet, qui dormait à poings fermés, ne voulut pas se lever, et les autres se moquèrent de lui. Après nous être promenés dans le jardin, ces messieurs voulurent nous faire voir aussi le belvédère

et avant que nous ayons pu nous y opposer, Gounod,
ne faisant qu'un bond jusqu'à sa chambre, en rapporta
la clef et nous fit arriver audit belvédère en traver-
sant un petit bois. De ma vie je n'ai rien vu de plus
beau que le paysage éclairé par ce magnifique clair de
lune!... La gaieté de Dugasseau empêcha Gounod de
se livrer à l'emphase qui est le propre de sa nature.
— *Je n'ai jamais commis de vers,* nous disait-il avec
un grand sérieux. Nous nous arrachâmes à regret à ce
site enchanteur, et, cette fois encore, il était plus d'une
heure quand nous regagnâmes notre logis. »

Mais le séjour des époux Hensel touchait à sa fin,
et c'est le cœur gros qu'ils allaient partir pour Naples
et quitter leurs bons amis de la ville éternelle. Avant
leur départ, Ingres voulut les recevoir à l'Académie, et,
le 31 mai, ils se rendirent à son invitation.

« Papa Ingres, dit Fanny, n'avait convoqué que
quelques personnes. Il était au septième ciel d'entendre *tant* de musique et de pouvoir accompagner
des sonates de Beethoven. Le déjeuner fini, il nous
conduisit dans son atelier, nous montra ses toiles
commencées, et la chambre turque d'Horace Vernet ;
puis nous montâmes sur la tour de la villa. De ce
point culminant, j'aperçus Rome pour la dernière fois,
par un splendide coucher de soleil ; mes yeux se mouil-
lèrent. En descendant, nous trouvâmes le piano
dans le grand salon ; le soir tombait et une sensation
étrange dominait la réunion. Je préludai en sourdine ;
pour rien au monde je n'aurais pu jouer fort ; le calme

était si profond, que, tous, nous aurions été choqués d'entendre un son trop vibrant. Je jouai l'*adagio* du concerto en *sol majeur*, celui de la sonate en *ut dièse mineur*, et le commencement de celle en *fa dièse mineur*. Bousquet, Gounod et les autres faisaient cercle autour de moi ; je n'oublierai jamais cette heure-là. A minuit, nous nous séparâmes, et ce fut notre dernière séance musicale à Rome. En prenant congé, Ingres m'embrassa cordialement ; cela m'aurait fait plus de plaisir si les jeunes gens n'avaient pas été présents, car ils durent s'en faire des gorges chaudes. Je puis dire que, pour eux, cette journée a été la meilleure qu'ils passèrent sous la direction de Ingres. »

Le 2 juin, ils quittèrent Rome, non sans verser bien des larmes.

« Nos amis, dit madame Hensel, voulurent nous mettre en voiture, et Bousquet nous accompagna jusqu'aux monts Albains. Il nous raconta des choses qui nous intéressèrent fort. Il nous apprit que Gounod s'était laissé attirer dans une confrérie religieuse, et il ajouta qu'il craignait tout de son caractère faible et impressionnable. Le père Lacordaire — dont j'avais souvent entendu parler, et qui, l'hiver précédent, avait fait son noviciat à Viterbe, où il avait été ordonné prêtre — allait demeurer un certain temps à Rome. C'était une *tête chaude* (*sic*) qui voulait fonder en France une maison de Dominicains, et qui appelait à lui les artistes pour seconder ses plans. Le père Lacordaire avait cherché à se lier avec Bousquet et Gounod,

et ce dernier, très exalté, et ouvert à toutes les in-
fluences, serait entré tête baissée dans les idées du
religieux, en sorte que Bousquet supposait son ami
tout prêt à échanger la musique contre le froc. Lui-
même avait cessé de fréquenter le père Lacordaire
lorsqu'il eut deviné ses vues, ne se croyant pas assez
fort pour résister à l'éloquence entraînante de cet
homme. La confrérie de Saint-Jean l'Évangéliste, à
Paris, se compose de jeunes artistes réunis dans le
but de pratiquer ce qu'ils appellent l'*art chrétien*,
sans faire vœu toutefois, pour travailler à la conversion
des gens mondains. A en croire Bousquet, ils auraient
demandé au père Lacordaire de leur tracer une règle,
et Gounod appartiendrait à cette congrégation. Tout
cela est très curieux quand on pense à l'affreux maté-
rialisme et à l'inextinguible soif d'argent qui règnent
actuellement chez une grande partie des Français. Ne
serait-ce pas une réaction contre ces tendances?... »

A Genzano, Bousquet se sépara de ses amis, et reprit
le chemin de Rome, tandis qu'ils continuaient leur
route vers Naples. En cette ville, Fanny rencontra
fortuitement madame Viardot, et, dans sa lettre du
9 juin, elle en fait part à sa mère.

« Ce matin, dit-elle, en montant le grand escalier
du Musée, je rencontrai... devine qui, chère mère ?
Ton amie, Pauline Garcia, maintenant madame Viardot. Je la reconnus sur-le-champ et nous nous pro-
mîmes de nous revoir. Malheureusement, elle n'est
plus à Naples que pour peu de jours, et — plus mal-

heureusement encore — elle se trouvait à Rome pendant les dernières semaines que nous y avons passées et nous n'en avons rien su ! »

Le séjour à Naples dura jusqu'au 10 août, mais madame Hensel n'eut point d'occasion d'y faire de la musique. Sa correspondance et son journal contiennent assurément des détails curieux sur le pays et sur les habitants; mais, malgré l'intérêt qu'ils offrent, je m'abstiens de les relater comme n'étant point à leur place ici. A leur retour chez eux, les époux Hensel s'arrêtèrent une semaine à Leipzig, chez Félix, et, le 11 septembre, ils arrivaient à Berlin, après être demeurés absents une année.

XX

Sur ces entrefaites, un changement considérable se
produisit en Prusse. Au roi Frédéric-Guillaume III
avait succédé Frédéric-Guillaume IV, qui voulut
appeler auprès de lui les hommes marquants de son
royaume. Son choix s'était arrêté sur Mendelssohn,
pour faire de lui le directeur de sa musique. Déjà, en
novembre 1840, on s'était adressé à son frère Paul
pour qu'il voulût bien sonder les intentions de Félix.
Paul était parti pour Leipzig, porteur de propositions
qui lui avaient paru belles et acceptables. — Le roi
voulait fractionner l'Académie des beaux-arts en
quatre classes : peinture, sculpture, architecture et
musique. Chaque classe aurait un directeur, et ces
quatre directeurs exerceraient à tour de rôle la prési-
dence de l'Académie. La classe de musique, pour laquelle on avait pensé à Félix, aurait pour objet essen-

tiel la création et l'organisation d'un conservatoire qui
fournirait des sujets au théâtre royal et aux concerts
publics.

La perspective était séduisante, et la pensée d'avoir
enfin une occasion de ramener Félix à Berlin et de le
réunir au reste de la famille, pesait d'un grand poids
dans la balance pour les uns comme pour les autres.
Des doutes, que le passé justifiait suffisamment,
régnaient cependant dans l'esprit du maëstro ; car il
connaissait l'indécision et l'irrésolution du roi. Les
étrangers, qu'il avait attirés à Berlin, passaient leur
temps à se promener et à dépenser beaucoup d'argent sans rien faire. On n'avait point de place à
leur donner; on trouvait les hommes, mais on cherchait en vain des situations pour eux. Félix voulut
savoir d'abord ce que l'on attendait de lui. L'expérience lui avait appris à se défier et à ne pas se livrer
trop facilement. A Düsseldorf, il avait souffert de sa
position subordonnée ; à Leipzig, au contraire, cette
position était aussi agréable que lucrative, et presque
indépendante. Il était rare qu'il n'obtînt pas ce qu'il
demandait.

On savait que Mendelssohn aimait beaucoup Leipzig
et qu'il était assez mal disposé pour Berlin ; non que
la résidence en cette ville lui déplût puisque sa famille
y demeurait, mais il considérait la capitale de la
Prusse comme un champ stérile pour l'art. Tout
recommandait donc au ministre, chargé de l'affaire,
M. de Massow, de s'assurer de la coopération de la

famille du compositeur pour le décider à déserter
Leipzig en faveur de Berlin. Il s'y prit de façon
que Paul Mendelssohn ouvrit les négociations de vive
voix avec son frère et les continua ensuite par correspondance. Avec sa finesse de perception, le maître
vit tout de suite combien le désir de l'avoir près d'eux
influençait ses parents de Berlin. « J'allais justement
t'écrire hier, dit-il dans une de ses lettres à Paul,
pour te remercier du fond du cœur de la nouvelle
preuve d'amour fraternel que tu viens de me donner,
quand ta lettre m'est arrivée. Que l'affaire réussisse ou
non, je te prie de croire que mon désir le plus vif
est de passer notre existence ensemble, et tu sens aussi
qu'il nous manque quelque chose quand nous ne
sommes pas tous réunis en un même lieu ».

Il posa donc ses conditions. Il voulait, en rendant
les choses aussi claires que possible, annuler d'avance
les difficultés qui pourraient s'élever plus tard. Il
demanda que les époques des concerts fussent détermi-
nées; que les musiciens des diverses chapelles, instrumentistes et chanteurs, fussent tenus de lui obéir sans
réserve; car il les mènerait *despotiquement,* selon
son expression. Il voulut être indépendant et agir de
sa propre impulsion, sans être obligé de recourir au
bon vouloir de celui-ci ou de celui-là. Il était trop au
fait des habitudes de la société berlinoise pour ne pas
savoir que, sans une autorité incontestée, il n'arriverait à rien, et qu'il aurait à lutter sans cesse contre les
petites intrigues des courtisans et les vexations que

lui prodiguerait la jalousie de ses collègues de l'Institut. Il fit valoir ces raisons et conclut en disant qu'il n'accepterait la place qu'on lui offrait, que si on accédait à ses demandes. Certes, les appointements et le titre n'étaient pas à dédaigner; mais, avant tout, il tenait à assurer la tranquillité et la sécurité de son avenir, avant de renoncer à son avantageuse position à Leipzig, devenue extrêmement agréable; car il était parvenu à réaliser de véritables progrès musicaux en cette ville, où il jouissait d'une popularité extraordinaire.

Cette fois, les pourparlers avec Berlin demeurèrent infructueux. Du reste, tout à Leipzig lui paraissait plus avantageux; le roi de Saxe était venu assister à un concert, et sa présence avait donné un grand essor au Gewandhaus, et facilité l'adoption de mesures auxquelles, sans cette circonstance, on n'aurait pas pensé de longtemps. Bref, à Leipzig on allait de l'avant, tandis que, à Berlin, on reculait.

« Ne permets pas, écrit-il à Paul, qu'une différence d'opinion entre de Massow et moi trouble la parfaite harmonie qui règne entre nous et me rend si heureux. Promets-le-moi! Tu sais combien j'ai à cœur de pouvoir un jour me réunir à vous tous pour ne former qu'une seule famille; mais, si, après quelques années paisibles, je devais vivre dans des vexations continuelles avec le monde officiel, ce serait pire que ma situation présente et je veux l'éviter. Je te le répète, cher Paul, promets moi que, quoiqu'il arrive, **tu ne m'en voudras pas.** »

Quelle admirable nature et combien Félix Mendelssohn méritait d'être aimé comme il le fut!...

Il est difficile cependant de résister aux désirs et
aux instances d'un roi. Frédéric-Guillaume IV revint
à la charge, et, en mai 1841, Félix prit le parti de se
rendre à Berlin avec sa famille; car il voyait bien que
par correspondance, rien ne se terminerait. Les négociations recommencèrent mais n'avancèrent pas; on
tombait de Charybde en Sylla : le roi concevait chaque
jour de nouveaux projets qu'il oubliait le lendemain,
et la rupture des transactions fut imminente. Pour en
finir momentanément, on convint que Félix resterait
pendant un an à Berlin à la disposition du roi, et qu'il
étudierait à loisir la grande question de la réorgani-
sation académique. Quelle serait l'issue de ce projet?
Félix le voyait clairement, mais il se rassurait en se
disant qu'au bout du compte, dans un an, le roi et lui
reprendraient leur liberté d'action. Tel fut le résultat
de si laborieux efforts. La montagne venait encore
une fois d'accoucher d'une souris. Il est évident qu'il
ne consentit à cet arrangement bâtard que par égard
pour sa mère, qui aurait vu avec chagrin s'évanouir les
belles espérances qu'elle avait conçues; quant à lui,
il ne se fit point d'illusion sur la fragilité de ce curieux
traité. Le 24 mai, il repartit pour Leipzig tout préparer pour son déplacement.

Malgré cela, tout fut remis en question. On avait
décidé qu'il recevrait du roi le titre de maître de
chapelle (*Capellmeister*), afin de lui donner plus de

poids aux yeux des musiciens de la chapelle royale et
du théâtre. Il n'ambitionnait pas ce titre, que déjà il
possédait en Saxe ; mais il savait qu'avec les Berlinois,
pour faire réussir ses plans, ce titre était nécessaire,
voire indispensable. C'est même le ministre, M. de
Massow, qui lui avait recommandé d'insister sur cette
élévation de rang. Mais, en juillet, un autre ministre,
M. Eichhorn, qui n'était pas au courant de ce qui
s'était passé, lui écrivit de telle façon, qu'il ne lui
laissait d'autre alternative que de venir à Berlin sans
emploi officiel ni titre de maître de chapelle, pour y
dépenser un traitement de 3000 thalers (environ
11000 francs), ou de rompre toute négociation. Le
voilà donc forcé de reprendre ses négociations pour
remettre les choses au moins dans le *statu quo* de
mai. Ces tergiversations, ces équivoques le fâchèrent
et le mirent de mauvaise humeur.

Le 25 juillet, il écrivait à son ami Klingemann, à
Londres :

« Dans quelques jours, je partirai pour Berlin.
C'est une des pilules les plus amères que puisse avaler
un homme, mais il faut qu'elle le soit. Je doute fort
d'y passer plus d'une année ; néanmoins, je ferai tout
ce qui dépendra de moi pour que ce temps ne soit
perdu pour personne ; mais je crois que Leipzig est
bien mieux mon affaire. »

Au commencement d'août, il était installé à Berlin
avec sa famille. Le 11 octobre, il exprimait ses
doléances à un autre ami, Franz Hauser, et il termi-

nait par ces mots : « Si je savais seulement que faire pour améliorer la situation ! en attendant, j'écris des *notes* et je réponds quand on m'interroge. »

Ces *notes*, c'était l'*Antigone* de Sophocle, dont il mettait les chœurs en musique. Cette idée, comme mille autres, avait traversé l'esprit du roi. Félix s'en empara; il lut *Antigone*, qui lui plut, mais qui aurait été oubliée comme tout le reste, s'il n'avait battu le fer pendant qu'il était chaud. Le 21 octobre, il disait à ce propos à David, son coadjuteur à Leipzig :

« La tâche est noble par elle-même et j'y travaille avec ardeur. Je suis vraiment émerveillé de voir combien au fond l'art est immuable! Les voix de ces chœurs sont si bien scandées et disposées si musicalement, qu'on ne peut les désirer mieux. Jusqu'à présent, je n'ai eu affaire qu'à l'admiration ; mais il est probable qu'après l'exécution, les savants s'évertueront à qui mieux mieux, pour me démontrer comment j'aurais dû m'y prendre... en Berlinois. »

Il n'avait pas voulu composer « d'après la manière antique », ni faire de musique comme les anciens Hellènes en auraient peut-être composé pour l'*Antigone*. La sienne, à son avis, devait être le trait d'union entre l'antiquité et l'actualité. Dans son journal, madame Hensel dit fort sensément « que la musique a beaucoup contribué à faire comprendre le tout, et que, si Félix avait voulu s'en tenir strictement à l'antique, la pièce et le public n'auraient pas été d'accord ».

Dans les derniers jours d'octobre, l'*Antigone* fut représentée sur le Théâtre-Royal de Potsdam.

« L'entreprise, ajoute Fanny, fut très admirée et l'*Antigone* parut bientôt sur toutes les grandes scènes de l'Allemagne. En même temps, s'élevèrent en foule les controverses des antiquaires qui en inondèrent les journaux, avec toute la profondeur allemande, mais aussi avec tous les développements scientifiques et... ennuyeux. »

On a pu reconnaître déjà que Mendelssohn n'estimait pas particulièrement les critiques musicaux. On le voit par ce qu'il écrivait à David le 21 octobre. Le professeur Dehn de Berlin lui ayant proposé de défendre son « Antigone » dans les journaux, reçut de lui la réponse suivante.

« Quoique je sois d'accord avec vous que mes chœurs d'*Antigone* fourniront matière à de nombreuses attaques injustes et méchantes, je ne puis répondre à ces fâcheuses probabilités par le moyen que vous voulez bien me proposer. Je me suis imposé pour règle inviolable de ne jamais écrire dans les journaux sur un sujet se rattachant à ma musique, ni suggérer directement ou indirectement, aucun article sur mes compositions; et, quoique je sache combien une telle manière de voir peut m'être préjudiciable, il m'est cependant impossible de dévier d'une résolution que j'ai strictement observée en toute circonstance. »

Il refusa de même d'obéir à la mode, prévalant alors

en France, de se concilier par des cadeaux les principaux artistes et les critiques. Son *Antigone* fut donnée en 1844, à l'Odéon de Paris, par Julius Stern, qui lui conseilla d'envoyer des présents aux acteurs influents.

Mendelssohn répondit :

« Ce serait contraire aux principes que j'ai adoptés dès mes débuts dans la carrière musicale, qui sont de ne jamais mêler ma position personnelle avec ma position musicale; de ne jamais avantager la dernière par l'influence de la première, ni de séduire l'opinion publique ou privée par des moyens quelconques. Eu égard précisément à la cordiale gratitude que je professe pour ceux qui s'intéressent à ma musique, je ne saurais suivre la mode de donner des présents, sans empoisonner pour l'avenir la reconnaissance et la joie qui en émanent pour moi. Et, quoique cette mode ait été introduite par les plus grandes autorités, je demeurerai néanmoins toujours fidèle à moi-même et à ce que je crois juste; vous m'excuserez donc de ne pas me soumettre à cette pratique. Je me flatte que vous ne m'en voudrez pas et que vous me défendrez contre ceux qui m'attaqueraient pour ce motif. Vous reconnaîtrez qu'il est permis à chacun de se fixer des règles d'après lesquelles il dirigera sa vie et ses actes, et vous trouverez bon que je persiste dans les miennes. »

Il est à remarquer que presque tous les grands compositeurs ont agi, à l'égard de leurs œuvres, dans le

même esprit que Mendelssohn. Richard Wagner est à
peu près le seul qui ait dirigé une croisade littéraire
pour défendre les siennes.

Le 9 août, alors qu'il était seulement depuis quelques semaines à Berlin, il écrivit à Klingemann pour
lui dépeindre le chaos dans lequel il était plongé. Rien
n'était commencé encore pour la nouvelle Académie.

« L'affaire, dit-il, est conçue sur une vaste échelle,
mais est-elle réellement sur une échelle ou simplement
en l'air?... Tu me demanderas peut-être en quoi ils
ont besoin de moi à Berlin? Je te répondrai d'abord
que je n'en sais rien, et, ensuite, que je les crois dans
l'intention de donner en hiver de grands concerts à
l'église ou au théâtre et que je dois les diriger; mais
auront-ils jamais lieu? Cela me paraît douteux. »

Malgré les doutes qu'il exprimait ici, sa présence
à Berlin pendant l'été de 1841, et l'hiver suivant, donna occasion à plusieurs grands concerts
qu'il dirigea. Les dimanches de madame Hensel
furent plus que jamais à la mode et fréquentés
par l'élite de la société. On y vit, entre autres, le
peintre Cornélius, le savant Bunsen et l'illustre sculp-
teur Thorwaldsen; la grande cantatrice Pasta, le
violoniste Ernst, hôte assidu de la maison, la Unger-
Sabatier, et Liszt, qui provoqua un enthousiasme
indescriptible à Berlin; puis Lepsius, l'éminent égyp-
tologue; Bœckh, le philologue; madame Austin, la
célèbre romancière anglaise; le prince Radziwill, et
une foule de notabilités européennes.

XXI

Au printemps de 1842, Félix se rendit en Angleterre, où il fut encore mieux accueilli et plus fêté que jamais. Revenu à Francfort, il écrivait à sa mère, le 9 juillet :

« Laisse-moi te raconter ma dernière visite à Buckingham-Palace ; cela t'amusera et moi aussi. Comme l'a dit Grahl : c'est la seule maison anglaise où l'on soit *à son aise* (*sic*). Le prince Albert m'avait invité à venir le samedi à deux heures et demie, essayer son orgue. Je le trouvai seul. Pendant notre entretien, entra la reine en robe de chambre. Elle devait partir pour Claremont. « Bon Dieu ! s'écria-t-elle, comme » tout est en désordre ici ! » Il faut te dire que le vent avait dispersé dans tous les coins, les feuillets d'un gros cahier de musique. La voilà qui s'accroupit pour les ramasser, le prince Albert fait de même et moi

aussi, comme bien tu penses. Le mal réparé, le prince
m'expliqua le mécanisme des registres de son instrument. Je le priai de me faire entendre quelque chose,
et aussitôt il me joua par cœur et fort bien, ma foi, un
choral avec pédales ; un organiste de profession n'aurait pas fait mieux. La reine assise écoutait et ses
traits rayonnaient de plaisir. Quand le prince eût fini,
je jouai mon choral du *Paulus : Wie lieblich sind
die Boten*, et, avant que j'eusse terminé le premier
verset, tous deux chantèrent le chœur avec moi. Le
duc de Gotha entra en ce moment, et l'on se mit à
causer. Sa Majesté me demanda si j'avais composé de
nouveaux *Lieder*, en ajoutant qu'elle connaissait tous
les miens qui ont été gravés. « Tu devrais bien lui en
» chanter un, » dit le prince Albert. Après s'être fait
un peu prier, elle voulut bien essayer le *Frühlingslied* (Chanson du printemps) en *si bémol majeur*.
« Mais ce *Lied* n'est pas ici, » s'écria-t-elle ; « toute ma
» musique est déjà empaquetée pour Claremont. » Le
prince Albert sortit pour la chercher, et rentra au bout
de quelques instants en disant qu'elle était emballée.
« On pourrait peut-être la déballer, » me permis-je de
faire observer. « Envoyez chez lady N***, » reprit Sa
Majesté. On sonna. Les domestiques accoururent,
se donnèrent beaucoup de mouvement sans arriver à
rien. La reine, impatientée, sortit pour la chercher.
Alors le prince Albert me dit : « Elle vous prie d'ac-
» cepter cette bagatelle en souvenir d'elle. » Et il me
donna un écrin contenant une très jolie bague, sur la

chaton de laquelle était gravé : *V. R.* 1842. — La
reine rentra et reprit : « Lady N*** est partie en empor-
» tant mes affaires ; c'est bien maladroit ! » Tu ne te
figures pas combien tout cela m'amusait. Je la priai
de chanter autre chose ; elle consulta son mari, et me
dit qu'elle chanterait du Glück. Au même instant,
arriva la duchesse de Gotha, et nous passâmes tous les
cinq dans le boudoir de Sa Majesté, où j'aperçus à
côté du piano, un grand cheval à bascule, deux énor-
mes cages, des portraits accrochés au mur, sur les
tables des livres magnifiquement reliés et de la musique sur le pupitre. Pendant que l'on causait, la
duchesse de Kent entra. Moi, j'avais feuilleté la
musique et trouvé mon premier cahier de *Lieder*. Je
demandai à la reine de vouloir bien en choisir un au
lieu de l'air de Glück, ce qu'elle fit de la meilleure
grâce ; et sais-tu sur lequel tomba son choix ? Devine !
— sur *Schœner und schœner* [1], qu'elle dit très purement et avec goût. Il me fallut (bien malgré moi, je
le reconnais) avouer que ce *Lied* est de Fanny, et je la
suppliai d'en dire un autre de moi. « Volontiers, » dit-
elle ; « mais vous m'aiderez. » Et elle chanta : *Lass
dich nur nichts nicht dauern*, vraiment fort bien et
avec grande expression. Je ne voulus pas faire le
complimenteur ni le courtisan, et je la remerciai tout
simplement. « Oh ! fit-elle, j'aurais mieux chanté si

---

1. Un des *Lieder* composé par madame Hensel, et que Félix
a fait graver dans un de ses recueils.

10

» j'avais eu moins peur. Habituellement j'ai la respi-
» ration longue. » Et, comme je la louai cette fois en
toute conscience, elle reprit d'elle-même le dernier
passage, qu'elle dit tout d'une haleine et comme je l'ai
rarement entendu. Le prince à son tour chanta : *Es ist
ein Schnitter, der heisst Tod*, puis me dit qu'avant de
partir, je devais lui jouer encore quelque chose. Il me
donna pour thème le choral qu'il avait d'abord exécuté
sur l'orgue et *le Faucheur (Schnitter)*, qu'il venait de
chanter. Par bonheur, j'étais bien disposé ; à ces deux
thèmes j'ajoutai les deux *Lieder* chantés par la reine.
Tout alla comme sur des roulettes et ils me suivirent
avec tant d'intelligence et d'attention, que j'improvi-
sai mieux que jamais. Quand j'eus fini, la reine me
dit : « J'espère que nous vous reverrons bientôt en
» Angleterre. » Je pris congé et, arrivé en bas, je vis
deux belles chaises de poste attelées qui attendaient
les voyageurs royaux. Un quart d'heure après, on
abaissa le drapeau du palais, et les journaux purent
dire : *Sa Majesté a quitté Londres à trois heures
trente minutes*. Je dois ajouter que je demandai à Sa
Majesté la permission de lui dédier ma symphonie en
la mineur ; elle avait été l'occasion de mon voyage à
Londres, et le nom de la reine sur ce morceau écossais
en double la valeur. Autre chose encore que j'oubliais.
Au moment où elle allait chanter, elle se retourna et
dit : « Il faut d'abord sortir le perroquet ; sans cela, il
» criera plus fort que moi. » Le prince Albert sonna,
mais le duc de Gotha voulut emporter l'oiseau ; je

m'avançai alors en disant : « Permettez que je m'en
» charge, » et je m'emparai de la cage, que je portai
dehors à l'ébahissement des domestiques, qui n'y com-
prenaient rien, etc. »

En septembre, toute la famille Mendelssohn se
trouva de nouveau réunie à Berlin, et pour Félix recommencèrent les éternelles négociations dont il ne
pouvait sortir. Il était excédé de ces tergiversations
continuelles et fermement résolu à terminer l'affaire
dans un sens ou dans l'autre. Il y tenait d'autant plus,
qu'il projetait de grands travaux de composition,
entre autres l'oratorio d'*Élie* (*Elias*), dont le sujet le
préoccupait. Comme toujours, la réponse du roi fut
évasive; il ne disait ni oui ni non. On conseillait à
Félix de dépenser sans scrupule ses trois mille thalers, mais c'était là précisément ce qui lui pesait le
plus; il lui répugnait de toucher à de l'argent qu'il
croyait n'avoir pas gagné. Il sollicita une audience de
congé; on comprit alors qu'il voulait faire un pas
décisif.

« Mon désir, dit-il dans sa lettre à M. de Massow,
est que Sa Majesté veuille bien me permettre de rési-
der, travailler et attendre ses ordres dans une autre
ville où, pour le moment, je pourrais me rendre
utile et m'occuper efficacement. Aussitôt le bâtiment
construit, ou dès que le roi requérera mes services,
je m'empresserai de revenir, et je considérerai comme
un bonheur de consacrer mes efforts et mon énergie
à un souverain dont les ordres sont les plus hautes

récompenses que puisse ambitionner un artiste. »

M. de Massow vint en personne lui communiquer le jour fixé par le roi pour son audience, et lui dit qu'il craignait que l'affaire ne se terminât mal; car le roi paraissait mécontent, et lui donnerait probablement congé en peu de mots. Félix pensait donc qu'il quitterait Berlin en assez mauvais termes avec le roi.

Il ne lui restait plus que le désagréable devoir d'apprendre à sa mère la non-réussite de ses espérances. Il différa jusqu'au dernier moment, et, la veille de l'audience seulement, il lui communiqua la fâcheuse issue de ses plans. Madame Mendelssohn en fut très chagrinée; car elle s'était déjà habituée à l'idée qu'elle ne serait plus séparée de Félix, son fils bien-aimé, sa joie et son orgueil.

Le lendemain matin, Félix alla chercher M. de Massow, qui devait le présenter au roi. Le ministre, qui l'aimait, lui manifesta ses regrets de voir l'affaire tourner ainsi; mais, contre toute attente, le roi fut d'excellente humeur, et, loin de se montrer maussade, il témoigna plus d'amabilité et de confiance que jamais. Il ne pouvait pas, dit-il à Mendelssohn, le forcer de rester à Berlin, mais réellement il était peiné de le voir partir; parce que tous les plans qu'il avait échafaudés avec son concours seraient renversés, attendu que Félix, dont il faisait le plus grand cas, pouvait seul les réaliser. Il exposa ces plans qui sourirent au maëstro. Le roi voulait instituer une sorte de chapelle, c'est-à-dire un petit chœur de trente chanteurs choisis, avec un

-orchestre formé de l'élite des artistes du théâtre qui, le dimanche et les jours de fête, exécuteraient de la musique religieuse ou des oratorios composés et diri-gés par Félix. Celui-ci, pensant au chagrin que son départ causerait à sa mère, saisit avec empressement cet expédient, et répondit qu'en effet la chose était possible. L'affaire prit sur-le-champ une meilleure tournure.

— Je sais bien, continua le roi, qu'il faut à un musicien l'instrument nécessaire pour faire valoir son talent; ce sera donc à moi de vous procurer les chanteurs et les instrumentistes; seulement, j'ai besoin de savoir si vous êtes disposé à jouer de cet instrument et si je puis compter sur vous. Pour cela, il est indispensable que vous demeuriez à mon service.

Le roi n'exigea pas une acceptation immédiate; certaines difficultés restaient encore à aplanir et de Massow lui ferait connaître la décision de Sa Majesté. L'audience finit ainsi. M. de Massow, qui y avait assisté, était enchanté et ne cessait de répéter à Mendelssohn :

— Maintenant vous ne pouvez plus penser à partir.

Inutile d'ajouter que la famille, et surtout madame Mendelssohn, furent heureuses de cette conclusion inattendue. Quant à Félix, il se sentait allégé d'un lourd fardeau : celui de se dire qu'il dépensait un argent qu'il n'avait pas gagné.

En octobre, « les Féliciens » quittèrent Berlin, Félix, dans la prévision de revenir, le 14, fêter l'anniversaire de la naissance de Fanny, ce dont il fut empêché par un voyage à Dresde, où l'appelait le roi de Saxe. Mais il était écrit qu'il ne reverrait sa famille que dans une bien triste circonstance. Lorsqu'il revint à Berlin, il n'y trouva plus sa mère.

Madame Mendelssohn, qui n'avait jamais été mieux portante, ni mieux disposée, avait reçu sa société habituelle le dimanche 11 décembre, lorsqu'elle se sentit subitement indisposée. Elle se mit au lit et s'endormit au bout de quelques minutes, paraissant très calme; ses enfants étaient loin de penser qu'ils assistaient à son agonie. Le lundi 12, à dix heures du matin, elle ouvrit les yeux, fit un léger mouvement et rendit le dernier soupir. De nouveau, une belle et noble existence venait de s'éteindre sans souffrance.

« Vraiment, écrivait madame Hensel dans son journal, c'est une belle fin et on ne saurait en désirer une autre pour soi-même. »

Nous n'insisterons pas sur l'affliction de Félix en apprenant cette fatale nouvelle. Le lecteur la comprend sans peine.

« J'ai dû me remettre au travail, écrivait-il à son frère Paul, le 22 décembre; c'est la seule consolation que je puisse avoir, hélas! Le temps n'adoucit pas l'amertume du souvenir de ce que nous avons perdu. »

Madame Mendelssohn fut une de ces rares personnes dont l'influence paraît avoir été en proportion de l'absence de toute envie de l'exercer. F. Hiller, encore enfant, la vit un jour, et l'impression que produisit sur lui sa bonté calme et son amabilité, demeurait encore vivante en son esprit après plus d'un demi-siècle. L'éducation de ses enfants fut le but primordial de sa vie. Dans son salon, toujours fréquenté par les plus grands personnages et les hommes les plus remarquables de Berlin, elle formait le centre du cercle et tenait le dé de la conversation. Calme et réservée à l'égal de son mari, elle eut quelquefois néanmoins des accès de colère ; mais elle les réprimait promptement et revenait à sa placidité et à sa bienveillance habituelles.

Un ami de la famille, M. Chorley[1], l'un des critiques musicaux les plus écoutés de l'Angleterre, et longtemps rédacteur de l'*Athœneum*, dit que peu de femmes étaient aussi distinguées que madame Léa Mendelssohn; peu de femmes possédèrent à un égal degré ce que Horace Walpole a si justement appelé « la grâce du déclin de la vie » (*the grace of declining life*). Son hospitalité était si cordiale et si sincère, que l'on ne pouvait se méprendre sur ses sentiments. Elle avait la connaissance profonde des hommes; elle s'intéressait aux choses littéraires et artistiques; elle fut, en un mot, l'une des femmes les meilleures et les plus éclairées de son temps, l'honneur de son sexe, et ces qualités, elle *les conserva intactes* jusqu'à son dernier jour.

1. *Modern German Music*, I, 232, Londres, 1854. M. Chorley est mort à Londres, en 1875.

XXII

Au commencement de décembre 1842, le roi de Prusse nomma Félix directeur général de sa musique et inspecteur de sa chapelle. De retour à Leipzig, où il se plaisait beaucoup mieux qu'à Berlin, Mendelssohn se remit au travail avec une assiduité dévorante. Il reprit d'abord la direction des concerts du Gewandhaus et l'inspection du conservatoire, à la tête duquel il avait fait placer son ami David. Il commença aussi la composition des chœurs d'*Athalie* de Racine, du *Songe d'une Nuit d'été* et d'*Œdipe;* il paracheva la *Nuit de Sainte-Walpurge*, écrivit sa sonate pour violoncelle en *ré majeur*, et plusieurs *Lieder* avec ou sans paroles, sans compter la correction des épreuves de l'*Antigone* et de la *Symphonie écossaise*, qui allaient être publiées.

En février 1843, la famille Hensel alla passer quelques jours à Leipzig, chez Félix. Le 21, Fanny écrivait dans son journal :

« On a fait beaucoup de musique ici ; nous avons entendu la symphonie en *ut mineur* de Niels Gade, sa première œuvre, qui fait concevoir de grandes espérances. — Félix a été enchanté et l'a étudiée avec amour. En même temps que nous, se trouvait à Leipzig Berlioz, qui, avec ses excentricités, a mis en émoi et scandalisé les *Leipzigern*. Félix a eu fort à faire pour les ramener à une meilleure opinion sur son compte. Avant son départ, Berlioz lui a offert d'échanger leurs bâtons de mesure, « comme les anciens guerriers échangeaient leur épée ». Sur son bâton, Berlioz fit graver cette inscription : *Le mien est grossier, le tien est simple.* Un ami qu'il chargea de soumettre la devise à Félix et de la traduire en allemand, fit la boulette de l'interpréter ainsi : « Je suis grossier et tu es simple » (*Ich bin grob und du bist simpel*[1]). Il fut très embarrassé, car il se demandait comment Félix,

---

1. *Simpel*, en allemand, signifie pauvre d'esprit, niais, imbécile. Voici la lettre que Berlioz écrivit à Mendelsshon dans le style de Fenimore Cooper, dont les ouvrages étaient alors très recherchés :

« *Au chef Mendelssohn.* Grand chef! Nous nous sommes promis d'échanger nos tomahawcks ; voici le mien ! il est grossier, le tien est simple ; les squaws seules et les visages pâles aiment les armes ornées. Sois mon frère ! et, quand le Grand Esprit nous aura envoyés chasser dans les pays des âmes, que nos guerriers suspendent nos tomahawcks à la porte du Conseil » La réponse de Mendelssohn n'est pas longue, mais il la fit *à propos.*

prendrait ce qu'il croyait être une offense. Nous entendîmes ensuite madame Schumann qui joue merveilleusement. »

Dans les derniers jours d'avril, Gounod arrivait à Berlin, où il resta jusqu'au 15 mai. Voici ce que madame Hensel écrivait à son sujet :

« Il a été fort bien accueilli par toute ma famille ; mais, à vrai dire, il n'a vu à Berlin que notre maison, notre jardin et notre famille ; il n'a entendu que ce que je lui ai joué, bien que nous l'ayions fortement engagé à voir ce qu'il y a de curieux ici. En vérité, les journées se sont passées avec lui de la façon la plus charmante ; nous l'avons trouvé fort développé depuis Rome. Il est extrêmement bien doué ; il possède une intelligence musicale, une force et une rectitude de jugement bien remarquables, unies au sentiment le plus fin et le plus tendre. Mais il exerce aussi son intelligence sur autre chose que la musique, et c'est avec grand plaisir que je l'ai entendu lire en allemand ; je ne puis assez admirer le talent avec lequel il a su s'approprier l'essence même de notre langue. Ainsi, il a lu quelques scènes de l'*Antigone*, et, à ma vive surprise, il les a comprises. Ce qui me prévient surtout en sa faveur, c'est la véritable affection et le respect qu'il nous témoigne ; il l'a prouvé en faisant le voyage de Berlin, où il n'est venu, dit-il que pour nous. Sa présence a stimulé mon zèle artistique : car je lui ai fait beaucoup de musique, et nous avons longuement causé sur toutes les branches de

l'art, pendant les après-midi que nous passions ensemble. Nous nous sommes aussi entretenus de son
avenir, et je ne crois pas m'être trompée en lui représentant *l'oratorio* comme l'avenir musical de la
France. Il en est lui-même tellement convaincu, qu'il
s'est déjà occupé de trouver un texte; il a choisi *Judith*. — Bref, il nous a montré une confiance entière
à tous égards, qui nous a énormément plu. »

Je ne crois pas qu'il soit besoin de faire ressortir
l'intérêt de cette lettre, qui retrace un des moments de
la jeunesse de l'auteur de *Faust*. Si je ne m'abuse,
ce souvenir doit être encore présent à sa mémoire,
malgré un laps de quarante ans. S'il lit ces lignes, je
ne doute pas un instant qu'elles ne lui causent une
douce émotion et un sentiment de regret pour la charmante et noble femme qui les a écrites. Mais il con-
viendra avec moi que, malgré la solidité de son jugement, madame Hensel s'est absolument trompée sur
l'avenir musical de la France, en particulier sur
celui de M. Gounod. *L'oratorio* n'a pas pris racine
chez nous; car notre génie, qui n'est pas porté vers
ce genre de production, se laisse surtout attirer vers
la musique théâtrale; c'est en ce genre qu'il s'est le
plus distingué et son dernier mot n'est pas dit. M. Gounod en est persuadé et doit l'avoir toujours été, puisque, heureusement pour lui et pour nous, c'est vers
le théâtre que s'est porté presque toute son activité.
Ni lui ni les autres jeunes compositeurs français ne se
sont particulièrement signalés dans *l'oratorio*, et je ne

sache pas qu'il ait jamais, sinon écrit, au moins publié ni fait exécuter une *Judith* quelconque.

Nous avons vu que le roi de Prusse avait nommé Félix, directeur général de sa musique et de sa chapelle; il lui conféra aussi, en 1842, en même temps qu'à Liszt, Meyerbeer et Rossini, la décoration de l'ordre du Mérite. Une anecdote rapportée par M. Grove[1], démontre combien il tenait peu à ce genre de distinction. Quelque temps après avoir reçu cette marque d'honneur, il se promenait avec quelques amis sur la route de Francfort à Offenbach. Il fallait traverser un pont soumis au droit de péage. Une des personnes de la compagnie, M. Speyer, demeura en arrière afin de payer pour tous.

— N'est-ce pas là, lui demanda le péager, M. Mendelssohn, dont nous chantons la musique dans notre société?

— C'est lui, en effet.

— Eh bien, s'il vous plaît, laissez-moi payer son passage; cela me fera plaisir.

En rejoignant son monde, M. Speyer raconta ce petit épisode à Félix, qui en fut enchanté et s'écria :

— Voyez-vous! je préfère cela à mes décorations.

En juillet 1843, la famille Dirichlet fit à son tour le voyage d'Italie, ce qui donna lieu à une correspondance active et suivie entre les frères et sœurs. Les lettres de Rébecca sont remarquables par l'esprit,

1. *A Dictionary of music and musicians*, t. II, p. 280.

le style et l'humeur, mais n'ont aucun rapport avec l'art musical et par conséquent, ne peuvent, à mon grand regret, trouver place ici. Celles qui suivent et qui proviennent de madame Hensel et de Félix sont des plus intéressantes.

DE FANNY

« 17 août 1843.

» L'interminable affaire de Félix est enfin réglée; le roi a signé et, s'il plaît à Dieu, nous entendrons de belle musique cet hiver. Ne te chagrine pas de n'y point assister; nulle symphonie ne peut remplacer le ciel bleu que tu vas voir; nulle belle voix ne vaut celle de la mer. Naples est le plus magnifique air de bravoure, et Pompéi le plus beau *Requiem* que Dieu ait composés. On ne s'en lasse pas! »

« 18 octobre.

» J'ai cette fois de jolies choses à te raconter. *Le Songe d'une Nuit d'été* a été « rêvé » au palais neuf, et, si je ne fais partir cette lettre que ce matin, c'est pour te rendre compte de la première représentation qui a eu lieu hier soir. C'était fort beau et la musique était enchanteresse. Il faut que je reprenne les choses d'un

11

peu plus haut. La semaine passée, les artistes de Leipzig sont venus ici pour assister à la fête : Hiller, David, Gade, et un charmant petit Hongrois de douze ans, Joachim, lequel est déjà un violoniste si habile, que David n'a plus rien à lui apprendre ; ce bambin est si raisonnable, qu'il voyage seul et descend seul dans les hôtels. La représentation ayant été retardée de deux jours, nous avons passé avec ces joyeux compères, auxquels est venu se joindre Eckert, deux soirées très amusantes et notamment une chez Paul, où tout ce qui violonise violonisa, et où tout ce qu'on peut jouer se joua. Malheureusement, nous n'avions pas la plus petite voix pour chanter le plus petit *Lied* ; nous n'étions que des âmes instrumentales. Le samedi, émigration générale à Potsdam. J'étais assise à côté de Tieck, qui te salue cordialement et qui a été pour moi un aimable et agréable voisin. La représentation m'a émue au dernier point, car jamais maman ne m'a été aussi présente à l'esprit ; je m'attendais à tout instant à l'entendre rire ! Toi aussi, ma chérie, tu me manquais. — Les costumes sont la seule chose non réussie à cause de l'entêtement de Tieck, qui s'obstinait à les vouloir espagnols du XVIIe siècle. Les enfants de l'école de danse figuraient les Elfes ; ils étaient charmants. La scène qui fait le plus d'effet, c'est la dernière, après que la cour s'est éloignée au son de la marche nuptiale qui diminue peu à peu d'intensité et retombe dans le thème de l'ouverture, pendant que Puck et les Elfes reviennent occuper le théâtre. C'est beau à crier! Les entr'actes sont tous de vrais chefs-d'œuvre, et ont été exécutés dans la perfection. Jamais je n'ai entendu d'orchestre jouer aussi *pianissimo*.

» Félix a été acclamé et rappelé, mais il ne s'est pas montré. La Hager l'a excusé. Tous les morceaux ont été remarqués et applaudis; l'ouverture a superbement marché, comme tout le reste. N'est-ce pas curieux que sa première œuvre de jeunesse, celle qui a fondé et propagé sa renommée, soit de nouveau glorifiée sous une autre forme? Hier, nous nous remémorions comme de tout temps *le Songe d'une Nuit d'été* a été honoré chez nous; comme, à des âges divers, nous en avons joué tous les rôles, depuis celui de Fleur-des-fèves jusqu'à ceux d'Hermia et d'Hélène. Nous avons grandi avec *le Songe d'une Nuit d'été*, et Félix l'a fait sien; il en a rendu tous les caractères comme Shakspeare, dans sa veine intarissable, les a conçus et produits, depuis la superbe et pompeuse marche nuptiale, jusqu'à la grotesque marche funèbre pour la mort de Thisbé. Cette marche m'offusque et me scandalise; jusqu'à la fin, j'ai refusé d'y croire. C'est une colossale impertinence que de s'être permis de l'offrir au public. J'en suis étonné de la part de Félix. »

Madame Hensel avait tort de juger aussi sévèrement cette plaisanterie musicale qui s'adapte parfaitement à la scène tragi-comique qu'elle accompagne. Qu'on ne la joue pas dans les concerts, cela se conçoit; mais, dans la représentation scénique, elle vient à propos et occupe fort bien sa place. Voyons maintenant ce que

Félix dit de son œuvre dans sa lettre à Rébecca, du 29 octobre :

« *Le Songe d'une Nuit d'été* a douze numéros. La marche funèbre pour la mort de Thisbé est tout à fait dans le genre de mes préludes dont tu as tant ri. Elle est jouée par la clarinette, le basson et les timbales, mais cela ne peut se décrire ; Eckert, qui part pour Rome, t'expliquera *le Songe d'une Nuit d'été* mieux que ne peuvent le faire les journaux. Je t'assure qu'à chaque répétition et à chaque représentation, j'ai bien regretté ton absence ; tout cela était réellement fait pour ton bec ; tu te serais réjouie avec nous de ce qui a réussi comme tu te serais fâché, avec nous de ce qui a été manqué. Ce qui m'amuse, c'est de voir que les Berlinois sont fous de notre pièce favorite du vieux William. On l'a donnée hier pour la septième fois à Berlin, en dix jours, et, pour demain, il n'y a pas une place à avoir, d'après ce que m'écrit Paul. Mais il faut que cette lettre soit sublime, puisqu'elle doit aller à Rome, *cette délicieuse Rome*, pour parler comme Berlioz. A propos ! il écrit maintenant, dans le *Journal des Débats*, la relation de son voyage en Allemagne, et ses articles font bondir les carnassiers musicaux. Il y insère tout. Je m'étonne qu'il n'ait pas encore parlé de Christel et de Jette (ses domestiques). Ses articles font le bonheur de Cécile. Dernièrement, David lui a apporté le *Journal des Débats*, dans lequel se trouve ma lettre écrite en mauvais français, et elle en a ri aux larmes. »

DE FANNY

« 31 octobre.

» *Ad vocem* Shakspeare. Je voudrais pouvoir t'envoyer quelques échantillons du jugement que l'on prête à Berlioz sur *le Songe d'une Nuit d'été*. C'est stupéfiant! Hier, chez Steffer, nous nous sommes étonnés en chœur de ce que, après tant d'éditions et de traductions imprimées, publiées et vendues tous les ans, si peu de personnes connaissent la pièce. Ces jours-ci, Magnus a entendu dans un restaurant, de jeunes élégants discuter entre eux lequel de Tieck ou de Shakspeare en est l'auteur. Je crois même que l'un d'eux a prétendu que c'est Shakspeare qui l'a traduite en anglais... Des gens du grand monde accueillent d'un air pincé, rechigné les plaisanteries des ouvriers et surtout la tête d'âne ; l'autorité du roi, qui couvre ces folies de son manteau d'hermine, ne les empêche pas de proférer tout haut leur déplaisir. Ainsi, lorsque, après la première représentation, Félix alla souper au palais neuf chez le roi, un gros monsieur, plus chargé de décorations que de cervelle, lui dit : « C'est dommage, de prodiguer votre belle musique à une pièce aussi bête! »

DE FÉLIX

« 26 décembre.

» Jusqu'à présent, ma position à Berlin ne me paraît pas excellente. Je m'y attendais, aussi ne t'en dirai-je là-dessus pas davantage. Nous vivons dans le calme et la tranquillité ; mon *horreur* pour les nobles relations s'est encore accrue depuis que nous demeurons ici, et tu t'amuserais de voir mes sauts de carpe pour échapper aux filets que me tend l'ambassadeur d'Angleterre. Pourtant, il est parvenu à me *piper* pour un dîner, mais je te jure qu'il ne m'y rattrappera plus. Pour le moment, je suis en correspondance avec la Philharmonique de Londres, qui veut m'engager comme *conductor* pour la saison prochaine. J'ai grande envie d'accepter, parce que l'affaire me paraît très avantageuse au point de vue artistique, mais je ne sais encore si cela sera possible, à cause de Cécile et des enfants, qui ne se trouveraient peut-être pas très bien d'un séjour de trois mois en Angleterre ; et moi, je voudrais moins encore demeurer trois mois séparé d'eux. Ceci tout à fait entre nous, car c'est encore un secret, et tu sauras que le *Morning Herald* reçoit communication de chaque mot que tu prononces en dormant. Donc, motus ! »

DE FANNY

« 28 décembre.

» Tu veux savoir ce que c'est que madame O*** :
M. O*** est un affreux marchand de vin de Bordeaux, et
madame O*** est une très jolie femme, chanteuse agréable de romances françaises entremêlées d'airs italiens,
et une franche coquette, un peu dans le genre de
madame W***, mais plus jolie et plus coquette avec ses
mines de prude. Elle tourne tellement toutes les nobles
têtes de Berlin, que c'en est comique ; pendant que le
mari vend son vin, la femme débite ses mélodies
attendrissantes, avec accompagnement obligé de jeu
de prunelles, de corsage et des bras, qui, je dois le
dire, sont fort beaux.

» Aujourd'hui a eu lieu au Dôme (la cathédrale) la
répétition du psaume 98, mis en musique par Félix
pour le jour de l'an. Croirais-tu que j'ai dû louer une
place, et que je ne l'ai obtenue qu'à grand'peine? Sans
cela, je n'aurais jamais vu ce psaume conduit par
Félix ; car, aux grandes fêtes, le Dôme est si rempli,
qu'il faut renoncer à y trouver une place, et je n'ai
pas une foi assez robuste pour me tenir debout des
heures entières dans la foule.

» Il faut que je te dise encore que, la semaine passée,
nous avons eu chez Devrient une soirée que l'on peut

appeler la fête interrompue. Félix en a été comme un
crin pendant trois jours. . . . . , . .

. . . .

» Ainsi, Delaroche est à Rome, Schnetz va partir
et Ingres trouve le temps long. Je ne suis pas envieuse
et n'ai point sujet de l'être, car je me trouve très
heureuse ; mais, s'il y a au monde une position que je
jalouse, c'est celle du directeur de l'Académie de
France à Rome. Avoue-le aussi, ô Romaine! Avoue
que l'on éprouve ce sentiment quand on voit le palais
Médicis ; quand on se dit que l'on y demeure ; que
l'on y est royalement traité ; que l'on est entouré de
l'élite de la jeunesse artistique de sa nation (du moins
cela devrait être) ; que l'on jouit de droits et de libertés
comme n'en a pas un ambassadeur!! Le seul côté
ennuyeux, c'est qu'au bout de six ans, il faut céder
la place à un autre. Les artistes français sont trop
heureux, vraiment! »

DE LA MÊME

« 9 janvier 1844.

» Si vous séjournez au milieu des fleurs, sous un
ciel d'azur, et si vous respirez un zéphir délicieux,
nous flottons dans une atmosphère de musique, depuis
la moindre jusqu'à la plus élevée. Je n'aurai besoin
que de te nommer nos visiteurs : la Schrœder — De-

vrient, Servais, Moriani, Sciabatta, Richard Wagner et son *Vaisseau fantôme (fliegender Hollaender).* Tu peux te figurer combien de soirées et d'argent cela coûte. La semaine passée, nous avons entendu Henriette Sontag, qui chante toujours d'une manière enchanteresse; mais ce qui est plus beau encore, c'est d'entendre Félix raconter comment la chose est arrivée et de quelle façon tout s'est passé.

» La comtesse Rossi[1], impatientée de voir les Berlinois se pâmer d'aise aux romances de madame O***, se détermina enfin à sortir de sa retraite, et à chanter à la cour, si la reine l'y invitait. Mais ceci ne put se faire à cause de l'étiquette. Alors M. de Massow et le comte de Redern entrèrent en lice pour savoir lequel des deux donnerait la première soirée musicale. Favorisé par Leurs Majestés, M. de Massow remporta l'avantage, et jeudi dernier eut lieu cette amusante fête où la Rossi et la O*** chantèrent seules tour à tour, puis ensemble. Félix accompagna la Rossi et, à la demande du roi, il improvisa, mais, à ce qu'il m'a semblé, moins bien que d'ordinaire. La comtesse Rossi chante encore avec toute la grâce et toute la perfection de Jettchen Sontag; c'est ravissant, et je m'étonne qu'à côté d'elle, la petite O*** n'ait pas fait *fiasco*, ce qu'elle doit, j'imagine, à son joli minois.

» Dernièrement aussi, Servais a joué dans une réu-

----

1. On sait que la Sontag se retira du théâtre pour épouser le comte Rossi.

nion chez Félix. Afin de ne pas mettre à trop rude épreuve ton ignorance vraisemblable au sujet de Servais, je t'apprendrai que ce Belge est le premier violoncelliste de notre temps, et sans doute aussi le plus grand farceur. Nous avions entendu parler de son talent en ce dernier genre, et c'était amusant de voir Félix, qui l'accompagnait, ne jeter que de loin en loin les yeux sur la musique, pour ne pas perdre une de ses grimaces. Quant à moi, je deviens tous les jours plus impitoyable pour ces sortes de choses, et malgré toutes ses singeries, Servais ne me ferait pas bouger de ma chaise pour mieux le voir ! »

DE LA MÊME

« 2 mars 1844.

» Hier, j'ai fait répéter pour la seconde fois *la Walpurgis-Nacht*, et dimanche nous la chanterons ; elle marche supérieurement. La Decker, Auguste Lœwe et Beer, notre nouvelle basse, font merveille, ainsi que les chœurs. Tu ne t'imagines pas combien cette musique est belle et amusante à chanter ! Les répétitions nous ont fait le plus grand plaisir. Cet après-midi, Félix, dont l'amabilité va *crescendo*, a conduit Sébastien et Minna au théâtre de la résidence, pendant que, Paul et moi, nous allions au concert des deux toutes charmantes sœurs Milanollo [1], violonistes de onze et qua-

---

1. Térésa et Maria Milanollo ont été des violonistes du plus grand talent. La cadette, Maria, était élève de sa sœur et serait

torze ans. L'aînée possède un talent très distingué, et la seconde promet d'être fort habile. On voudrait les manger. Avec une coquetterie du meilleur goût et pleine de raison, elles se présentent sans ornements ni bijoux, en petites robes blanches et en pantalons. L'aînée porte de longues tresses noires, et la jeune a de belles boucles blondes tout autour de la tête. Le public les acclamait et battait des mains; il avait bien raison. — Félix a maintenant obtenu, *contre vent et marée* (*sic*), que l'on chanterait dans les concerts d'abonnement. Enfin, nous aurons la neuvième symphonie et le psaume de Félix : *Lorsque Israël...*

» Tu demandes pourquoi nous ne t'avons pas envoyé, dans une lettre, la *marche nuptiale?* D'abord, parce que c'est un grand morceau de musique qui ne tiendrait pas dans une feuille, et ensuite, parce que, cette année, tu as des oranges, de la saleté et du soleil; et, si nous ne te réservions pas quelques pois chiches, de la propreté et de la musique, tu ne nous reviendrais pas ! »

devenue une incomparable artiste, si la mort ne l'avait enlevée, en octobre 1848, à peine âgée de seize ans. Térésa renonça en 1857, à la carrière artistique, pour épouser M. Parmentier, capitaine du génie dans l'armée française et aujourd'hui général. M. Parmentier est lui-même un musicien de grand talent, et madame Parmentier (Térésa Milanollo) est née à Savigliano, près Turin, le 28 août 1827.

DE LA MÊME

« 18 mars 1844.

» Nous nageons dans les plaisirs. La semaine passée, chaque jour a été doublement et même triplement occupé : quatre grandes soirées l'une après l'autre ! Dans l'une, nous avons entendu la Rossi, dans l'autre la Birch, cantatrice anglaise, qui chante tout à fait comme la Novello, et enfin la Decker. Notre dernier dimanche a été le plus brillant que nous ayons jamais eu, tant sous le rapport de l'exécution que du public. Quand je t'aurai dit qu'il y avait dans la cour vingt-deux équipages ; que Liszt et huit princesses étaient dans la salle, cela suffira, j'espère, pour que tu ne me demandes pas la description de la splendeur de ma hutte ; mais je veux bien te communiquer mon répertoire : quintette de Hummel ; duetto de *Fidelio ;* variations de David délicieusement jouées par le petit Joachim, lequel n'est pas un enfant prodige, mais un prodigieux enfant, et, de plus, grand ami de Sébastien ; deux *Lieder* de Félix et de Eckert, chantés par cœur par la Decker et, comme toujours, fort bien accueillis. Je te permets de n'en point faire un secret à Eckert. Après quoi est venue *la Nuit de Walpurgis*, que mon auditoire attendait déjà depuis quatre semaines, et qui a magnifiquement marché. Nous avions eu trois répétitions, dans lesquelles les chanteurs s'amusèrent tellement, qu'ils en auraient volontiers recommencé une quatrième. Félix assistait à la dernière, dont il se montra satisfait. J'aurais bien voulu qu'il accompagnât, mais il s'y est refusé, et n'a consenti qu'à jouer l'ouverture avec moi. Je vais maintenant donner congé à mes musiciens jusqu'à Pàques; car Félix va avoir besoin d'eux. Le dimanche des Rameaux, il doit diriger, dans l'église de la garnison, l'*Israël en Égypte*, avec un personnel de quatre cent cinquante exécutants, etc.

XXIII

Quittons un moment la correspondance pour raconter certaines particularités que ne contiennent pas
les lettres. Les relations de Félix avec Berlin avaient
atteint leur moment de crise la plus aiguë en automne
1844. Ayant bien prévu ce qui arriverait, il avait pris
ses dispositions en conséquence; il était convaincu
qu'il ne parviendrait pas à se fixer à Berlin d'une
façon durable. A chaque instant, il se heurtait à une
nouvelle difficulté; tantôt, c'était avec les directeurs de
l'Académie de chant (*Sing Akademie*); tantôt, avec le
surintendant du Théâtre royal; tantôt, avec le haut
clergé, et, comme il devenait de plus en plus évident
que ces obstacles n'étaient pas fortuits, mais amenés
par la position indéterminée et vague de Félix, placé
entre deux autorités jalouses de leurs prétendus
droits, on ne pouvait espérer qu'ils disparaîtraien

avec le temps. Plus il voulait s'acquitter consciencieusement, énergiquement des devoirs de sa charge, plus
les collisions devenaient fréquentes. Il prit donc la résolution irrévocable de se démettre de ses fonctions.

« Quand je l'entends raisonner sur ce sujet, dit Fanny
dans son journal, je ne puis que lui donner raison, car
ses motifs sont nobles et dignes de lui ; mais c'est un
rude coup pour moi, qui m'étais si bien habituée à
l'avoir à mes côtés, ainsi que tous les siens. Et dire
que je vais être forcée de renoncer à tous les beaux
plans musicaux que j'ai formés ! Quel dommage ! »

Félix dirigea encore quelques concerts et, sur le
désir du roi, fit exécuter le *Paulus :* après quoi, l'orchestre alla lui donner une sérénade et lui exprimer
le regret que son départ causait à tous. Le 30 novembre, il quittait Berlin pour retourner à Leipzig.

Si l'on admet que Mendelssohn se soit mépris, et ait
agi contre ses convictions lorsqu'il prêta l'oreille aux
propositions berlinoises, il faut aussi admirer la fermeté avec laquelle il sut résister à tous projets et à
toutes offres qui ne satisfaisaient pas ses idées de justice. Ses principes artistiques étaient à l'épreuve des
places, des honneurs, et même de la royauté.

Sur ces entrefaites, Rebecca étant accouchée d'une
fille, à Rome, les Hensel partirent pour cette ville, en
janvier 1845. Félix avait remis à Fanny, pour Rebecca,
une lettre dans laquelle il lui disait :

« Tu sais que j'ai dû renoncer à une position à
Berlin. En bonne conscience, il ne m'était pas possible

de rester à la tête d'un corps de musique que je considère comme mauvais, et dont la réforme n'est pas en mon pouvoir, puisque tout dépend uniquement du roi, qui a bien d'autres choses en tête. »

Le 25 mars, il écrivait de Francfort à ses sœurs encore à Rome :

« J'ai reçu avis de la représentation d'*Antigone* à Covent-Garden. Ils me demandent quand ils pourront donner *OEdipe?* Je les ai renvoyés au roi de Prusse. Ma partition est finie depuis quelques jours, et, si la musique me plaît toujours autant qu'à présent, j'espère qu'elle vous plaira aussi quand je la tambourinerai sur le piano à Soden. J'ai terminé depuis peu les six sonates pour orgue. Voulez-vous que je vous les fasse entendre sur l'orgue de Ober-Liedenbach? Le maître d'école est un homme aimable qui le permettra volontiers. J'ai commencé une symphonie et un trio, et j'ai conçu le plan d'un nouvel oratorio. Tout le monde me harcèle pour que j'écrive un opéra! Je le veux bien, mais où trouver un poëme convenable? Jusqu'aujourd'hui, je n'ai pas encore réussi à en trouver un, et, si je ne mets pas la main sur un sujet qui me plaise, je ne le ferai pas; car il en est de l'opéra comme de toute autre musique : il faut l'écrire non pour les autres, mais pour soi. »

Dans l'été de 1845, toute la famille se réunit en *Congrès* (comme disait Félix) sur le Rhin, c'est-à-dire à Mayence et à Soden. Ce fut pendant cette excursion que le maëstro décida qu'il reprendrait son ancienne

position à Leipzig. En novembre et en décembre, il y
fit exécuter *Œdipe* et *Athalie*, après quoi il se mit à
la composition de son *Elie*, dont il avait tracé le plan
à Francfort. On voit dans sa lettre du 23 mai 1846,
adressée à Schubring, et dans celle du 9 novembre
suivant à Bendemann, après son grand succès à Birmingham, le soin et l'attention qu'il mit à étudier
son texte. A la Pentecôte, il était à Aix-la-Chapelle; la
Fête-Dieu le vit à Liège, où il devait assister à l'exécution d'un *Lauda Sion* dont je vais parler, et aussitôt
après, il partit pour Cologne, prendre part à la grande
réunion du *Mœnnergesang*, pour lequel il avait composé un chant de fête, intitulé : « Aux artistes » (*An
die Künstler*), sur des paroles de Schiller. Revenu à
Leipzig le 27 juin, il écrivait à Fanny :

« Tu me demandes des nouvelles du Rhin ; mais le
malheur est que la lettre de Cécile, dans laquelle, à
ma prière, elle fait à Paul le récit détaillé de mon
voyage, s'est croisée avec la tienne, en sorte que je ne
me souviens plus de ce que tu sais ou ne sais pas. De
ma vie je n'ai passé de semaines aussi remplies que
les trois dernières; je ne me couchais pas avant une
heure, et, à six heures, j'étais sur pied. Dimanche, un
Français que je crois parisien me demanda :

» — *Qu'est-ce que chante ce soir mademoiselle
Lind?*

» — *La Création*, répondis-je.

» — *Comment peut-elle chanter la Création?*
reprit-il; *la dernière fois que j'ai entendu chanter la*

Création en France, c'est une basse-taille qui la chantait !

» Qu'en dis-tu ? Les chœurs se sont très bien conduits et, si Paul avait entendu la Lind dire les deux premiers airs de *la Fête d'Alexandre*, il aurait de nouveau perdu la tête, comme au concert. J'ai quitté ensuite Aix-la-Chapelle pour Düsseldorf, où l'on m'a donné deux sérénades consécutives, parce que les deux sociétés philharmoniques (*Liedertafeln*) de cette ville se détestent si cordialement, qu'elles n'ont pas voulu chanter ensemble. J'ai aussi joué chez Kyllmann sur son piano d'Erard, et nous avons bu du champagne de la veuve Cliquot, une bien brave femme. *A propos !* résultat de mes voyages ! tous les ans, je reçois de cette dame vingt-quatre bouteilles de son vin. Qu'est-ce que cela veut dire ? Je te l'expliquerai de vive voix. Le soir, j'étais à Cologne, et le lendemain à Liège. Cécile t'aura certainement tout dit à ce sujet. O Belgique ! »

On va voir ce que signifiait cette exclamation. Comme je viens de le dire, il allait à Liège pour entendre le *Lauda Sion* que lui avait demandé l'évêque de cette ville. Son ami Chorley arriva de Londres pour l'y rejoindre, et c'est à son récit que j'emprunte les détails suivants[1] :

« C'est une pitié, dit M. Chorley, que ceux qui ont commandé cette œuvre à ce grand artiste aient si mal calculé leurs moyens d'exécution. Outre que l'acous-

1. *Modern German Music* (loc. cit.)

tique de l'église Saint-Martin est détestable, en ce que
la courbe des arceaux étouffe le son, l'orchestre était
faible, le chœur peu harmonieux, chantant faux, et,
sans doute pour prouver leur nationalité, les exécutants retardaient tous les mouvements. J'étais peiné,
je souffrais pour Mendelssohn. Mais, au dernier verset:
Ecce panis angelorum, une surprise agréable nous
fut réservée. On exposa l'hostie dans un magnifique
tabernacle en or, qui tourna lentement au-dessus de
l'autel, comme pour révéler à l'assistance la présence
de l'aliment consacré. L'encens brûlait, et le soleil
couchant, dardant ses derniers rayons sur les circon-
volutions de la fumée qui montait vers les voûtes de
l'église, produisait un effet magique. Les tintements
argentins d'une clochette, résonnant deux fois par
mesure, ajoutaient au charme de cette scène. Tout à
coup, je sentis qu'on me prenait le bras. C'était Mendelssohn qui me dit : « Écoutez comme c'est joli!
» En faveur de cela, je leur pardonne leur exécrable
» exécution. Je comprendrai mieux mon *Lauda Sion*
» une autre fois! » Hélas! cette *autre fois* ne devait
jamais venir! Moins d'une année après cette journée,
ce grand artiste n'était plus!!! »

Le *Lauda Sion* de Mendelssohn, écrit pour quatre
voix, solos, chœur et orchestre, quoique d'une forme
moins élaborée que son *Lobgesang* et que quelques-
unes de ses cantates, est une belle œuvre, conçue
dans le meilleur style de son auteur. On trouve-
rait difficilement un plus heureux exemple du trai-

tement de l'arioso que celui du *Caro cibus*. Chaque
phrase du *Sit laus plena*, dite par le soprano solo,
est immédiatement répétée par le chœur et rappelle
un peu la manière de Händel. Dans *Docti sacris*, un
fragment de plain chant est traité comme un choral ;
mais, au lieu d'être dans le huitième mode ecclésiastique, il est écrit dans le dixième, ce qui lui donne un
caractère complètement nouveau. L'élément dramatique est introduit dans le *Sumit unus* et produit un
effet extrêmement pathétique ; le tout se termine par
un superbe chœur sur les paroles *Bone pastor* et les
versets qui achèvent l'hymme. Ce serait une étude
fort intéressante, que de comparer cette adaptation
essentiellement moderne du texte du *Lauda Sion*
avec le traitement purement ecclésiastique adopté par
Palestrina.

Je ne dirai rien de l'*Élie*, qui fut exécuté à Birmingham, avec un succès sans exemple, le 25 août 1846.
On en trouvera le récit détaillé, donné par Félix lui-
même, dans sa lettre à son frère Paul, et dans celle
adressée à madame Frège à Leipzig, lettres qui ont été
publiées dans le second volume des *Reisebriefe*[1]. Ce

1. Madame Frège, née Livia Gerhard en 1818, fut une cantatrice et une musicienne de premier ordre. Elle quitta le théâtre en 1836 pour épouser le docteur Frège, de Leipzig, et fit de sa
maison un centre où l'on entendait la meilleure musique. Mendelssohn, qui fut son ami intime, la consultait souvent lorsqu'il
avait terminé une œuvre, et lui faisait dire ses mélodies (*Lieder*)
avant de les livrer au public.

— Vous ne connaissez pas mes *Lieder*, disait-il à un de ses furent les derniers moments heureux de cet éminent compositeur, qu'un épouvantable malheur allait frapper, et frapper si violemment, que les sources de sa vie en furent taries.

Fanny Hensel avait eu, vers le milieu de mai 1847, une hémorrhagie nasale qui donna quelque inquiétude, mais que l'on parvint à arrêter. On ne s'en préoccupa pas davantage. Le vendredi 17 du même mois, pendant qu'elle faisait répéter *la Walpurgis-Nacht* à son petit chœur pour sa matinée musicale du dimanche suivant, elle se sentit subitement mal à l'aise, ses mains refusèrent le service ; elle demeura sans voix, et bientôt perdit connaissance. Les médecins furent appelés en hâte, mais leurs soins empressés et tout leur art demeurèrent inefficaces : à onze heures du soir, elle expirait. Un épanchement au cerveau l'avait emportée en quelques heures. Le dimanche devait avoir lieu le concert ; au lieu du piano, c'est un cercueil qui occupait le centre du grand salon ! Il ne restait plus qu'un cadavre de cette femme charmante, si pleine de vie la veille, de cette sœur tant chérie de Félix, de cette compagne de ses travaux, qui ne parlait de son frère qu'avec une sorte d'exaltation. Si le sort avait fait naître madame Hensel dans une famille pauvre, elle se serait certainement fait connaître au public comme

amis de Londres ; venez à Leipzig les entendre dire par madame Frège et vous comprendrez mes intentions.

La lettre dont il est question ci-dessus, et qui est datée de Londres, 31 août 1846, est adressée à « Frau Doctorin Frege ».

une pianiste exceptionnelle. Plus féminine que Félix dans son jeu, elle avait néanmoins avec lui une ressemblance d'exécution surprenante; même feu, même netteté, même solidité; comme lui aussi, elle était accomplie et merveilleusement douée. M. S. Hensel a tracé ainsi le portrait de sa mère.

« D'assez petite taille, elle avait — héritage de son aïeul Moses Mendelssohn — une épaule légèrement plus haute que l'autre, mais si peu, que l'on ne s'en apercevait pas. Ses beaux grands yeux noirs, si expressifs malgré une légère myopie, étaient admirables. Si le nez et la bouche paraissaient un peu forts, en revanche ses dents étincelaient de blancheur. Ses mains révélaient l'étude assidue du piano. Vive et décidée dans ses mouvements, son visage reflétait toutes les impressions de son âme; la dissimulation lui était impossible. Chacun voyait clairement ce qu'elle pensait. Quand quelqu'un lui plaisait, les coins de sa bouche se relevaient, et ses traits mobiles s'animaient. Personne n'éprouvait plus de joie qu'elle en face de la beauté, mais son dédain se montrait aussi intense devant ce qui lui déplaisait. Elle ne supportait pas les gens ennuyeux, fades ou vains; elle avait certaines *bêtes noires* (*sic*) pour lesquelles elle ressentait une aversion invincible. Elle s'en moquait elle-même à l'occasion; mais que le sujet se représentât, et le même phénomène se reproduisait sans qu'elle y pût rien. Indifférente pour les jouissances matérielles, la bonne chère, le luxe, la toilette la laissaient froide;

elle disait que ce n'était pas nécessaire à la vie; — mais elle paraissait heureuse quand elle se sentait en contact avec des esprits supérieurs; elle ne faisait aucun cas de la noblesse de race et des prétentions de la fortune. Les visites, ces prétendus *devoirs sociaux*, lui pesaient, et elle s'en abstenait autant qu'elle le pouvait. Par contre, c'était l'amie la plus sûre, la plus dévouée de ceux qu'elle estimait et qu'elle jugeait dignes de son respect; pour eux, elle aurait été capable de tous les sacrifices. »

Depuis la mort de madame Hensel, Berlin n'a plus offert au monde artistique un cercle musical comparable à celui qu'avait présidé cette femme d'élite.

XXIV

Le désespoir de Félix, lorsqu'il apprit la mort si foudroyante d'une sœur qu'il adorait, est indescriptible. Il était à Francfort depuis deux ou trois jours quand il en reçut la nouvelle; on la lui communiqua brusquement, et il en fut terrassé. Il poussa un cri déchirant, tomba de toute sa hauteur, et demeura longtemps sans reprendre ses esprits. Quant il revint à lui, il dit d'un air morne et désolé :

— Un grand chapitre vient de finir; ni le titre ni le commencement du second ne seront jamais écrits.

Puis il fut envahi par une prostration dont l'amour de sa femme et la tendresse de ses enfants ne le firent sortir qu'à grand'peine. Dès ce moment, il se sentit mortellement frappé, et l'idée de sa fin prochaine ne le quitta plus. Sa santé, si robuste jusque-là, s'altéra sensiblement, et on le vit dépérir peu à peu.

« Si ma lettre arrête tes larmes, écrivait-il à son
beau-frère Hensel, jette-la au feu ; car, pour nous maintenant, la meilleure chose est de pouvoir bien pleurer.
Nous avons été heureux ensemble ; désormais, nous
n'avons plus devant nous qu'une existence décolorée,
triste et sans espoir. Tu as fait le bonheur de ma sœur
tant qu'elle a vécu, elle le méritait. Je t'en remercie
aujourd'hui du fond de l'âme ; je t'en remercierai tant
que je vivrai, et au delà de la tombe. En ce qui me
regarde, je me reproche de n'avoir pas fait plus pour
elle, de ne plus l'avoir vue, de n'avoir pas été près
d'elle. Je suis encore trop écrasé pour pouvoir t'écrire
méthodiquement, et, en ce moment, il ne m'est pas
possible de quitter ma femme et mes enfants pour
aller vous porter aide et consolation. Aide et consolation ! comme ces mots résonnent tout autrement que
ce que je pensais et sentais hier !

« Pardonne-moi ; je devrais t'écrire tout différemment, mais je ne le puis ! Si tu as besoin d'un tendre
frère qui t'aime de tout son cœur, appelle-moi ; je
serai certainement meilleur que je ne l'étais, mais
plus jamais je ne serai gai. — Et que te dirai-je à toi,
pauvre cher Sébastien ? Rien ! rien que de prier Dieu
qu'il nous donne un cœur pur et un esprit nouveau ;
peut-être alors pourrons-nous, sur cette terre, nous
montrer dignes de celle qui eut le plus noble cœur et
le plus excellent esprit que nous ayons connus et
aimés. Que Dieu la bénisse et nous montre la voie
pour la rejoindre. Ah ! cher frère ! cher ami ! quelle

blessure ! Que Dieu t'assiste, toi, Sébastien et tous les nôtres ! »

Quelle poignante douleur et quels déchirements dans cette lettre ! qu'elle est bien digne de ce grand cœur qui l'écrivit avec ses larmes !

Tous les membres de la famille Mendelssohn se réunirent encore une fois dans le courant de l'été, et cherchèrent à se consoler dans l'admiration des immortelles beautés de la nature. Ils n'y parvinrent pas ; Fanny avait emporté leurs âmes avec elle. Six mois après, un nouveau deuil, deuil général celui-là, vint de nouveau les affliger. Félix, dont la santé ébranlée ne s'était jamais remise, fut frappé d'apoplexie, et mourut à Leipzig, le 4 novembre 1847, n'ayant pas encore trente-neuf ans ! Sa mort produisit de la stupeur ; on refusait d'y croire.

Le matin du 9 octobre, il était allé voir ses amis Moschelès, et avait fait un tour avec eux jusqu'à la Rosenthal. Il paraissait très abattu, mais il n'en continua pas moins sa promenade, et par moments se montra presque gai. Ensuite, il se rendit chez madame Frège, qu'il voulait consulter sur les mélodies qui constituent son *opus* 71, prête à être publiée. Elle les lui chanta plusieurs fois, puis ils les classèrent.

— Je désire les entendre encore une fois, lui dit-il ; après quoi, nous étudierons mon *Élie*.

Elle quitta la chambre pour demander de la lumière ; mais, en rentrant, elle le trouva étendu sur le sofa, frissonnant, les mains raides et glacées, et se plaignant de

vives douleurs de tête. Il retourna chez lui ; on lui fit
une application de sangsues, et, le 15, il était assez
remis pour écouter avec intérêt les détails de la bonne
réception à Dresde du nouvel opéra de son ami, Ferdinand Hiller. Il parla aussi de son prochain voyage
à Vienne, pour lequel il traça un nouveau plan. Le 25,
il écrivait à son frère Paul qu'il prenait des toniques,
mais que la vue de son Paul lui serait plus salutaire
que la médecine la plus amère. Le 28, il se trouva
assez bien pour faire une promenade avec sa femme ;
mais, peu après, il eut une seconde attaque qui se
renouvela plus forte le 3 novembre, et qui lui enleva
toute sa connaissance. Le lendemain, à neuf heures
vingt-cinq du matin, il expirait en présence de sa
femme, de son frère, de Schleinitz, de David et de
Moschelès.

« Le temps est superbe ici, écrivait M. Camidje,
jeune étudiant anglais à l'Université de Leipzig ; mais
nous sommes aussi atterrés que si le roi était mort.
On ne voit dans toutes les rues que des groupes qui
parlent de Mendelssohn. Ceux qui se souviennent
de Londres lorsque mourut Robert Peel, peuvent se
faire idée de ce qui se passe ici. On a placardé dans
toutes les rues l'annonce de son décès, comme s'il
avait été l'un des plus hauts fonctionnaires de l'État. »

A l'annonce de sa mort, toute l'Europe musicale
prit le deuil. A Londres, la *Sacred Harmonic Society*
fit exécuter son *Élie*, le 17 novembre, précédé de la
marche funèbre du *Saül* de Händel, par l'orchestre et le

chœur, tous vêtus de noir. — A Manchester et à Birmingham, on lui rendit des honneurs semblables. En
Allemagne, des concerts commémoratifs (*Todtenfeier*)
furent donnés à Berlin, Vienne, Francfort, Hambourg,
et beaucoup d'autres lieux. On plaça son buste au
théâtre à Berlin, et son profil dans la salle du Gewandhaus à Leipzig. Le premier concert du Conservatoire
de Paris, donné le 9 janvier 1848, fut intitulé : « A
la Mémoire de Félix Mendelssohn-Bartholdy. » Il
comprenait la symphonie écossaise, l'ouverture des
Hébrides, le concerto de violon, et des fragments du
Saint Paul (*Paulus*). Parmi les nombreuses lettres de
condoléance adressées à sa veuve, il nous suffira de
citer celles de la reine d'Angleterre, du roi de Prusse
et du roi de Saxe.

Son corps fut transporté à Berlin, et inhumé à côté
de sa sœur Fanny, dans le cimetière de l'église de la
Trinité. Son père et sa mère reposent à peu de dis-
tance de sa tombe.

« Ce fut, dit madame Austin [1], l'un des rares caractères que l'on ne peut connaître trop intimement. Tout
ce que l'on dira de lui sera honorable pour sa mémoire, consolant pour ses amis, profitable pour tous...
Autant je l'admirais comme artiste, autant j'étais
extasiée de son exquise simplicité, de son bon cœur,
de sa déférence pour la vieillesse, de son empressement à plaire à chacun, de la vivacité et de la ferveur

1. Dans le *Fraser's Magazine* d'avril 1848.

de son admiration pour tout ce qui est beau et grand,
de son esprit cultivé, de son goût parfait, et de ses
nobles sentiments. »

Je ne m'arrêterai pas à l'analyse des œuvres de
Félix Mendelssohn-Bartholdy; M. Barbedette (*loc.
cit.*) s'en est trop bien acquitté pour que je veuille
courir sur ses brisées, et, d'ailleurs, je partage entièrement sa manière de voir à ce sujet. Je renvoie donc
le lecteur à l'excellente biographie qu'il a publiée, et
dont j'ai déjà parlé. Quelques mots seulement sur son
talent de virtuose.

Son exécution lui était toute personnelle; elle
n'avait rien des finesses merveilleuses de celle de
Moschelès, rien des séductions délicates et mélancoliques de Chopin, rien des étonnants tours de force de
Liszt, rien qui sentît le charlatanisme. Il charmait
et fascinait ses auditeurs, en se servant des moyens
les plus simples et les plus classiques. Je n'en veux
pour preuve que ce qu'en a dit une des plus admirables pianistes d'aujourd'hui, madame Clara Schumann :

« Mes souvenirs du talent de Mendelssohn font
partie des plus délicieux de ma vie artistique. C'était
pour moi un idéal plein de génie et de feu, uni à la
perfection technique. Peut-être prenait-il quelquefois
les mouvements un peu vite, mais jamais au détriment
de la musique. Il ne m'est jamais arrivé de le comparer à d'autres virtuoses; il ne voulait pas entendre
parler des simples effets d'exécution; il était toujours

le grand musicien, et, en l'écoutant, on oubliait l'exécutant, pour jouir amplement du plaisir de la musique.
Je l'ai entendu jouer du Bach, du Beethoven, ses
propres compositions, et je n'oublierai jamais l'impression qu'il produisit sur moi. »

Fétis, qui l'entendit à Paris en 1832, dit de lui :

« Obligé de satisfaire à de nombreuses occupations,
il ne put jamais donner à l'étude du piano le temps
qu'y consacrent les virtuoses de profession ; mais ses
mains avaient une adresse naturelle si remarquable,
qu'il put briller partout où il se fit entendre. Il n'y
avait pas de musique de piano si difficile qu'il ne pût
exécuter correctement, et les fugues de J.-S. Bach lui
étaient si familières, qu'il les jouait toutes dans un
mouvement excessivement rapide. Son exécution était
expressive et pleine de nuances délicates. »

Mendelssohn connaissait encore d'autres instruments que le piano. Il aimait à tenir la partie d'alto,
et en plus d'une occasion il joua en public le premier
violon dans son *Ottetto*. Dans son jeune âge, il avait
étudié le violon, mais il le négligea ensuite pour ne
s'occuper que du piano et de l'orgue. Il en jouait
pourtant lorsqu'il fallait compléter un ensemble, et
ceux qui l'ont connu disent qu'ils s'amusaient fort de
le voir assis devant son pupitre et lutter avec les difficultés de sa partie comme un simple petit garçon.
On a la preuve qu'il connaissait parfaitement les
ressources de cet instrument, dans sa musique de
violon, où se trouvent peu de difficultés que ne par-

vienne à surmonter un artiste d'un talent ordinaire.

Physiquement, Mendelssohn fut un des plus beaux hommes que l'on puisse voir. Ses grands yeux formaient la partie la plus remarquable de son visage. Quand il était au repos, il avait l'habitude de baisser les paupières et de rapprocher leurs cils comme les personnes qui ont la vue basse; mais, quand il s'animait, ses yeux étincelaient et donnaient à sa figure un éclat extraordinaire. Dans le feu de l'improvisation, ils se dilataient si étrangement, qu'ils semblaient du double plus grands, et les pupilles, naturellement brunes, passaient au noir foncé. M. Chorley prétend qu'aucun de ses portraits ne le reproduit fidèlement.

« Pas un peintre, dit-il, n'a su perpétuer son aspect lorsqu'il écoutait de la musique qui lui plaisait. Rien en lui n'était affecté; il n'avait pas besoin de courir après l'esprit; il en avait à revendre, c'était une intelligence pure et sincère. Peut-être, ajoute M. Chorley, n'y eut-il pas de peintre contemporain assez fort et assez simple à la fois, pour bien saisir la physionomie d'un tel homme. »

Il y a dans ces quelques mots une exagération qu'il faut pardonner à l'ami et à l'admirateur. — M. Sébastien Hensel donne de son oncle un portrait dessiné par son père, Wilhelm Hensel, et affirme qu'il était d'une ressemblance frappante.

Le meilleur des portraits de Mendelssohn, au dire des personnes qui l'ont le mieux connu, est celui que peignit en 1844, à Berlin, son ami, le peintre Édouard

Magnus, et qui appartient aujourd'hui à madame Otto Goldschmidt (Jenny Lind), à laquelle Magnus lui-même l'offrit. En 1831, à Rome, Horace Vernet avait fait aussi un portrait de Félix ; mais, malgré toutes les recherches, on n'est pas parvenu à le retrouver, pas plus qu'un autre peint en 1840, par un peintre nommé Schramme.

Félix Mendelssohn-Bartholdy eut cinq enfants : Charles, Marie, Paul, Félix et Lilli. Félix mourut en 1851, les quatre autres ont survécu à leur père et à leur mère, morte à Francfort six ans après son mari, le 25 septembre 1853. Aucun n'embrassa la carrière musicale et ils eurent raison. Avec un tel nom, l'héritage paternel aurait été trop lourd à porter.

LES DERNIERS JOURS

DE

FÉLIX MENDELSSOHN-BARTHOLDY[1]

Le dernier souvenir de fêtes dont chaque journée a été marquée par un plaisir nouveau, est en lui-même triste à décrire ; il l'est doublement, quand il rappelle la dernière rencontre avec un être dont la mort, arrivée en pleine moisson de ces bénédictions qui font aimer la vie, a privé les fêtes à venir de leur intérêt musical le plus cher et de leur plus ferme espoir. Beaucoup, j'en suis sûr, estimeront avec moi que l'Allemagne et sa musique ont été gravement et peut-être irréparablement atteintes par la mort prématurée de Mendelssohn.

J'ai passé avec lui les trois derniers jours du mois d'août 1847, en Suisse, à Interlaken, peu de temps avant son départ pour Leipzig, où il expira le

1. Extrait de *Modern German Music*, de M. Chorley.

4 novembre suivant, frappé par la terrible attaque qui nous l'a ravi. Il me parut triste et vieilli ; je l'avais vu quelques mois plus tôt, et je le trouvai beaucoup plus affaissé qu'alors, mais son sourire n'avait jamais été meilleur, son accueil plus cordial. Ce fut aux premières heures de la matinée la plus ensoleillée, la plus enivrante peut-être qui ait brillé sur la Suisse, que nous nous revîmes à Interlaken.

— Nous pourrons mieux causer dehors, me dit-il.

Et nous sortîmes arpenter l'avenue de noyers qui fait face à la *Jungfrau*, jusqu'à ce que, peu à peu, les hôtels commencèrent à se garnir de leurs hôtes. Alors nous nous dirigeâmes à travers bois jusqu'à une colline que l'on nomme, je crois, le *Hohenbühl*, dominant le lac de Thun, la plaine de Neuhaus et d'Unterseen, et qu'enveloppe une ceinture de glaciers.

Pendant que nous gravissions ce premier contrefort de la montagne, le tintement des clochettes que font résonner les troupeaux, et qui ajoute un si grand charme à la solitude des scènes agrestes, s'éleva d'un pâturage voisin. Mon compagnon s'arrêta brusquement, écouta, sourit, et fredonna le *Ranz des Vaches* de l'ouverture de *Guillaume Tell*.

— Quelle belle inspiration a eue là Rossini ! s'écria-t-il, je voudrais bien aussi avoir occasion d'écrire de la musique suisse... Mais la tempête de son ouverture n'est pas bonne !

Alors il continua de chanter cette pastorale, et parla ensuite des paysages de l'Helvétie avec une chaleur affectueuse allant presque jusqu'à l'enthousiasme.

— J'aime, disait-il, ces sapins et l'odeur particulière aux vieilles pierres couvertes de mousse.

Puis, avec un plaisir enfantin, il me raconta les excursions qu'il avait faites avec sa femme et ses enfants.

— Nous reviendrons ici tous les ans, c'est décidé. Quel plaisir de causer, assis sur ce banc, avec cette splendide *Jungfrau* devant les yeux!

Mais, jusque dans Interlaken, les entrepreneurs de concerts venaient relancer Mendelssohn. On lui avait proposé d'écrire une œuvre pour l'inauguration de la magnifique salle philharmonique de Liverpool; il fallut bien en causer. Il projetait de commencer une cantate pour Francfort, sur le texte de la *Herrmann Schlacht* de Klopstock, sujet qu'il avait choisi.

— Mais, me dit-il avec son bon sourire, cela ne conviendrait pas pour Liverpool; il faut trouver autre chose.

Il me cita le passage des Alpes par Napoléon Bonaparte, comme un thème qu'il désirait voir traiter de façon à ce qu'il pût le mettre en musique.

— Mais, reprit-il encore, cela non plus ne serait pas convenable pour l'Angleterre.

Je lui indiquai l'ode de Wordsworth sur le *Pouvoir de la musique* comme un poème noble, riche d'images, et dont quelques fragments pouvaient être détachés pour répondre à ses vues; mais il considérait l'idée de décrire par la musique les divers effets de cet art comme trop vague et rebattue, m'objectant avec raison que la chose avait été admirablement faite par Händel dans sa *Fête d'Alexandre*. De plus, il craignait de ne pouvoir être prêt pour l'époque indiquée :

— Car vous savez, ajouta-t-il, que l'on doit chanter quelque chose de moi pour la consécration de la nouvelle nef du Dôme à Cologne; ce sera une occasion!... Mais je ne vivrai pas jusque-là!

Et il s'arrêta en portant la main vers sa tête, avec une expression soudaine de fatigue et de souffrance.

Il me dit qu'il avait composé beaucoup de musique depuis qu'il était à Interlaken; d'abord, cet étonnant quartetto en *fa mineur*, effusion la plus passionnément triste de la musique instrumentale, et ensuite de la musique d'église pour le service anglican.

— Le travail m'a été salutaire, reprit-il, faisant allusion pour la première fois à la catastrophe domestique qui était venue le frapper aussitôt après son retour d'Angleterre[1]; j'avais besoin de faire quelque chose de sévère, de rigide (et il se tordait les doigts en parlant d'un sujet si pénible pour lui), et la musique religieuse était ce qui me convenait le mieux. Oui, j'ai écrit beaucoup depuis que je suis ici; — mais j'ai besoin de repos, sinon je mourrai!

Je n'affirme pas que telles aient été les propres expressions de Mendelssohn; mais cette journée est trop profondément gravée dans ma mémoire pour que

1. La mort de sa sœur, madame Hensel.

j'aie pu en perdre un trait ou un mot caractéristiques.
La vie en offre trop peu de semblables.

Répondant aux questions que je lui posais sur
l'œuvre à laquelle il se croyait engagé, il parla longuement du théâtre, de ses plans et de ses vues à cet
égard.

— Le temps est venu pour moi, disait-il, d'essayer
ce que je puis faire en ce genre, et, quand j'aurai écrit
quatre ou cinq opéras, je produirai, je crois, quelque
chose de bon; mais il est si difficile de trouver un
sujet!

Il en discuta plusieurs qu'on lui avait soumis, et se
prononça très énergiquement contre l'abus que l'on
avait fait de son nom à Londres, en annonçant qu'il
avait commencé d'écrire le drame de *la Tempête*, et
qu'il irait en surveiller l'exécution.

— Le livret est trop français (?), continua-t-il, et le
troisième acte est tout à fait manqué! Je ne voudrais
pas y toucher, à moins qu'il ne fût refondu totalement.
Au surplus, je ne pourrais m'engager à travailler aussi
hâtivement. Non : quand j'aurai terminé un opéra, je
trouverai bien un théâtre pour le faire exécuter.

Il parla ensuite de divers sujets shakspeariens, et
surtout du *Conte d'hiver* (*Winter's Tale*) dont on
lui avait présenté un croquis et qui lui plaisait en plus
d'un point.

— On pourrait faire quelque chose de fort gai avec
Antolycus, reprenait-il.

On sait aujourd'hui combien il avait de verve et de

gaieté depuis la publication de son opérette, dans laquelle *Pedlar-Kany*, le fripon, joue un rôle si plaisant. Je ne connais rien de plus franchement comique dans la musique allemande, même dans *la Révolte au sérail* de Mozart, que la chanson dansée par ce personnage, ou la caricature sentimentale d'un veilleur de nuit qui ronfle pendant la sérénade villageoise [1].

— Nous n'avons personne en Allemagne qui sache écrire des livrets d'opéra, continua Mendelssohn. Ah! si Kotzebue vivait encore!... Il avait des idées, lui!

Et, s'échauffant, il rappela comment, à l'occasion d'un événement tout prosaïque, — l'ouverture du théâtre de Pesth, — Kotzebue avait été admirablement inspiré avec ses *Ruines d'Athènes*, si bien interprétées musicalement par Beethoven.

— Eh bien, je ferai de mon mieux pour *Loreley*; car Geibel s'est donné beaucoup de peine pour écrire ce poème. Nous verrons...

Puis, s'arrêtant, il porta de nouveau la main vers sa tête en murmurant :

— A quoi bon tirer des plans? je ne vivrai pas!

Qui donc aurait pris au sérieux ce présage sinistre de la part d'un homme si plein d'énergie, de projets et de prévoyance? J'attribuai cet affaissement à l'impression douloureuse, déchirante, que lui avait laissée la terrible épreuve à laquelle l'avait récemment sou-

---

1. Cette appréciation est toute personnelle à M. Chorley, qui fut l'ami de Mendelssohn, et son admirateur enthousiaste.

mis la perte d'une sœur tendrement aimée. — D'autres idées pénibles s'offrirent encore à lui.

Je l'entendis insister, avec plus de crainte que d'espérance, sur la fermentation des esprits en Allemagne, sa désastreuse influence sur les mœurs, l'éducation, l'amour de la patrie, sur tout ce qui fait la société honnête et la rend heureuse [1]. Il appuya fortement sur l'impatience avec laquelle on supportait le devoir, — sur les sympathies témoignées à l'erreur et à la licence, — sur le dédain des obligations, sur les difficultés que préparait à l'Allemagne une aberration si perverse chez les classes moyennes. Les larmes lui venaient aux yeux; car jamais homme n'aima davantage ni plus sincèrement son pays. Il ne dissimula pas l'amertume qu'il ressentait, en voyant la folie et la fausseté des grands, de ceux qui dirigeaient les affaires de l'État, qui s'étaient aliéné des cœurs si faciles à s'attacher, et qui avaient démoralisé un grand peuple, sous prétexte de faire son éducation : parsemant son discours d'explications, d'exemples, d'anecdotes, avec une gravité nerveuse, indice certain de la sérieuse attention avec laquelle son grand et vif esprit avait étudié ces sujets. Puis il revint à ses plans d'avenir.

Précédemment déjà, je l'avais entendu disserter sur

1. Ne perdons pas de vue que cette conversation avait lieu en septembre 1847, quelques mois seulement avant la révolution de 1848, qui faillit avoir de si graves conséquences pour l'Allemagne. On voit que Mendelssohn n'était pas seulement un grand musicien, mais encore un philosophe très perspicace.

le moment où l'artiste doit cesser ses rapports personnels avec le public; mais jamais il n'y mit autant d'insistance que ce jour-là.

— Quand on n'est plus jeune, dit-il, on ne doit plus jouer en public, ni donner de concerts.

Et alors, il me faisait part de son désir, que dis-je! de son intention formelle de s'établir sur les bords du Rhin, mais pas dans une ville, pour se livrer plus que jamais à la composition.

— Je ne serai pas trop loin de l'Angleterre, reprenait-il, et je pourrai m'y rendre aussi souvent que vous le désirerez; et puis, tous les nouveaux chemins de fer me rapprocheront de nos villes; mais il faut d'abord que je vive tranquille, et que je me débarrasse de tout ennui, de tout bruit si je *dois* vivre.

Alors revenait le lugubre présage; l'animation de son visage s'éteignait, et son regard morne devenait d'une tristesse navrante, d'une désolation à fendre le cœur.

Dans la journée, il me montra avec un plaisir naïf les aquarelles qu'il avait faites à Interlaken. Il peignait fidèlement, sinon gracieusement, le paysage, quoi qu'il avouât que la *couleur verte* était pour lui une pierre d'achoppement. Il me fit aussi voir son piano, qu'il nommait un *affreux chaudron*.

—Si vous saviez, me disait-il, combien je suis heureux qu'il n'y ait pas de piano présentable ici! Celui-ci me suffit pour essayer un accord lorsque j'en ai besoin; car je ne désire nullement exercer mes doigts.

Puis il l'essaya (dernière fois, hélas! que je l'entendis jouer du piano) pour me prouver que c'était un vrai *sabot*.

Mes compagnons de voyage et moi avions projeté de visiter Fribourg; je demandai à Mendelssohn quelques renseignements sur le fameux orgue de Mooser. Il avait entendu raconter des choses étonnantes sur son jeu de voix humaine (*vox humana*).

— Quelle bizarrerie, s'écria-t-il, qu'une chose aussi expressive, pouvant en quelque sorte parler, consiste tout bonnement en deux morceaux de bois!

Je le pressai de se joindre à nous, et d'essayer lui-même cette merveille.

— Non, reprit-il en riant, les organistes n'aiment pas que des mains étrangères touchent à leurs instruments. Il s'élève toujours une difficulté quelconque; et puis, cela fait du bruit! Il faut que je renonce à jouer de l'orgue. Puis, l'hiver approche, et nous ferons mieux de retourner tranquillement chez nous.

Il m'entretint encore de l'obligation où il était de se rendre à Vienne pour affaires; ce qui limitait encore davantage le temps dont il pouvait disposer. Jamais je ne l'entendis faire autant de projets et, certainement, dans les annales de l'art, aucun artiste n'acquit plus honorablement que lui une juste renommée. Vanité des vanités!

*
* *

Notre seconde journée à Interlaken fut nuageuse et

entrecoupée d'ondées intermittentes. Toutes les montagnes s'estompaient dans la brume. Mendelssohn passa presque tout son temps avec nous ; lorsque j'étais près de lui, je ne pouvais m'empêcher de me rappeler que sir Walter Scott était, comme lui, aussi prodigue de complaisance pour ses amis que s'il n'avait pas eu autre chose à faire. Quand donc et comment pouvait-il écrire ? Il reparla du voyage de Fribourg, et, pendant une demi-heure, il parut décidé à partir avec nous ; mais bientôt, retombé dans son indécision, il cessa de s'en occuper, et offrit de nous jouer quelque chose sur un *pauvre petit orgue* qu'il avait découvert non loin d'Interlaken. Un jour, après avoir suivi un sentier presque impraticable, ses pas l'avaient porté jusqu'à un village solitaire, sur les bords du lac de Brienz. Il avait trouvé ouverte la porte de l'église, celle de l'orgue aussi, et, comme personne ne se trouvait là pour l'en empêcher, il y était monté pour l'essayer. La solitude et la beauté de l'endroit avaient produit une vive impression sur son esprit. Il voulut nous y conduire, et nous faire un peu de musique.

Le temps gris et froid, les bourrasques et la pluie, nous obligèrent de faire mettre une tente sur le bateau, car on ne pouvait arriver à Ringgemberg que par eau. Il y a quelque chose de curieux dans l'aspect isolé et calme de cette petite église bâtie sur un monticule dominant le lac, et à laquelle on arrive par de grossières marches d'escalier tapissées de vigne vierge, de mousse et de lierre terrestre. Cette fois encore, la porte était ouverte et l'orgue accessible. Cet orgue est l'œuvre d'un ouvrier valaisan ; sa qualité de son n'est pas excellente, comme on peut le supposer ; mais le buffet, d'une coupe agréable et gaie, donne un reflet de splendeur à cette place retirée où les paysans viennent prier Dieu. Nous mîmes la main sur un jeune gars qui, moyennant quelques *batzen*, consentit à faire marcher la soufflerie. Le maître s'assit au clavier, et nous étions loin de nous douter qu'il mettait pour la dernière fois ses doigts sur les touches d'un orgue. Jamais il ne joua mieux. Après deux ou trois pièces de J.-S. Bach, il commença une improvisation en *ut mineur*, qui devint un prélude en canon et enfin une fugue. Il s'animait progressivement ; sa belle physionomie s'éclairait de ce sourire noble et doux, dont se souviennent bien ceux qui l'ont connu, pendant qu'il déroulait la riche et longue chaîne des sons « qui mettent le ciel devant les yeux », selon le vieux chant de Milton.

En entendant ce jeu grandiose et magnifique, je sentais instinctivement que je prenais pour jamais congé du plus grand musicien moderne ; car, dans l'exercice de son art, la masse de science dont il faisait preuve, était animée par une inspiration radieuse qui fait souvent défaut aux organistes, et que ceux-ci déguisent sous l'ampleur des sons et l'habile agencement des parties. Il me paraissait plus remarquable que jamais, cet homme sage, aimable, bien doué, vieux par l'expérience, mais jeune par la vivacité de son imagination et de sa sensibilité. Il donnait et recevait un plaisir qu'il tirait d'un fonds qui ne fut jamais plus riche en belles pensées et en sublimes modulations. On voit la fin de telles choses : on ne les oublie pas.

Dans la soirée, l'entretien roula par hasard sur la musique italienne. Il reparla avec admiration du *Guillaume Tell* de Rossini, et, à ma grande surprise, de *la Fille du Régiment* de Donizetti.

— Il y a, dit-il, beaucoup de gaieté dans cet opéra et une grande réalité de la vie du soldat, et pourtant on le dit mauvais ! Certainement, ajouta-t-il, d'un air humoristique, et comme pour pallier ce qu'il venait d'avancer, certainement, s'il est une chose qui étonne, c'est de voir combien facilement on s'habitue à la mauvaise musique !

Puis il s'informa de Verdi, qui, lui avait-on dit, venait de créer des effets nouveaux dans quelques-uns de ses finales ; il aurait voulu que nous pussions les lui décrire en détail. — Il désirait entendre jouer correctement les concertos de Händel pour orgue ; il hésitait à formuler une opinion catégorique sur ces productions, à cause des passages vieillis et frivoles pour jeux *solos* dont elles sont remplies. Il s'étendit aussi longuement sur le *Grand-Opéra* de Paris, et en parla comme d'un théâtre pour lequel il serait appelé un jour à travailler ; je crois même qu'il y eut des pourparlers à ce sujet.

Il causa ensuite avec entrain de son séjour à Rome

qui, disait-il, avait eu sur sa carrière une influence
majeure. — A propos de Rome, l'un de nous faisant
allusion à la *Cenci* de Shelley, que lui avait envoyée
un de ses amis, d'Angleterre, il s'exprima sur cette
œuvre avec dégoût, et presque avec colère.

— Non, s'écria-t-il, non, c'est trop horrible! c'est
abominable! je ne puis admirer ce poème!

*
* *

Le lendemain matin, Mendelssohn voulut nous
accompagner jusqu'à Lauterbrunnen. La vue de la
Jungfrau et du *Silberhorn* était superbe au moment
où nous gravissions la montée. Jamais la chute du
Staubach ne nous avait paru aussi magique, éclairée
par cette chaude et large lumière des derniers beaux
jours de l'été, avec ses eaux scintillantes, pareilles à
des gerbes de feu, à des fusées lancées par-dessus les
rochers, et dont les étincelles se confondaient en tom-
bant, au moment de disparaître.

Un des derniers souvenirs qui me restent de Men-
dellsohn, me le représentent debout dans la courbe
de l'arc-en-ciel jeté au-dessus de la cascade par la
Sorcière des Alpes, — comme le savent les lecteurs de
Manfred, — regardant le ciel, ravi, sérieux, et jouis-
sant avec délices de la scène qu'il contemplait. Le
dernier de ces souvenirs me le montre redescen-
dant seul la route qui mène à Interlaken, pendant
que nous montions la *Wengern-Alp*, pour atteindre

13.

Grindelwald. Le suivant du regard, je me disais qu'il paraissait très vieillli dans son ample redingote noire et sous son large chapeau de paille couvert d'un crêpe ; je pensais qu'il était bien fatigué, bien abattu, et que sa démarche était pesante.

Mais qui se serait douté alors que les jours qu'il avait à passer encore sur cette terre, allaient être sitôt tranchés !

ROBERT SCHUMANN

ROBERT SCHUMANN

La carrière de l'artiste dont les pages suivantes retracent la biographie, a été une des plus accidentées, des plus bizarres, et en même temps une des plus pénibles que l'on connaisse. Tour à tour polémiste et compositeur, il a passionnément lutté contre les inepties musicales qui avaient cours de son temps; il a vaillamment combattu pour faire triompher la bonne cause — autrement dit, la bonne musique — et rejeter les flonflons par trop goûtés du public ; et si enfin le bon goût a vaincu, avec les œuvres de Beethoven, Schubert, Chopin et autres grands artistes, c'est principalement à lui qu'on le doit ; car il a consacré à cette tâche ardue tous les efforts de sa plume incisive et intrépide de critique inébranlable dans ses convictions. — Comme compositeur, Schumann occupe une place des plus importantes dans la phalange des grands esprits. Admirateur et ami de Félix Mendelssohn-Bartholdy, il a continué l'œuvre de celui-ci, mais ne tarda pas à dépasser ce but; et, si l'on peut dire qu'il a ouvert la voie à la tendance funeste dans laquelle, à la suite de Richard Wagner, se jette aujourd'hui notre jeune génération musicale, il faut ajouter aussi qu'il ne déserta pas les bons principes, et ne franchit pas trop ouvertement les limites imposées par les maîtres. C'est parce qu'il fut l'ami et, en quelque sorte, le successeur de Mendelssohn, que nous avons cru bon de faire suivre le précédent travail d'une étude biographique sur Robert Schumann, une des plus intéressantes et des plus grandes figures musicales du XIXe siècle.

I

Schumann (*Robert-Alexandre*), né à Zwickau
(Saxe), le 8 juin 1810, était le plus jeune fils des cinq
enfants de Gottlieb Schumann, libraire à Zwickau. Ce
ne sont pas ses parents qui lui inspirèrent le goût de
la musique, pour laquelle il semble que sa mère éprouvait une antipathie marquée et son père de l'indiffé-
rence. Cependant, le père Schumann s'intéressait aux
belles-lettres, et se fit connaître comme auteur de
plusieurs ouvrages littéraires. Rien, du reste, dans
les premières années, n'indique chez Robert qu'il ait
été doué d'un certain instinct pour l'art qu'il devait
illustrer un jour. Dans son enfance, son intelligence
ne s'élevait pas au-dessus de la moyenne, et, dans ses
premières études à l'école, il ne se distingua pas de
ses condisciples les plus ordinaires. Jouer au soldat

était sa seule passion. Les choses restèrent en cet état jusqu'à ce qu'il eût atteint sa dixième année.

Dans la petite ville où s'écoula l'enfance et la jeunesse de Schumann, il n'y avait pas de musicien capable de rien lui enseigner au delà des principes de l'art. On y trouvait, il est vrai, un musicien de ville possédant quelque talent sur la trompette, mais qui faisait un commerce de sa profession. Suivant l'usage des écoles de l'Allemagne du Nord, Robert avait appris les éléments de la musique dans celle qu'il fréquentait. Son père lui avait donné pour maître de piano, l'organiste de l'église Notre-Dame (*Marienkirche*) de Zwickau, nommé J.-G. Kuntsch; mais les leçons de cet homme n'étaient pas propres à donner à son élève le goût de l'instrument: en les recevant, Schumann se soumettait à la volonté de son père, sans y prendre d'intérêt lui-même. Une circonstance fortuite fut pour lui comme son chemin de Damas.

Dans l'été de 1819, un dérangement de sa santé obligea ses parents de le conduire aux eaux de Carlsbad, où Moschelès donnait alors des concerts; l'impression produite sur lui par le célèbre pianiste fut si profonde, que, dès ce moment, il se livra avec ardeur à l'étude du piano. Toute sa vie, il conserva une prédilection marquée pour certaines œuvres de Moschelès et professa un respect profond pour sa personne. On voit clairement l'influence produite sur lui par la technique de Moschelès, dans les variations qu'il a publiées comme son *opus* 1, sous le pseudonyme de *Abegg*.

Ses progrès furent tellement rapides, qu'au bout de peu de temps, Kuntsch déclara que son élève n'avait plus rien à apprendre de lui, et qu'il pouvait avancer seul dans la voie artistique; et, quand plus tard, Schumann résolut de se consacrer entièrement à la musique, Kuntsch lui prédit qu'il atteindrait les sommets de l'art, et qu'en lui le monde posséderait un de ses plus grands artistes. Schumann n'oublia jamais celui qui avait été son premier maître de piano, et, en 1845, il lui dédia ses études pour le piano à pédales.

Bientôt après, Robert organisa chez son père des séances musicales où, secondé par ses jeunes amis, il faisait exécuter des chœurs accompagnés par un petit orchestre. Il ignorait alors les éléments de l'harmonie, ce qui ne l'empêcha pas de s'essayer dans de petites compositions. C'est ainsi qu'à l'âge de treize ans, il arrangea pour chœur et orchestre, le choral du 150ᵉ psaume, et vers la même époque, il se fit entendre en public à Zwickau, et accompagna une exécution du *Weltgericht* (Jugement dernier) de Fr. Schneider, dirigée par Kuntsch.

Les remarquables dispositions de Robert pour la musique, déterminèrent son père à lui faire suivre la carrière artistique; il écrivit à Ch.-M. de Weber qui, peu de temps auparavant (1817), avait été nommé maître de chapelle à Dresde, pour lui demander s'il voudrait bien recevoir son fils chez lui et le diriger dans ses études. Weber se déclara disposé à entreprendre l'éducation du jeune musicien; mais, pour des raisons qui sont demeurées inconnues, le projet avorta.

Robert demeura donc à Zwickau. A dix ans, il entra dans la quatrième classe du *Gymnasium* (collège), où il étudia jusqu'en 1828. Il était alors arrivé à la première classe, qu'il quitta après avoir reçu son certificat d'aptitude pour entrer dans une université. Durant cette période, son ardeur pour la musique paraît avoir été moins vive que précédemment, en raison du travail auquel l'obligèrent ses humanités, et à cause d'un immense intérêt qu'il prit à la poésie. Sans cesse il furetait dans la librairie de son père, lequel favorisait son penchant pour la recherche d'ouvrages sur l'art poétique et la composition de poèmes. A quatorze ans, Robert collabora avec son père à un ouvrage publié par celui-ci sous le titre de : *Galerie de portraits des hommes les plus célèbres de toutes les nations et de tous les temps (Bildergallerie der berühmtesten Menschen aller Völker und Zeiten)*. Chose étrange ! Ce ne sont pas les œuvres classiques de Gœthe et de Schiller qui l'attirèrent, mais celles de Schulze, l'auteur de la *Rose enchantée (Die bezauberte Rose)*, celles de l'infortuné Franz de Sonnenberg, celles de lord Byron, et surtout celles de Jean-Paul (Richter). Ce dernier auteur exerça, sur son esprit et son caractère, une influence qui ne peut être méconnue. Le cœur et l'imagination du jeune homme furent vivement impressionnés par la lecture d'*Hesperus* et de *Titan*. Ce fut aussi Jean-Paul qui contribua le plus à

le jeter dans cet excès de sentimentalité maladive à
laquelle il fut toujours en proie, et qui lui inspira un
certain mépris de la forme, dont il ne put triompher
plus tard, malgré tous ses efforts et tous ses combats.
Chez aucun musicien, l'influence des goûts poétiques
sur sa musique n'a été plus profonde que chez Schumann.

II

Le 29 mars 1828, Schumann se fit immatriculer comme *Studiosus Juris* à l'université de Leipzig. Son inclination naturelle l'aurait assurément porté à se donner entièrement à l'art, ce à quoi son père aurait sans doute consenti ; mais il avait eu le malheur de le perdre en 1826, et sa mère ne voulut pas entendre parler de carrière artistique. D'accord avec le tuteur de son fils, Herr Rüdel, marchand à Zwickau, elle exigea qu'il abandonnât l'étude de la musique pour se consacrer à celle du droit, et, par respect filial, bien qu'à contre cœur, Robert y consentit, et, comme nous venons de le voir, se fit inscrire au nombre des étudiants de l'université de Leipzig. En y arrivant, il se lia avec un étudiant nommé Gisbert Rosen, et leur enthousiasme commun pour Jean-Paul, les conduisit promptement à une amitié solide et durable. Rosen devait aller étudier à Heidelberg ; — Schumann se décida à quitter Leipzig pour accompagner son ami à Heïldelberg, en 1829. A Munich, il alla voir Henri Heine, avec lequel il passa plusieurs heures, et, à Bayreuth, il alla saluer la veuve de Jean-Paul, qui lui donna un portrait de son mari.

Pendant les premiers mois de sa vie universitaire à Leipzig, Schumann fut dans un état moral très sombre ; il s'y occupa peu des *Pandectes* et du *Digeste*, préférant les cours de philosophie, qui répondaient mieux à sa nature rêveuse. Six mois se passèrent dans un décousu d'études qui ne pouvait mener à rien de bon ; il avait — comme il l'écrivait à son ami — travaillé exclusivement en particulier, c'est-à-dire écrit quelques lettres, commencé un poème sur Jean-Paul, et surtout joué du piano, sous la direction de Wieck, un des bons pianistes allemands de l'époque.

Pendant cette période d'inactivité volontaire et presque de solitude, il est indubitable que la lecture des œuvres de Jean-Paul dut avoir un attrait particulier pour lui. Cet écrivain, que nul n'a surpassé dans la description des émotions tendres ; avec son imagination éblouissante et presque extravagante ; sa prédilection excessive pour la puissance dramatique ; ses alternatives incessantes du rire aux larmes ; Jean-Paul, enfin, a toujours été l'idole des femmes nerveuses et sentimentales, et des jeunes gens imbus d'idées extatiques.

« Si chacun lisait Jean-Paul, écrivait Schumann à

son ami Rosen, on serait meilleur, mais aussi plus malheureux. Il m'a souvent conduit jusqu'au désespoir, et cependant, l'arc-en-ciel de la paix se courbe avec sérénité au-dessus des larmes qui allègent et glorifient l'âme. »

Il lui raconte aussi que, dans son enfance, alors que toute la maison était endormie, il eut un rêve et courut à minuit, les yeux fermés, à son piano, sur lequel il plaqua des accords en pleurant à chaudes larmes. Ce fut ainsi que se révéla chez lui cette tendance vers les émotions extrêmes, qui trouva un aliment puissant dans les écrits de Jean-Paul.

Toutefois, malgré sa prédilection momentanée pour la solitude, sa jeunesse, et surtout la musique, ne tardèrent pas à le ramener à la vie sociale. Chez le professeur Carus [1], il fit plusieurs connaissances intéressantes, entre autres celle de Marschner, qui habitait alors Leipzig, où il avait donné son opéra *le Vampire*, au printemps de 1828. Chez Wieck aussi, il put se livrer à son goût pour la musique ; là, des étudiants amis de l'art, se réunissaient plusieurs fois par semaine et exécutaient tous les genres de musique de chambre ; ils apportaient une ardeur sans égale à l'étude des œuvres de Franz Schubert, dont la mort prématurée, arrivée le 19 novembre 1828, fut profondément et douloureusement ressentie par Schumann. Inspiré par l'exemple de Schubert, il écrivit à cette

1. *Patientibus Carus, sed clarus inter Doctos* (Berlioz, *Voyage musical*, lettre IV).

époque huit polonaises à quatre mains, un quatuor
pour piano et cordes, et des mélodies sur les vers de
Byron ; mais tout cela est demeuré inédit.

C'est alors aussi qu'il se donna plus complètement
à l'étude des œuvres pour clavier de Jean-Sébastien
Bach, et ce qui le fascina dans les compositions de
l'illustre cantor de la *Thomasschule*, ce fut la mysté-
rieuse profondeur de sentiment qui s'y révèle. Cela
paraîtra étrange chez une nature aussi délicate, aussi
impressionnable que celle de Schumann ; mais, s'il n'en
avait pas été ainsi, on ne concevrait pas Bach mis en
connexion avec Jean-Paul. Quand on considère l'aban-
don dans lequel avait été laissée la première éducation
musicale de Schumann, la correcte appréciation qu'il
fit de la richesse et de la plénitude vitale dont regor-
gent les œuvres de Jean-Sébastien, à une époque où
on ne le connaissait encore que comme un grand
contrapuntiste, on ne peut qu'être frappé de la puissance de son génie, qui eut, en réalité, quelque affinité avec celui de Bach. Pour lui, l'ingéniosité de la
forme dans les productions du célèbre maître thurin-
gien ne fut jamais ni étrange, ni inintelligible. De
prime abord, il en comprit toute la sublimité, et, quoiqu'il n'eût eu jusque-là aucun maître en composition,
il s'était depuis longtemps familiarisé avec les parties
les plus essentielles de l'art du compositeur, et cette
pratique incessante dut lui donner d'assez bonne
heure de l'habileté dans cette branche artistique.

Au printemps de 1829, Schumann alla rejoindre son

ami Rosen à Heidelberg. Ce qui attirait en cette ville
les jeunes juristes, c'étaient les conférences du fameux
professeur Thibaut, duquel nous avons dit un mot
dans le précédent travail sur les Mendelssohn-Bartholdy; mais d'autres considérations contribuèrent
sans doute à décider Schumann à préférer l'université d'Heidelberg à celle de Leipzig : la situation charmante de la ville, qu'il appelle « un vrai Paradis », la gaieté native des habitants, et sa proximité
de la Suisse, de l'Italie et de la France. Une perspective délicieuse semblait devoir s'ouvrir devant lui :
« Ce sera la vie, écrit-il à un ami ; à la Saint-Michel,
nous irons en Suisse, et, de là, Dieu sait où ! » Mais,
quoi qu'il en soit, l'année qu'il passa à Heidelberg fut
entièrement perdue pour ses études légales, bien que
Thibaut ait été une preuve vivante que cette branche
de savoir pouvait coexister avec un véritable amour
pour la musique. Quelques années plus tôt (1825), Thibaut avait publié son « opuscule » *Ueber Reinheit der
Tonkunst* (sur la pureté de la Musique), qui contribua
à changer la direction du goût musical en Allemagne.
De même, précisément, que, dans son opuscule, Thibaut attaquait la dégénérescence de la musique religieuse, de même Schumann était destiné à rompre
plus tard des lances contre la platitude et l'insipidité
de la musique de concert et de chambre. Malgré cela,
ces deux hommes ne se lièrent jamais intimement;
dans l'un, sans doute, le *docteur* était trop prépondérant, et dans l'autre l'*artiste*. Thibaut, qui avait parfai-

tement discerné la pente naturelle de l'esprit de Schumann, lui conseilla de laisser là le droit, et de se vouer
exclusivement à la musique.

Quoi qu'il en soit, entraîné par l'exemple de quelques
étudiants musards et fainéants, comme on en rencontre trop dans les universités allemandes, il fit des
infidélités à l'étude et mena joyeuse vie. Toutefois, s'il
se montra assidu à quelque chose à Heidelberg, ce fut
à son piano. Après une pratique de sept heures quelquefois, il invitait un ami à venir, le soir, faire de la
musique avec lui, et, ces jours-là, il disait « qu'il se
sentait dans une heureuse veine ». Souvent, dans des
excursions avec ses amis, il emportait un clavier muet
sur lequel il exerçait ses doigts dans la voiture. Mettant
ainsi à profit les leçons prises avec Wieck à Leipzig,
il arriva de lui-même à un véritable talent d'exécutant,
et aussi d'improvisateur. Rosen disait qu'aucun artiste,
quelque grand qu'il fût, ne lui avait jamais fait éprouver
d'émotions aussi ineffaçables que Schumann. Les idées
lui arrivaient en masses inépuisables, et leur profonde
originalité, leur charme poétique, représentaient déjà
d'avance, les traits principaux de son individualité musicale. Schumann ne parut qu'une seule fois en public,
dans un concert donné par la Société philarmonique
de Heidelberg; il y joua, avec beaucoup de succès, les
variations de Moschelès sur *la Marche d'Alexandre*.
On lui demanda de se faire encore entendre; on insista
même; ce fut en vain : il refusa toujours, ne trouvant
pas que, pour un étudiant, cela fût convenable.

III

Nous avons dit que Schumann mena « joyeuse vie »
à Heidelberg ; nous nous serions exprimés avec plus
de justesse, si nous avions dit « une vie de *far niente* »,
car il ne ressentait que du dégoût pour les penchants
grossiers et souvent crapuleux de beaucoup de ses
confrères ; mais sa conduite s'explique par les conditions générales de la vie de l'étudiant allemand. Une
fois sorti de la sévère discipline du *Gymnasium*,
l'étudiant entre à plein collier, et inopinément, dans la
liberté sans frein de l'université. La violence et la
soudaineté du contraste, terrassent aisément les natures
les mieux douées, et les poussent à la jouissance exclusive de la nouvelle existence qui s'offre à eux. Ceux
qui ont de l'empire sur eux-mêmes, s'efforcent, au bout
de quelque temps, de sortir du tourbillon qui les a
entraînés ; ils luttent et usent de tous leurs moyens pour

mettre à profit les années d'étude qui leur restent à parcourir, et conservent de ce temps de jeunesse un fond précieux de souvenirs poétiques, qui suffit à dorer le cours prosaïque de la vie postérieure et à l'éclairer d'une lumière idéale. Ce fut à cette coupe enivrante et poétique de la vie universitaire que Schumann but à longs traits. Sa nature raffinée repoussait la vulgarité de cette existence toute matérielle, et sa pureté native, jointe à la noblesse de son caractère, le préserva de toute dégradation morale. En attendant, ses jours se passaient dans une oisiveté relative et dans la rêverie ; il se réjouissait de voir le vaste monde ouvert devant lui ; il travaillait peu, dépensait sans compter, faisait des dettes, et se sentait heureux comme le poisson dans l'eau. Outre son côté tendre et enthousiaste, sa nature avait une veine d'humeur native aiguë et tranchante. Les lettres dans lesquelles il discute avec son tuteur les affaires d'argent, prouvent comme il s'abandonnait à sa disposition humoristique, même en cette matière.

« J'ai de tristes choses à vous dire, respectable monsieur Rüdel, écrit-il le 21 juin 1830 ; d'abord, que j'ai un *Repetitorium* qui me coûte 80 florins par semestre, et, ensuite, qu'il y a huit jours, j'ai été sous le coup d'un mandat d'arrêt (n'en soyez pas scandalisé !) pour n'avoir pas payé 30 florins, montant d'autres droits universitaires »

En une autre occasion, où l'argent qu'il avait demandé pour ses frais de voyage à Zwickau, lors des vacances, n'arrivait pas, il écrivait :

« Je suis seul d'étudiant ici, et j'erre comme une
âme en peine dans les rues et dans les bois, perdu et
pauvre comme un mendiant, et avec des dettes par-
dessus le marché ! Soyez bon, cher et respecté
Herr Rüdel, et envoyez-moi de l'argent ! De l'argent !
De l'argent ! je vous en prie, et ne me forcez pas à
recourir à des moyens qui pourraient ne pas vous être
agréables. »

Les raisons qu'il donne à son tuteur pour lui prouver
qu'il ne doit pas le priver des moyens de faire un voyage
en Italie, sont amusantes :

« En tout cas, s'écrie-t-il, j'aurai fait le voyage, et,
comme *il faut* que je le fasse un jour, c'est tout un
si je me sers de l'argent maintenant ou plus tard. »

Puis, d'une façon tout aimable, il lui met le cou-
teau sur la gorge, en ajoutant :

« Certes, si je le voulais, je pourrais emprunter
ici de l'argent à dix ou douze pour cent ; mais je
n'adopterai cette méthode que dans les circonstances
les moins naturelles, c'est-à-dire si je ne reçois point
d'argent de la maison. »

Quand, à Pâques de 1830, il désire rester encore
six mois à Heidelberg, il justifie cette fantaisie en
disant que « la résidence ici est incommensurablement
plus instructive, plus utile, et plus intéressante que
dans la plate Leipzig ».

En août 1829, ainsi qu'il en avait manifesté l'intention, il alla faire un voyage d'agrément dans la haute
Italie. Il partit seul, parce que deux amis qui avaient

promis de l'accompagner lui firent faux bond au dernier moment ; mais peut-être notre jeune rêveur pré-
féra-t-il jouir isolément de la beauté du pays, et se
livrer à ses propres réflexions, sans être tenu d'écouter
celles des autres. Il s'arrêta surtout sur les bords des
lacs Majeur et de Garde, dont il rapporta des impressions poétiques qui ne le quittèrent plus. La musique
italienne, qu'il entendit en cette circonstance, ne fit
certainement rien sur son perfectionnement artistique,
mais il eut l'occasion d'entendre Paganini. La vive
émotion que lui fit éprouver cet inimitable violoniste,
est prouvée par son voyage à Francfort, dans le courant de 1830, pour aller l'entendre, et par son arrangement de ses *Caprices* pour le piano.

Lorsqu'il entra dans sa troisième année universitaire, Schumann fit un sérieux effort pour se consacrer à la jurisprudence ; il prit ce que l'on appelait
un *Repetitorium*, c'est-à-dire que, sous la direction
d'un vieil avocat, il recommença avec une difficulté
considérable, le cours de droit qu'il avait négligé
pendant deux ans. Il essaya aussi de se réconcilier
avec l'idée d'un travail pratique dans la vie publique,
ou au service du gouvernement ; mais il reconnut bientôt que c'était un rêve, car il ne se débarrassa jamais
de son antipathie pour la jurisprudence. D'un autre
côté, s'il devait être musicien, il était grand temps
qu'il se décidât, puisqu'il venait d'atteindre sa vingtième
année. Dans une lettre, datée du 30 juillet 1830, Robert
s'ouvrit enfin à sa mère, toujours hostile à l'idée de

voir son fils entreprendre la carrière artistique, et la
supplia de ne plus mettre d'obstacle à sa vocation, et
de prendre l'avis de Frédéric Wieck, dont il avait reçu
des leçons. Celui-ci, consulté, ne cacha pas que Robert
ne devait franchir ce pas qu'après s'être livré sur lui-
même au plus scrupuleux examen ; mais que, s'il l'avait
déjà fait, il ne pouvait, lui Wieck, que l'engager à
aller de l'avant. Madame Schumann céda enfin à la
prière de son fils, qui, avec grande joie, renonça à
s'enrôler parmi les jurisconsultes.

Son intention n'était, dans le principe, que d'arriver à un grand talent de pianiste, et il comptait qu'après six années d'un travail assidu, il pourrait se mesurer avec n'importe quel maître du piano. Il se sentait encore très incertain sur ses dons comme compositeur. « De temps à autre, écrivait-il à sa mère le 30 juillet 1830, je découvre que j'ai de l'imagination, et peut-être aurai-je la chance de créer moi-même quelque chose. » Ces paroles sont curieuses, à cause du manque de confiance en soi qu'elles laissent percer, surtout quand on sait que la grandeur artistique de Schumann a trouvé son expression presque exclusive dans ses compositions.

Il quitta Heidelberg vers la fin de l'été de 1830, afin de reprendre avec Wieck, à Leipzig, ses études techniques, qu'il n'avait qu'ébauchées jusque-là, et, pour être sans cesse sous les yeux de son maître, il entra comme pensionnaire chez lui. Son but, ainsi que nous l'avons dit, était d'acquérir une grande habileté d'exécution; pour y parvenir, il imagina un système d'exercice qu'il tint secret, même pour ses amis les plus intimes, et qui consistait à attacher le troisième doigt de la main droite par une corde solidement fixée à un point quelconque, et à exercer les quatre autres doigts; il en résulta que ce troisième doigt, atteint de paralysie, ne rendit plus aucun service, et, pendant quelque temps, toute la main fut compromise. Bien qu'un traitement médical ait amélioré la situation, et qu'il pût, au besoin, jouer du piano, le troisième doigt ne demeura pas moins paralysé, et il dut renoncer à la carrière de virtuose qu'il s'était proposé de suivre. Cet accident le chagrina au plus haut point, et il en vint à se demander, encore une fois, s'il faisait bien de continuer la profession artistique. De ce qu'il persista dans son dessein, nous concluons qu'il avait alors confiance en son génie créateur. Dès ce moment, il se donna tout entier à la composition, mais n'en continua pas moins ses relations amicales avec Wieck; jusqu'à l'automne de 1832, il habita sa maison et fut presque de la famille. Il étudia l'harmonie et le contre-point avec Henri Dorn, chef d'orchestre du théâtre de Leipzig, plus tard maître de chapelle à Riga, Cologne et Berlin, où, en 1882, il était encore en pleine possession de sa vigueur intellectuelle. Musicien instruit et composi-

teur de bon aloi, Dorn, qui avait reconnu la valeur du
génie de son élève, mit tous ses soins et toute sa conscience à le développer et à le perfectionner. Schumann
lui en fut toujours reconnaissant, et dans ses écrits on
peut lire ces mots :

« Dorn a été le premier qui m'ait tendu la main
quand je gravissais le sentier escarpé de l'art, et que
je commençai à douter de moi. C'est lui qui m'a hissé
sur les hauteurs, afin que je visse moins le troupeau
humain, et que je m'abreuvasse de l'air pur de l'art. »

Dorn ne put cependant obtenir de Schumann qu'il
se confinât dans un cours régulier de composition; il
travaillait très assidûment, mais sans méthode raisonnée, prenant tantôt un point, tantôt un autre de
l'art d'écrire. Dans une de ses lettres (1836) à Dorn,
alors à Riga, il manifeste son regret d'avoir étudié
avec trop d'irrégularité, mais il ajoute que, malgré
cela, il a plus appris et plus retenu de l'enseignement
de son maître, que celui-ci ne voudrait le croire.

Dans l'hiver de 1832-1833, il alla passer quelque
temps à Zwickau et aussi à Schneeberg, auprès de
ses frères. Outre un concerto de piano dont il existe
encore un fragment, il travailla à une symphonie en
sol mineur, dont le premier mouvement fut exécuté
en public à Schneeberg et à Zwickau. Toute la symphonie fut ensuite jouée à Zwickau en 1835; mais elle
frisa presque une chute, et le pauvre compositeur, qui
avait compté sur un triomphe, fut si cruellement
désappointé, qu'il ne la publia jamais. La première

exécution du premier mouvement, à Zwickau, eut lieu dans un concert donné le 18 novembre 1832, par la fille de Wieck (Clara), qui venait d'accomplir sa treizième année. Alors déjà, le talent de cette enfant, destinée à devenir la plus grande pianiste de l'Allemagne, était étonnant, et, si nous en croyons Schumann, « Zwickau fut pour la première fois enflammée d'enthousiasme ». On conçoit aisément que, de son côté, Robert soit devenu fanatique de Clara, parée du double prestige de la candeur enfantine et du génie artistique. « Imaginez la perfection, écrivait-il à son sujet à l'un de ses amis, le 5 avril 1833, et je serai d'accord avec vous! » Plusieurs expressions de cette lettre semblent laisser percer un sentiment plus profond, dont il ne s'aperçut réellement que plus tard.

Des circonstances particulières ramenèrent en 1833 Schumann à Leipzig, où il demeura un certain temps sans occupation bien définie. Dire qu'il avait de la fortune ne serait pas exact; mais il possédait une honnête aisance qui, avec ses goûts modérés, lui permit de vivre largement et sans privations; il n'eut jamais à souffrir de la pauvreté, dont tant de musiciens, et des plus grands, eurent à subir les atteintes. Il étudia de préférence le style contrapuntal, pour lequel il avait pris un goût très vif depuis qu'il avait appris à connaître les œuvres de J.-S. Bach, et son inspiration, s'affirmant de plus en plus, le poussa à créer des compositions libres. De cette année, datent les *impromptus* pour piano, sur une romance de Clara Wieck, qu'il

publia en 1833, avec une dédicace à Frédéric Wieck.
En juin, il écrivit le premier et le troisième mouvements de la sonate en *sol mineur*, et, en même temps,
il commença celle en *fa dièze mineur*, et compléta
la Toccata, dont il avait tracé les premières mesures, en 1829. Il arrangea aussi pour piano, une nouvelle suite des *Caprices* de Paganini pour le violon
dont il avait donné un premier essai l'année précédente.

Entre temps, il menait à Leipzig une existence tranquille et presque monotone. Il ne recherchait pas les
liaisons sociales, mais il trouva une amie fidèle et
selon son cœur en madame Henriette Voigt, qui, à un
fort beau talent de pianiste, acquis en travaillant avec
Louis Berger, à Berlin, joignait une âme noble et
sympathique. Elle mourut jeune en 1839. Schumann
avait pris l'habitude de passer ses soirées au milieu
d'un petit cercle d'amis, dans un restaurant portant
pour enseigne : *Au Kaffeebaum*. Il aimait à garder le
silence, même dans cette intimité ; car, s'il s'exprimait
facilement avec la plume, il n'avait pas une grande
liberté d'élocution. Même pour des affaires de peu d'importance, pour la terminaison desquelles peu de mots
auraient suffi, il préférait écrire. Il ressentait comme
de la béatitude à méditer dans un silence rêveur.

Madame Henriette Voigt a raconté à Taubert
que, par une belle soirée d'été, après avoir fait de la
musique avec Schumann, ils allèrent se promener en
bateau. Assis côte à côte, ils demeurèrent plus d'une

heure sans échanger une parole. Lorsqu'ils se séparèrent, Schumann lui dit en lui serrant la main :

— Aujourd'hui nous nous sommes parfaitement compris. »

V

En 1831, Schumann, âgé seulement de vingt et un
ans, s'était essayé comme critique dans un article
analysant les variations de Chopin sur le thème de
Mozart, *La ci darem la mano (Don Juan)*, qui parut
dans l'*Allgemeine Musikzeitung* de Leipzig. Imbu
des idées de Jean-Paul sur l'art, et persuadé, comme
beaucoup d'autres, de la nécessité de lui ouvrir des
voies nouvelles, il avait en profond mépris les tradi-
tions des vieux maîtres. Encouragé par ses amis de
mettre au jour ses vagues aperçus sur le sujet, il se
résolut à fonder, en opposition à l'*Allgemeine Musik-
Zeitung*, un écrit périodique dans lequel il expose-
rait sa doctrine réformatrice. Le plan de ce nouvel
organe musical fut élaboré au restaurant, dans les
réunions du soir de l'hiver de 1833-1834. Ce devait être,
et ce fut la protestation de la jeunesse, qui se sentait

15

poussée à créer de nouvelles choses dans l'art, et à s'insurger contre l'état existant de la musique. Quoique Weber, Beethoven et Schubert ne fussent morts que depuis peu ; quoique Spohr et Marschner fussent encore dans leur printemps, et que Mendelssohn commençât à devenir célèbre, la caractéristique générale de la musique, vers 1830, était ou superficielle, ou d'une médiocrité approchant de la vulgarité. « Sur la scène, dit Schumann, Rossini régnait encore en maître, et sur le piano, c'est à peine si l'on entendait jouer autre chose que du Herz ou de l'Hünten. »

Dans de telles conditions, la lutte aurait été plus convenablement soutenue par d'importantes œuvres d'art que par un périodique sur la musique, bien que la critique musicale elle-même fût aussi à cette époque dans une voie fàcheuse. Le journal *la Caecilia*, que publiait la maison Schott, depuis 1824, ne plaisait guère à la généralité des lecteurs, tant à cause de son contenu que de sa publication en livraisons. La *Berliner allgemeine musikalische Zeitung*, dirigée par Marx, avait cessé de paraître en 1830. Le seul organe influent, en 1833, était l'*Allgemeine musikalische Zeitung*, publiée par la maison Breitkoff et Härtel de Leipzig, sous la direction de G.-W. Finck. Mais les vues étroites, la pàle critique de ce recueil, ses jugements douceâtres et vides de raisonnement, — Schumann l'appelait *Honigpuiselei* (Flagornerie mielleuse), — son indulgence pour l'insipidité et la *superficialité* régnantes, exaspéraient la jeunesse aux vues élevées,

et provoquaient des contradictions. L'idée de se servir
d'un même moyen de publicité pour soutenir la saine
littérature critique, doit avoir d'autant plus souri à
ces jeunes têtes, que la plupart avaient reçu une bonne
éducation scolaire, et savaient se servir de la plume. En
outre, ils ne se sentaient ni assez forts, ni assez influents, pour guider le goût du public dans de nouveaux sentiers par leurs productions musicales, et de
tout le cercle, Schumann en était le plus convaincu.

Voilà comment il advint que, le 3 avril 1834, le pre·
mier numéro de la *Neue Zeitschrift für Musik* — que
Schumann appelait l'organe de la jeunesse et du mouvement — vit le jour. Il lui donna pour épigraphe ce
passage du prologue de Henry VIII de Shakspeare :

> « ... Ceux qui viendront
> Pour entendre une pièce joyeuse,
> Un bruit de targes, ou voir un acteur,
> En longue robe bariolée et bordée de jaune,
> Seront déçus... »

expression suffisante pour démontrer sa résolution de
lutter contre une critique vide et futile, et de relever
la dignité de l'art.

« Le jour des compliments est passé, dit-il dans
la notice préliminaire ; cette période s'éteint peu à
peu, et nous avouons que nous ne ferons rien pour la
ranimer. Le critique qui craint d'attaquer ce qui est
mauvais, est un trembleur et même un lâche... Les
actes des trois archi-ennemis de l'art — ceux qui n'ont

point de talent, ceux qui n'ont qu'un talent vulgaire
et ceux qui, ayant une valeur réelle, écrivent trop, —
ne seront pas laissés en paix ; les temps anciens et les
œuvres qu'ils ont produites seront rappelés sans cesse,
de nouvelles beautés ne pouvant être cherchées et
trouvées qu'à ces sources pures. »

La rédaction de la jeune feuille fut confiée à Robert
Schumann, à Frédéric Wieck, à Louis Schunke et
à Julius Knorr. Hartmann, de Leipzig, fut d'abord l'éditeur et le propriétaire de la *Zeitschrift;* mais au
commencement de 1835, elle passa dans les mains
de J.-A. Barth, de Leipzig, avec Schumann pour
propriétaire et seul éditeur. Il continua l'entreprise
dans ces conditions jusqu'à la fin de juin 1844, c'est-
à-dire pendant plus de dix années. Depuis 1845, il n'y
écrivit plus qu'un article sur Johannes Brahms, en
1853, et l'intitula *Neue Bahnen* (Nouvelles Voies).

Les écrits de Schumann sont quelquefois signés d'un
chiffre, soit 2, ou une combinaison avec 2, comme 12,
22, etc. Il a caché aussi son indentité sous une variété
de noms : Florestan, Eusebius, Raro, Jeanguérit.
Dans ses articles, il est souvent question des *Davidsbündler* (Les Confédérés de David), ligue d'artistes,
ou société d'amis de l'art, ayant des vues communes.
C'était purement imaginaire. Cette fiction, semi humoristique, semi poétique, n'exista que dans le cerveau
de Schumann, mais il la jugea très apte à donner du
poids à l'expression de ses idées sur l'art en général.
Les rôles qu'il mit le plus habituellement en scène

sont ceux de Florestan et d'Eusebius, dans lesquels il
a cherché à incorporer les deux côtés opposés de sa
nature. L'élément violent et tempêtueux est représenté
par Florestan; celui plus doux et plus poétique l'est
par Eusebius. Ces figures sont évidemment les calques
de Vult et Walt des *Flegeljahre* (Années d'espiè-
gleries) de Jean-Paul ; car l'œuvre littéraire de Schumann est partout empreinte de la manière de Jean-
Paul, auquel il se réfère souvent dans ses écrits. De
temps en temps, maître Raro intervient comme modé-
rateur entre les deux antagonistes qui, naturellement,
ont en critique des manières de voir contraires.

L'explication au sujet des *Davidsbündler* est donnée
au commencement d'un discours du mardi gras de
1835, par Florestan. « Les armées de David sont composées de jeunes gens et d'hommes faits, qui ont juré
d'exterminer tous les Philistins musicaux ou autres. »
Dans l'argot universitaire de l'Allemagne, le « Phi-
listin » n'est pas étudiant, et se prélasse dans la routine de la vie journalière, ou ce qui revient au même
pour l'étudiant, c'est un homme aux vues étroites,
prosaïques, mesquines, contrastant de tous points
avec la poésie de haut vol, et avec l'enthousiasme
de la vie sociale d'une université allemande. Ainsi, au
nom de l'idéalisme, les *Davidsbündler* combattent
la médiocrité grossière, et Schumann regardait comme
le premier devoir de sa feuille, d'aider à l'éclosion
d'une nouvelle « phase poétique en musique ». Bien
qu'il ait été le seul être réel de la *Davidsbündler-*

schaft, il n'hésita pas à mêler à ses débats des personnes étrangères qu'il savait partager ses idées. Il y comprit les principaux collaborateurs de la *Zeitschrift*, et même des artistes comme Berlioz, qu'il ne connaissait pas, mais pour lesquels il éprouvait de l'intérêt, et s'en justifiait en écrivant à son ami Zuccamaglio, en 1836 :

« La *Davidsbünd* figure une confrérie intellectuelle qui se ramifie au loin et portera, je l'espère, des fruits d'or. »

De temps en temps, il entrait dans les discussions critiques des confédérés de son invention, et la manière avec laquelle il fait vivre et se mouvoir devant le lecteur cette troupe bigarée, est réellement curieuse. Il eut le droit de dire :

— Nous *vivons* maintenant un roman dont le pareil n'a probablement jamais été écrit .

On y rencontre un Jonathan, qui peut passer pour Schunke ; un Fritz Friedrich, qui devait être le peintre Lyser. Serpentin, c'est Carl Banck, le compositeur de *Lieder*, collaborateur zélé de la *Zeitschrift* au début ; Gottschalk Wedel, c'est Antoine de Zuccamaglio de Varsovie, auteur renommé de *Volkslieder* ; Clara est naturellement Clara Wieck, et Zélia est probablement la même. Mendelssohn apparaît sous le nom de Félix Meritis, et le nom de Walt se présente une fois. Affirmer qu'il ait eu en vue des personnes particulières, serait aller trop loin ; mais sa référence directe aux *Flegeljahre* de Jean-Paul est intéressante.

VI

Nous avons dit plus haut un mot de l'analyse faite par Schumann des variations de Chopin sur *La ci darem la mano*. Il a placé cet article en tête de la collection de ses écrits, qu'il publia vers la fin de sa vie[1]. C'est un excellent type du ton qu'il adopta pour la *Neue Zeitschrift*, et qu'adoptèrent aussi ses collaborateurs, non par imitation servile, mais parce que tous étaient jeunes, et que la réaction contre le genre de critique des « Philistins » était dans l'air. Il est facile de comprendre que la nouveauté du style de la *Zeitschrift* ait appelé l'attention du public sur la musique ; ce périodique ne tarda pas à largement se propager et obtint une vogue universelle ; et, comme, en sus du charme du style, il offrait une immense variété

1. *Gesammelte Schriften über Musik und Musiker*, 4 vol. Leipzig, 1854.

de matières instructives et divertissantes ; qu'il discutait sérieusement et consciencieusement des sujets de haut intérêt, la faveur du public pour cette feuille se soutint, et même s'accrut d'année en année. On peut donc regarder comme très importante, l'influence exercée par Schumann, au moyen de son journal, sur l'art musical en Allemagne.

On a prétendu que les travaux littéraires de Schumann doivent lui avoir nui, en ce qu'ils lui prirent du temps et de l'énergie qu'il aurait mieux employés en composition. Cela n'est pas soutenable. Jusqu'au moment où nous voici parvenus, Schumann, de son propre aveu, avait rêvé de se consacrer au piano, et de devenir un grand virtuose sur cet instrument. Sa propension à la rêverie, à la concentration en soi-même, sa réserve et sa nature inquiète, pouvaient l'empêcher de jamais atteindre au parfait développement de ses facultés, lequel n'est possible que par une accumulation de vigoureux efforts et d'un exercice incessant. Nul remède n'est plus efficace contre la rêverie que la rédaction d'un journal ; il faut être constamment sur la brèche ; ne pas manquer de satisfaire quotidiennement ou hebdomadairement ses lecteurs ; ne pas perdre un seul instant de vue son but ; et lorsque, au commencement de 1835, Schumann devint le seul éditeur de sa feuille, ce fut pour lui un exercice très salutaire. Donc, la supposition que ses travaux littéraires furent dommageables pour sa carrière artistique est sans fondement, bien qu'il soit vrai

qu'après avoir été convaincu de la fécondité de son
génie, il se soit parfois plaint que les détails d'une
besogne d'éditeur fussent un fardeau. D'ailleurs, le
journal a été le médium qui le mit en contact et en
rapports suivis avec les premiers artistes de son temps ;
et, comme il passait ses jours loin des cercles prati-
quement musicaux de Leipzig, la *Zeitschrift* était,
pour ainsi dire, le seul lien entre ses contemporains
et lui.

Nous ferons remarquer aussi que certains dons
particuliers trouvaient leur expression dans ses écrits,
et qu'autrement ces dons n'auraient pu que difficilement se procurer l'espace nécessaire pour se déployer.
Certes, son astre poétique n'était ni assez riche, ni
assez puissant pour produire des poèmes de longue
haleine ; mais cependant il était trop réel pour être
condamné à un silence perpétuel. Son don poétique
trouva un débouché naturel dans ses essais de critique, qu'il faut considérer plutôt comme des élans
poétiques et des interprétations sympathiques, que
comme des exemples d'analyse incisive et tranchante :
on a le droit d'affirmer que, si ses facultés imaginatives
n'avaient pas eu cette issue, elles auraient constitué
un élément perturbateur dans ses créations musicales.
Sa qualité de littérateur, et celle d'auteur de compositions musicales, furent deux phases distinctes de sa
nature créatrice ; et, si c'est par la composition qu'il
satisfit son désir purement musical, ce fut par ses
écrits qu'il donna cours à ses instincts poétiques. Nous

15.

pouvons dire aussi que, malgré son naturel silencieux
et contenu, Schumann eut une veine d'agitateur véritable, au meilleur et au plus noble sens du terme. Il
était persuadé que le développement de l'art allemand,
bien qu'en progrès, n'avait pas atteint son apogée, et
qu'il touchait à une nouvelle phase de son existence.
Partout, dans ses écrits, on voit cette conviction poéti-
quement et magnifiquement exprimée.

« Consciemment ou inconsciemment, dit-il, une
nouvelle école, non encore développée jusqu'ici, est
fondée sur la base du romantisme Beethoven-Schubert,
et nous pouvons nous promettre qu'elle fera époque
dans l'histoire de l'art. Elle semble avoir pour destinée, d'annoncer une période qui, par de nombreuses
attaches, la renouera au passé. »

Et encore :

« Une lueur rosée commence à embraser le ciel.
D'où vient-elle? Je l'ignore; mais, en tout cas, ô jeunesse! il faut tendre vers la lumière. »

Sa plume nous a livré des articles sur les plus
illustres compositeurs de sa génération — Mendelssohn, Taubert, Chopin, Hiller, Henselt, Stephen
Heller, Sterndale-Bennett, Gade, Kirchner, Franz et
Brahms. Il est le premier qui ait jeté sur les uns un
jour de sympathie littéraire intelligente et enthousiaste; quant aux autres, il les a introduits dans le
monde musical, et il eut le courage de faire l'éloge de
Berlioz, quoique Français, parce qu'il avait reconnu
en lui un champion de l'idée nouvelle. Il se sentit en

affinité élective avec ces artistes, et acquit de plus en plus la conviction, que lui aussi avait à dire au monde quelque chose qu'il n'avait pas encore entendu.

« Si seulement, écrivait-il en 1836, à Moschelès à Londres, vous saviez ce que je sens, quoique je n'aie encore atteint que les branches les plus basses de l'arbre du Ciel; si vous pouviez entendre, aux heures de solitude sacrée, les chants que je suis à même de révéler maintenant à ceux que j'aime, vous ne me refuseriez pas, j'en suis sûr, une parole d'encouragement! »

Il savait parfaitement que, par son journal, il exerçait un pouvoir qui aiderait à ouvrir une voie plus courte à ses productions musicales.

« Si l'éditeur n'avait pas peur du rédacteur, le monde n'entendrait rien de moi, peut-être à son avantage. Pourtant les têtes noires des notes imprimées sont très agréables à regarder. »

Et ailleurs :

« Renoncer au journal serait contribuer à la perte de toute force de réserve que chaque artiste doit avoir, s'il veut produire aisément et librement. »

Il écrivait ceci en 1836-1837, avec la plus entière bonne foi; aussi contredisons-nous expressément la suggestion que l'on n'a pas craint de lancer, qu'il se servît de son journal dans des buts égoïstes. Il avait l'âme trop noble, et son idéal tendait trop haut pour qu'il ait eu en vue autre chose que l'avancement de son art. Il traita toujours avec infiniment de tact la question de savoir si, et comment, ses œuvres devaient être discutées dans la *Neue Zeitschrift*. Une de ses lettres dévoile clairement ses principes à ce sujet.

« A franchement parler, dit-il, je suis trop fier pour chercher à influencer Härtel, par l'entremise de Finck, et je hais, comme j'ai toujours haï, toute manœuvre propre à exciter l'opinion publique, par l'artiste lui-même. — Ce qui est réellement fort se crée sa propre voie. »

Ses efforts pour la bonne cause ne se bornèrent pas à écrire des Essais et à composer. Des extraits d'un livre de notes, rapportés par Wasielewski [1], prouvent qu'il avait conçu plusieurs plans pour des entreprises musicales d'une utilité universelle. Ainsi, il songeait à compiler la vie de Beethoven, et celle de J.-S. Bach, avec une critique raisonnée de toutes leurs œuvres, et un dictionnaire biographique des artistes vivants. Il désirait que les rapports des compositeurs d'opéras avec les directeurs de théâtre fussent réglés par une loi. Il voulait établir une agence pour la publication des œuvres musicales, de façon que les auteurs pussent tirer le meilleur parti possible de leurs publications, et fonder aussi une maison musicale en Saxe, avec Leipzig pour quartier général, afin d'être la contre-partie de l'Union nationale allemande de Schilling.

1. Robert Schumann. *Eine Biographie von Josef W. von Wasielewski*, Dresde 1858, 3ᵉ édit. Bonn, 1880.

VII

Dans les premiers temps de sa rédaction, avant qu'il fût parvenu à se rendre aisément maître de son labeur quotidien, et alors que le travail régulier avait encore l'attrait de la nouveauté, ce ne fut que de temps à autre que Schumann eut le loisir, ou se sentit en disposition, de composer. Deux grandes œuvres pour le piano : *le Carnaval* et les *Études symphoniques*, datent de 1834 ; mais, en 1835, rien n'était encore complété. Toutefois, son génie ne commença à s'affirmer que plus tard, et dans les années qui s'écoulèrent de 1836 à 1839, il composa cette splendide série d'œuvres pour le piano, qui constitue la base la plus solide et la plus considérable de sa renommée, savoir : la grande fantaisie, la sonate en *fa mineur*, les *Fantasiestücke*, les *Davidsbündlertänze*, *Novelleten*, *Kinderscenen*, *Kreisleriana*, *Humoreske*, *Faschings-*

schwank, romances et autres. La source de son génie coule toujours plus claire et plus abondante.

« J'eus longtemps l'habitude de me torturer le cerveau, écrivait-il le 15 mars 1839 ; mais maintenant j'ai à peine besoin de me gratter le front. Tout vient de l'intérieur, et souvent il me semble que je pourrais jouer instantanément sans jamais arriver à la fin. »

L'influence exercée par Schumann le littérateur sur Schumann le compositeur, sest fait sentir. Ainsi les *Davidsbündler* revivent dans sa musique, et la composition qui porte ce nom fut originairement intitulée : *Davidsbündler, danses pour le piano, dédiées à Walther von Gœthe, par Florestan et Eusebius*. Le titre de la sonate en *fa dièze mineur*, qui fut complétée en 1835, porte : *Piano-forte Sonata*, dédiée à Clara, par Florestan et Eusebius. » Dans *le Carnaval*, suite de pièces séparées et plus courtes, avec un titre pour chacune, nous revoyons les noms de Florestan et Eusebius, de même que ceux de Chiarina (diminutif de Clara) et de Chopin. Le tout se termine par une marche des *Davidsbündler* contre les Philistins.

Les critiques éclairés et les bons musiciens accueillirent avec faveur et empressement les œuvres de Schumann ; mais le gros du public les repoussa à cause de leur originalité et de leur excentricité ; cela devait être, car tel est le sort réservé à tout ce qui sort des sentiers battus, à tout ce qui combat la routine. Ce ne fut qu'après la publication des *Kinders-*

cenen (Scènes d'enfants), en 1839, que l'on commença
à les apprécier. Les œuvres portant les numéros 1 et 2,
eurent l'honneur d'une notice par le poète Grillparzer
dans la *Musikalische Zeitung* de Vienne, en 1832 ;
quant à Finck, c'est à peine s'il a parlé de Schumann
dans l'*Allgemeine musikalische Zeitung* ; mais Liszt
écrivit un long article favorable dans la *Gazette
musicale* de 1837, sur les impromptus et les sonates
en *fa mineur* et en *fa dièze mineur*. Moschelès s'est
exprimé sur ces deux sonates en termes pleins de sympathie dans la *Neue Zeitschrift* elle-même ; et dans
ses mémoires[1], il a consacré quelques bonnes paroles
au génie de Schumann. D'autres musiciens furent
d'un avis contraire, entre autres Hauptmann, qui qua-
lifia ses compositions pour piano de « jolies et curieuses
bagatelles, manquant de solidité, mais intéressantes ».

En octobre 1835, Mendelssohn arriva à Leipzig pour
y prendre la direction des concerts du Gewandhaus,
qui étaient déjà dans un état florissant et soutenus par
le public. Mais, quoique le sol eût été bien préparé
avant la venue de Mendelssohn, c'est lui qui fit de
Leipzig la ville la plus musicale de l'Allemagne. La
vie artistique, extraordinairement intense qui y surgit
presque tout à coup, sous l'influence de son génie,
attirant à elle les talents les plus distingués du sol
germanique, y prit un caractère si durable, qu'aujour-
d'hui encore, on y ressent son influence. Schumann,

1. *Leben*, Leipzig, 1873 ; t. II ; p.15.

qui depuis longtemps éprouvait un grand respect pour
Mendelssohn, fut attiré dans son cercle. C'est le 4 octobre 1835, que Mendelssohn dirigea son premier
concert au Gewandhaus ; la veille, il y avait eu chez
Wieck une réunion à laquelle assistèrent Mendelssohn
et Schumann, et c'est en cette occasion, ce semble,
que les deux plus grands musiciens de leur temps
furent mis pour la première fois en rapports directs.
Le lendemain, nos deux artistes, ainsi que Moschelès,
Banck et quelques autres, dînèrent ensemble. Dans
l'après-midi du 6, il y eut une nouvelle séance de
musique chez Wieck, où Moschelès, Clara Wieck, et
Rakemann de Bremen, jouèrent le *Concerto* de Bach,
en *ré mineur*, pour trois clavecins, pendant que Mendelssohn exécutait les accompagnements d'orchestre
sur un quatrième piano. « C'était splendide ! » s'écria
Schumann dans l'article qu'il inséra sur cette séance
dans la *Zeitschrift*. Moschelès, pour le moment en
visite à Hambourg, était venu donner un concert à
Leipzig. Schumann, qui avait déjà correspondu avec
lui, fut heureux de connaître en personne l'artiste dont
le jeu l'avait si fortement remué à Carlsbad, lorsqu'il
n'était encore qu'un gamin de neuf ans. Moschelès [1] le
décrit comme un bon jeune homme, réservé mais sympathique, et il trouve sa sonate en *fa dièze mineur*,
que lui joua Clara Wieck, « très travaillée, difficile,
et quelque peu embrouillée, mais intéressante ».

1. Moscheles, *Leben*, I, 301.

Une intimité plus vive, du moins de la part de Schumann, ne tarda pas à s'établir entre lui et Mendelssohn. Quand celui-ci dut aller à Düsseldorf, en mai 1836, pour y faire entendre son oratorio *Paulus* à la *Niederrheinische Musikfest*, Schumann s'était proposé de l'y accompagner; mais, au moment de partir, il en fut empêché par un motif qui n'a pas été connu. Ils aimaient à dîner ensemble, et peu à peu se forma autour d'eux un petit cercle d'amis et d'admirateurs. Dans le courant de janvier 1837, les deux amis se rencontraient tous les jours et échangeaient leurs idées, en tant que le permettait le caractère silencieux de Schumann. Plus tard, ces rapports se raréfièrent, lorsque Mendelssohn, marié, demeura davantage chez lui.

Par nature, Schumann était presque insociable; Ferdinand Hiller, qui passa l'hiver de 1839-1840 à Leipzig, rapporte qu'il menait alors une existence de reclus, et que c'est à peine s'il quittait sa chambre. Mendelssohn et Schumann se sentaient attirés l'un vers l'autre par une estime mutuelle; pourtant, les relations affectueuses n'étaient pas parfaitement réciproques. Robert admirait Mendelssohn sans réserve; il le déclarait le plus grand des musiciens vivants; il le comparait au pic le plus élevé d'une montagne; et disait que, dans ses entretiens journaliers sur l'art, il exprimait des pensées dignes d'être gravées sur des tables d'or. Quand il le mentionne dans ses écrits, c'est sur un ton enthousiaste qui met sous un bien beau jour le caractère idéal et exempt d’envie de Schumann. Par exemple, il sortait violemment de son mutisme et devenait loquace, dès qu’il entendait formuler une expression défavorable pour Mendelssohn. En 1842, il lui dédia ses trois quatuors pour cordes, et dans l’*Album fur die Jugend* (Album pour la jeunesse), il y a une petite pièce pour piano, intitulée *Erinnerung* (Souvenir), datée du 4 novembre 1847, qui prouve avec une simplicité aussi éloquente que touchante, combien il fut affligé de la mort prématurée de son ami.

Mendelssohn, quant à lui, ne vit d’abord en Schumann que l’homme de lettres et le critique d’art. Comme presque tous les musiciens producteurs, il ressentait de l’antipathie pour cette classe de littérateurs, quoiqu’il les aimât et les appréciât isolément, ce qui fut le cas avec Schumann. Tel est le point de vue auquel il convient de se placer pour sainement juger les expressions dont il s’est servi, çà et là, dans ses lettres [1], quand il parle de Schumann. Si elles détonnent parfois d’une façon dénigrante, rappelons-nous que ce n’est pas le Mendelssohn personnel qui parle contre le Schumann personnel, mais l’artiste créateur contre le critique.

En effet, il est impossible de prendre ces remarques dans un sens désavantageux, puisque Schumann était d’accord avec Mendelssohn sur le compte des cri-

1. Cf. *Mendelssohn’s Briefe*, t. II, p. 116; et *Félix Mendelssohn Bartholdy* de F. Hiller, Cologne, 1878, 64.

tiques. Un passage de ses écrits est, à ce sujet, spécialement remarquable : c'est lorsqu'il fait Florestan s'écrier à propos du concerto de Chopin pour le piano :

« Eh! qu'est-ce que toute une année d'un journal musical comparé à un concerto de Chopin? — Qu'est-ce que la rage d'un magister auprès de la fureur poétique? — Que sont dix adresses de compliments à l'éditeur, comparées à l'adagio du deuxième concerto? Croyez-moi, Davidites, mes amis! je ne jugerais pas qu'il soit digne de moi de vous parler ainsi, si je ne vous savais capables de composer des œuvres comme celles sur lesquelles vous écrivez; mais j'en excepte quelques-unes comme ce concerto. Au diable vos journaux musicaux! Le plus bel effort que pourrait faire un critique équitable, serait de ne rien dire; le meilleur discours sur la musique, c'est le silence. Pourquoi écrire sur Chopin? Pourquoi ne pas créer de première main, — jouer, écrire et composer [1]? »

Eusebius, il est vrai, vient modérer cette éjaculation passionnée; mais ne perdons pas de vue que c'est Schumann qui a écrit ainsi sur la vocation du critique, dans son propre journal. Quant à la place qu'il occupait dans l'art, à cette époque, Mendelssohn n'en faisait pas grand cas, et son opinion était partagée par Spohr et par Hauptmann. Dans ses lettres, il ne prononce aucun verdict sur sa musique; mais il faut reconnaître qu'il a loué chaleureusement les composi-

----

1. *Gesammelte Schriften*, I, 276.

tions de son ami pour le piano. Il est douteux qu'il ait bien compris l'individualité de la musique de Schumann; leurs natures étaient trop dissemblables. Les Allemands, pendant un temps, se sont montrés injustes en voulant mettre Schumann au-dessus de Mendelssohn. Aujourd'hui, on les juge plus équitablement ; on est revenu de cette erreur, et ces deux génies sont maintenant reconnus comme d'égale grandeur.

On ne comprend pas que cet antagonisme ait pu naître, quand on sait dans quels termes affectueux furent toujours ces deux maîtres. Il est certain que, de tous les compositeurs allemands contemporains, Schumann était le seul qui pût se tenir debout à côté de Mendelssohn, et naturellement on les mit en comparaison. Il fut reconnu que, chez Mendelssohn, la forme l'emportait sur l'idée, tandis que, chez Schumann, l'idée prédominait et cherchait une nouvelle forme d'énonciation. Aussi fit-on d'eux les représentants de principes opposés, et l'on vit se former un parti Mendelssohn et un parti Schumann. La différence n'était en réalité qu'une différence d'idiosyncrasie ; mais les partis, exagérant toujours les qualités de leurs chefs et les défauts de leurs adversaires, en viennent généralement à prendre le caractère de *cliques*. Les schumannites ayant, à leur disposition un organe littéraire, eurent un avantage sur les mendelssohniens, qui, comme leur patron, ne voulurent rien avoir de commun avec la presse. Leipzig fut, pour un temps, le champ de bataille des deux partis, et dans cette ville que Mendelssohn avait aimée et honorée ; en cette ville qu'il avait portée au pinacle de la gloire musicale, on ne craignit pas, à la honte de l'Allemagne, de l'attaquer et de le dénigrer.

« O clique ! s'écrie Moschelès, dans son journal pour 1849 ; comment ! dans une ville où le génie d'un Schumann est honoré, il était besoin de décrier un Mendelssohn, et de le déclarer pédant et inférieur à son rival ! Le public perd tout bon sens lorsqu'il cède à l'influence de ceux qui l'égarent en matière artistique, autant que les révolutionnaires égarent le peuple en matière politique. »

Il n'est pas douteux que Schumann aurait été aussi péniblement affecté des turpitudes commises envers l'ami toujours regretté, que d'une réception défavorable, ou d'une appréciation injuste de ses propres œuvres.

VIII

De la constante intimité de Schumann dans la maison de Wieck, était résulté de sa part un tendre attachement pour Clara, devenue femme. Autant que nous
le sachions, c'est au printemps de 1836, que ce sentiment trouva son expression définie, et se fit jour. Clara
répondit à son amour, et, dans l'été de l'année suivante, Robert la demanda en mariage à son père.
Wieck fit la grimace et ne l'accueillit pas favorable-
ment; il s'était bercé pour sa fille des plus belles espérances, car elle était déjà une des plus grandes virtuoses de l'Allemagne. Il ne repoussa pas formellement
la demande de Robert ; mais il lui objecta que sa fortune et son avenir étaient encore trop incertains pour
qu'il pût songer à se mettre en ménage. Schumann
semble avoir reconnu la justesse de l'observation ; car,
en 1838, il fit des efforts énergiques pour trouver une

nouvelle et plus vaste sphère d'action. Du consentement de Clara, il décida qu'il irait s'établir à Vienne, où il transporterait son périodique musical.

La gloire d'une grande époque — l'époque où florissaient Gluck, Haydn, Mozart, Beethoven et Schubert, — jetait encore de pâles rayons sur la vie musicale de la capitale autrichienne ; mais, en réalité, toute bonne musique en avait disparu, même du vivant de Beethoven, pour faire place à un goût trivial et superficiel. Rossini et ses imitateurs régnaient en maîtres à l'Opéra ; en musique symphonique, les valses de Strauss et de Lanner étaient seules appréciées, et, en musique vocale, on ne voulait que les mièvres et fades sentimentalités de Proch et de ses émules en composition. Quant au jeu en solo, en un mot la virtuosité, il jetait un vif éclat ; mais, en but et en sentiment, il se tenait aux derniers degrés de l'échelle. Schumann crut qu'il pourrait remettre les choses dans un état plus satisfaisant, le public viennois étant, comme toujours, le plus accommodant du monde. Secondé par le professeur Joseph Fischof, son collaborateur au journal, il alla s'établir à Vienne, en octobre 1838. Oswald Lorenz édita la *Zeitschrift*, comme mandataire de Schumann à Leipzig, et, pendant un certain temps, la feuille dut encore être imprimée en cette ville. Robert espérait pouvoir la faire paraître à Vienne, en janvier 1839, et fit beaucoup de pas et de démarches pour en obtenir la prompte autorisation des magistrats ; mais le consentement de la censure et de la police tarda longtemps, et il se vit obligé de s'assurer la coopération d'un éditeur autrichien, ce qui n'était pas chose facile. On a peine à croire que, dans cette grande ville de Vienne, n'existait pas alors un journal vraiment musical, et qu'un petit catalogue, l'*Allgemeine musikalisches Anzeiger*, publié hebdomadairement par la maison Haslinger, et presque exclusivement consacré aux intérêts de cette *firma*, était la seule publication pouvant prétendre à ce titre. Mais les éditeurs étaient trop indolents, ou trop craintifs, pour se lancer dans une nouvelle entreprise, et préférèrent mettre des bâtons dans les roues de Schumann.

Son courage et sa confiance furent bientôt à bout. L'accueil superficiellement aimable qu'on lui faisait partout, ne pouvait cacher la lutte mesquine des coteries, l'esprit de parti et de commérage d'une société en décadence. Quoique très sensible à la musique qu'il aimait beaucoup, le public était dénué de tout sens critique. Robert écrivait à Zuccamaglio, le 19 octobre 1838, qu'il ne pouvait avancer avec ces gens-là ; leur insipidité lui était trop insupportable, et tandis qu'il avait espéré que, dès son apparition à Vienne, la *Neue Zeitschrift* recevrait une impulsion nouvelle, et deviendrait un intermédiaire entre le nord et le sud, dès le mois de décembre, il se voyait forcé de dire : « Le journal tombe évidemment, quoiqu'il doive être publié ici. J'en suis fort contrarié. »

C'est en vain qu'il chercha à Vienne un artiste selon son cœur ; aussi n'y demeura-t-il pas longtemps, et

lorsqu'en mars 1839, il se décida à retourner à Leipzig,
ce fut avec l'intention de n'y séjourner que peu de
temps, et d'aller s'établir en Angleterre. Heureusement
il ne donna pas suite à ce projet. Une de ses œuvres,
qui se rapporte directement à son établissement à
Vienne, est la *Faschingschwank aus Wien*. Dans le
premier mouvement, qui a l'intention de peindre une
mascarade, il a intercalé d'une façon tout inattendue
la Marseillaise, sévèrement interdite à Vienne, à cette
époque. Schumann qui, à cause de son journal, avait
été agacé et tourmenté par les employés du gouvernement, saisit cette occasion de leur jouer ce malin
tour.

Dans son admiration sincère pour Schubert, il était
naturel qu'il s'enquît de toutes les traces de ce maître,
mort depuis dix ans. Il visita le cimetière de Währing
où repose Schubert, dont la sépulture n'est séparée
de celle de Beethoven que par quelques tombes. Sur
la pierre tumulaire de ce dernier, il trouva une
plume de fer dont il s'empara ; et, comme il aima toujours les associations symboliques et les connexions
mystiques, il s'en servit dans des occasions toutes
spéciales. Ainsi, c'est avec cette plume qu'il écrivit la
symphonie en *si bémol*, la notice de la symphonie en
ut majeur de Schubert, qui se trouve dans la *Zeitschrift* de 1840. Étant à Vienne, il alla voir le frère de
Franz Schubert, Ferdinand, qui lui montra les restes
artistiques laissés par son frère, et, parmi eux, la partition de la symphonie en *ut majeur*. Franz l'avait

16

composée en 1828, mais ne vécut pas assez longtemps
pour l'entendre exécuter, et personne depuis n'y avait
pensé. Ayez donc du génie! Schumann envoya la partition à Leipzig, où, le 21 mars 1839, on la joua pour
la première fois, au concert du Gewandhaus, sous
la direction de Mendelssohn. Le succès fut éclatant
et contribua efficacement à provoquer une appréciation meilleure et plus saine de l'œuvre symphonique
de Schubert.

En avril 1839, Schumann reprit son ancien train
de vie à Leipzig. Il se consacra avec une nouvelle
ardeur aux intérêts du journal, et s'estima heureux
d'être encore une fois associé à des musiciens émi-
nents et sympathiques. Dans l'été, il fit un petit voyage
à Berlin, qui lui plut et l'intéressa par son contraste
avec Vienne.

Cependant l'opinion de Wieck sur le mariage de sa
fille avec Schumann n'avait pas changé, et il s'an-
crait de plus en plus dans son entêtement et son opposition. Voyant que la persuasion et les bons procédés
ne servaient de rien, Robert prit, quoique à regret,
le parti de recourir à la loi, et Wieck dut expliquer
devant le tribunal les motifs de son refus. Après avoir
traîné tout une année, l'affaire eut enfin pour résultat
que les objections de Wieck furent déclarées nulles et
non avenues. Plus d'obstacles donc à la réalisation
du bonheur des amoureux. Mais, pour la nature de
sensitive de Schumann ; pour ce tempérament si impressionnable, ces difficultés et ces débats durent être

très pénibles; la décision si longtemps attendue, le tint dans une incertitude affreuse; ses lettres en font foi. Pour le reste, sa position matérielle s'était améliorée, et il pouvait se créer un foyer domestique, sans être tenu à un travail comme celui qu'il avait tenté à Vienne.

« Nous sommes jeunes, écrit-il le 19 février 1840, nous avons nos doigts, de la force, et de la réputation. J'ai de plus un modeste bien qui me rapporte annuellement cinq cents thalers (1875 fr.); les profits du journal sont à peu près équivalents, et mes compositions me sont bien payées. Dites, maintenant, si nous devons avoir le moindre sujet de crainte! »

Une seule chose l'arrêta quelque temps : sa fiancée était décorée de plusieurs titres honorifiques que lui avaient conférés les souverains devant lesquels elle avait joué! Lui-même, il est vrai, avait été depuis peu élu membre de plusieurs sociétés musicales, mais ce n'était pas assez. Au commencement de 1840, il réalisa un plan qu'il caressait depuis 1838, celui d'obtenir le grade de docteur en philosophie. Il avait appris que les universités allemandes délivraient maintenant des diplômes de docteur aux musiciens dignes de cette distinction; en effet, l'Université de Leipzig avait donné ce grade honoraire à Marschner, en 1835, et à Mendelssohn, en 1836. Il adressa sa demande à l'université d'Iéna, et, le 24 février 1840, il reçut le diplôme désiré.

Enfin, après une année très longue d'attente, de doutes, de déceptions et de désespérances, le mariage de Robert Schumann avec Clara Wieck fut célébré le 12 septembre 1840, dans l'église de Schönefeld, près Leipzig. Le père Wieck n'y assista pas, et tint rancune à ses enfants; plus tard, cependant, ils se réconcilièrent, ainsi qu'on le voit par plusieurs lettres. Les luttes que l'artiste avait eues à soutenir pour arriver à la réalisation de ses plus chères espérances, et la certitude d'être aimé, avaient exercé sur ses travaux une influence bienfaisante, à laquelle il fait allusion dans ce passage d'une lettre à Dorn :

« Il y a certainement, dans ma musique, quelque chose des luttes que m'a coûtées Clara. Le concerto, les *Davidsbündlertänze*, la sonate en *sol mineur*, les *Kreisleriana* et les *Novelletten* ont tous leur source en elle. »

Les *Davidsbündlertänze* portent sur le titre de leur première édition ce quatrain ancien :

> « In all und jeder Zeit
> Verknüpft sich Lust und Leid ;
> Bleibt fromm in Lust and seyd
> Beim Leid mit Muth bereit. »

que l'on peut rendre ainsi :

> « En tout temps et en tout lieu,
> La joie s'allie au malheur
> Demeure pieux dans la joie,
> Et supporte le malheur avec courage. »

Si nous remarquons, en outre, que les deux premières mesures de la première pièce sont empruntées à une composition de Clara, nous comprendrons l'allusion.

Jusque vers 1840, à l'exception de la symphonie en *sol mineur*, qui est demeurée inconnue, il n'avait écrit que pour le piano ; dès lors, il se lança dans la composition vocale, et le courant de son inspiration se précipita dans ce nouveau canal avec une force telle, que, dans une seule année, il produisit plus de cent *Lieder* (*Mélodies*). Ce n'est pas seulement par le nombre de pièces, mais encore par leur valeur intrinsèque, que l'œuvre de cette année fut la plus remarquable de la vie de Schumann. Il est supposable que son séjour à Vienne eut quelque part dans cet élan subit vers le chant, et dans l'ouverture de son esprit aux charmes de la plus pure mélodie ; mais, ici encore, il est indubitable que l'amour en fut l'inspirateur. Nous en avons la confirmation par les *Myrthen*, qu'il dédia à la dame de ses pensées, et par les douze *Lieder* tirés du *Liebesfrühling* (Printemps de l'amour) de Rückert, que les deux amants écrivirent conjointement.

« Je ne fais plus rien que des *Lieder* grands et petits, dit-il à un ami, le 19 février 1840. Je ne puis vous exprimer combien il est délicieux d'écrire pour la voix, quand on la compare avec la composition instrumentale ; je ne saurais dire quelle agitation, quel tumulte je ressens au plus profond de mon être, quand je m'assieds pour les transcrire. Je crois avoir

16.

fourni des choses toutes nouvelles en ce genre. »

Il sentit qu'il avait porté jusqu'à la perfection l'expression dans la forme du chant avec accompagnement de piano ; car, sur la fin de 1840, quelqu'un lui ayant exprimé l'espoir qu'après un tel commencement un avenir plein de promesses s'ouvrait devant lui comme mélodiste, il répondit :

—Je ne puis promettre de rien produire de plus en ce genre, et je me contente de ce que j'ai fait.

Et il eut raison de persister dans son opinion sur le caractère particulier de cette forme de musique.

— Dans votre essai sur le chant, dit-il à un rédacteur de la *Zeitschrift*, quelque chose m'a presque affligé : c'est que vous m'ayez mis au second rang. Je ne demande pas que l'on me place au premier, mais je crois avoir droit à une place *à moi propre*.

IX

Le mariage fut parfaitement heureux; huit enfants, dont sept vivent encore, en furent les fruits. Malgré leur génie, le mari et la femme avaient des goûts simples, et étaient assez forts pour supporter l'admiration universelle, sans devenir égoïstes. Ils vécurent l'un pour l'autre et pour leurs enfants. Robert créa de nouvelles productions et écrivit pour sa femme en concordance avec son talent et son tempérament; quant à Clara, elle regardait comme son plus beau privilège, de donner au monde l'interprétation parfaite des œuvres de son mari, ou au moins d'être la médiatrice entre lui et le public, et d'éloigner de lui les impressions ou les contrariétés qui auraient pu froisser son âme sensible, plus irritable chaque jour. Maintenant qu'il trouvait le bonheur à son foyer, il négligea plus que jamais ses rapports avec les autres et se consacra exclusivement à sa famille et à son œuvre. La joie profonde et calme de sa vie conjugale le fit avancer rapidement dans le progrès artistique. Ses plus belles œuvres, celles qui sont conçues dans les formes les plus larges, datent presque toutes des années 1841 à 1845.

En 1841, il porta son attention sur la symphonie, comme l'année précédente il l'avait portée sur le chant, et, dans ces douze mois, il ne composa pas moins de trois grands ouvrages. La symphonie en *si bémol* fut exécutée dans un concert donné par sa femme au Gewandhaus de Leipzig, le 31 mars 1841, sous la direction de Mendelssohn, qui déploya tant de zèle et de soin, que son ami en fut vraiment ravi. Les deux autres pièces orchestrales furent données dans un concert, le 6 décembre suivant, mais n'eurent pas le succès de la première. De l'avis de Schumann, on eut tort de faire entendre les deux symphonies dans la même soirée, c'était un abus ; d'un autre côté, Mendelssohn passa l'hiver à Berlin, et ces pièces n'eurent pas l'avantage de son habile et soigneuse direction. Schumann retira momentanément ces deux œuvres, et ne publia que celle en *si bémol*. Le titre de l'une des deux autres était *Symphonistiche Phantasia* ; mais il lui substitua celui de *Seconde symphonie*, et, lorsqu'en 1851, il en eut revisé et complété l'instrumentation, il la publia comme *Quatrième symphonie*, en *ré mineur*. Il changea la disposition de la troisième en 1845, et lui donna le titre d'*Ouverture*

Scherzo et Finale. A l'origine, il voulait l'appeler *Sinfonietta.* Outre ces œuvres orchestrales, le premier mouvement du concerto de piano en *la mineur* fut écrit en 1841. Il devait, dans le principe, former une pièce indépendante, sous le titre de *Fantaisie.* Ainsi que cela ressort d'une de ses lettres à Ferdinand David, on répéta une fois ce morceau avec l'orchestre au Gewandhaus, dans l'hiver de 1841-1842. Il ne mit sur le papier qu'en 1845, les deux derniers mouvements qui complètent le concerto.

L'année 1842 fut consacrée à la musique de chambre. Les trois quatuors pour cordes, qui sont dédiés à Mendelssohn, mériteraient d'être cités, rien que parce que l'on peut fixer avec certitude la date de leur composition. Bien qu'il ne fût pas habitué à ce style, Schumann composa ces trois quatuors en un mois environ, signe évident que ses facultés étaient aussi saines que son imagination était riche. Dans l'autographe[1], les dates de leurs terminaisons sont indiquées après la plupart des mouvements. L'adagio du premier quatuor porte la date du 21 juin 1842; le finale a été terminé « le jour de la Saint-Jean, 24 juin 1842, à Leipzig »; dans le deuxième quatuor, le second mouvement est daté du 2 juillet 1842 et le dernier du 5. Le troisième est daté comme suit : « Premier mouvement, 18 juillet, second 20 juillet, troisième 21 juillet, et quatrième 22 juillet. » Ainsi les deux

---

1. Appartient à M. Raymond Härtel de Leipzig.

derniers mouvements ne prirent qu'un jour chacun au compositeur. L'éloge qu'en fit Ferdinand David, lui valut de Schumann une lettre qui prouve combien il fut un artiste idéal et modeste.

« Härtel, lui dit-il, m'a fait savoir avec quelle bienveillance vous avez parlé de mes quatuors, et venant de vous, cela ne peut que me flatter extrêmement. Mais je veux faire mieux encore, et il me semble qu'à chaque œuvre nouvelle, je dois tout reprendre depuis le commencement! »

En octobre de la même année, on joua les quatuors chez David, et Hauptmann, qui était présent, exprima la surprise que lui causait le talent de Schumann, qu'il ne s'était pas figuré si grand, à beaucoup près, ne l'ayant jugé que d'après ses premières œuvres pour le piano. La même année, vit se produire l'œuvre à laquelle il doit principalement sa renommée en Europe : le quintette pour piano et cordes. La première exécution publique en eut lieu le 8 janvier 1843, au Gewandhaus, sa femme, à laquelle il est dédié, jouant la partie de piano. Berlioz, qui vint en 1843 à Leipzig, où il fit la connaissance personnelle de Schumann entendit ce quintette dont il porta la renommée à Paris. Outre le quintette, Schumann écrivit, en 1842, le quatuor pour piano (Op. 47) et un trio pour piano, qui demeura inédit pendant huit années, après lesquelles il parut comme *opus* 88, sous le titre de : *Phantasiestüke für Piano-forte, Violin und Cello.* Le quatuor aussi fut délaissé quelque temps ; mais le

8 décembre 1844, madame Schumann, qui tenait le piano, David le violon, et Niels Gade, directeur pour cette année des concerts du Gewandhaus, l'alto, l'exécutèrent pour la première fois en public.

Un changement total de style distingue l'année 1843. Il publia les variations pour deux pianos, dont la popularité est aujourd'hui universelle, et que Mendelssohn prit, en quelque sorte, sous son patronage, en les jouant au Gewandhaus avec madame Schumann, le 19 août 1843. Mais l'œuvre capitale de l'année, fut *le Paradis, et la Péri*, grande composition pour voix solo, chœur et orchestre, sur un texte tiré de *Lalla-Rookh*, de Th. Moore. L'enthousiasme provoqué par cette belle conception à sa première audition (4 décembre 1843), sous la conduite du compositeur en personne, fut si grand, qu'il fallut la redire huit jours après à la demande générale, et, les 11 et 23 décembre, on l'exécuta à l'Opéra de Dresde. Dès ce moment, la réputation de Schumann s'établit fermement en Allemagne, quoiqu'il ait fallu vingt ans encore pour que son œuvre devint décidément populaire.

Le succès colossal de son premier essai, dans une branche d'art à laquelle jusque-là il n'avait pas touché, engagea Schumann à entreprendre une autre œuvre du même genre, et, en 1844, il commença l'élaboration de la seconde de ses plus importantes compositions chorales, la musique pour le *Faust* de Gœthe. Mais, après en avoir écrit quatre numéros, il dut renoncer à toute occupation intellectuelle, pour soigner sa santé fortement compromise par ses excès de travail.

Les quatre premières années de la vie conjugale du couple Schumann se passèrent loin du monde et presque dans la solitude. Cependant, au commencement de 1842, il accompagna sa femme, qui allait donner des concerts à Hambourg, où l'on exécuta la symphonie en *si bémol;* puis, madame Schumann continua seule son voyage à Copenhague, laissant son mari retourner dans sa tranquille retraite à Leipzig. L'été suivant, les deux époux firent une excursion en Bohême, et à Königswart, ils furent présentés au prince de Metternich, qui les invita à venir à Vienne. Robert avait pris d'abord un certain plaisir à ces tournées artistiques, presque toujours fructueuses; mais il s'en lassa bientôt, leur préférant la paix et le confort de son foyer domestique : il fallut que sa femme le menaçât de partir sans lui, pour qu'il se décidât à faire le voyage de Russie, en 1844. Il était désolé de devoir encore s'éloigner de ses chères pénates.

« N'attendez pas de moi, écrit-il à un ami, que je vous dise longuement combien il m'en coûte de sortir de mon cercle paisible. Je n'y puis penser sans qu'un ennui mortel vienne m'assaillir. »

Cependant, il finit par en prendre son parti et, le 26 janvier, ils quittèrent Leipzig. Sa femme donna des concerts à Mittau, Riga, Pétersbourg et Moscou, et l'enthousiasme avec lequel on l'accueillit partout, attira de plus en plus l'attention sur les œuvres de son mari, but constant de ses plus nobles efforts. Une fois qu'il eut quitté sa demeure, Schumann trouva de la satisfaction et même du plaisir à faire ce voyage, qui fut brillamment heureux sous tous les rapports. A Pétersbourg, son vieil ami Henselt, qui s'y était définitivement établi, le reçut avec une franche cordialité. Dans une soirée chez le prince d'Oldenbourg, Henselt joua, avec madame Schumann, les variations pour deux pianos. La symphonie en *si bémol* fut aussi exécutée sous la direction de l'auteur, dans une soirée donnée par les comtes Joseph et Michel Wielhorsky, amateurs de musique éclairés, et connaisseurs des plus distingués. C'est sans doute à cette circonstance que se rattache la dédicace du quatuor pour piano (Op. 47), à un comte Wielhorsky.

Nous retrouvons le couple Schumann à Leipzig, dans le courant de juin. Le voyage de Russie avait laissé dans l'esprit de Robert de si agréables souvenirs, qu'il songea à en préparer un autre pour l'année suivante en Angleterre, où il désirait que sa femme cueillît de nouveaux lauriers comme pianiste, et lui comme compositeur. Il se proposait de faire entendre à Londres *le Paradis et la Péri*, et en attendait un succès tout particulier, l'œuvre étant, pour ainsi dire, « émanée du sol britannique, et une des fleurs les plus suaves de la poésie anglaise ». Après avoir consulté Mendelssohn, il écrivit à Moschelès pour lui faire part de son projet; mais des obstacles imprévus en empêchèrent la réalisation. Il fut néanmoins très flatté d'apprendre que la reine Victoria goûtait fort sa musique, et avait fait exécuter sa symphonie en *si bémol* par son orchestre privé, au château de Windsor.

Au lieu d'aller en Angleterre, ils se dirigèrent sur Vienne, où ils arrivèrent à la fin de 1846. Robert y conduisit de nouveau la symphonie en *si bémol*, et sa femme joua son *Concerto* de piano. Mais le public se montra rebelle aux conceptions schumanesques, et justifia ainsi son ancienne boutade, que « les Viennois étaient ignorants et bornés, et ne savaient que fort peu de chose de ce qui se passait hors de chez eux ». Les résultats ne furent guère plus satisfaisants à Berlin où ils se rendirent en quittant Vienne, et où l'on exécuta *le Paradis et la Péri;* mais, à Prague, ils rencontrèrent une chaleureuse réception et une sincère admiration.

L'année 1844 fut la dernière de la résidence de Schumann à Leipzig; en octobre, il quitta cette ville où, sauf de courts intervalles, il avait passé quatorze ans à travailler, et se transporta à Dresde. Il avait renoncé, en juillet, à la rédaction de la *Neue Zeit-schrift*. Depuis le 3 avril 1843, il occupait une chaire au conservatoire de Leipzig, qui venait d'être fondé, grâce à la sollicitude et aux efforts de Mendelssohn. Il y enseignait le piano et la composition; mais son naturel réservé et son mutisme habituel, le rendaient peu propre au professorat. A proprement parler, il n'eut point d'élèves, ni au conservatoire, ni en particulier. Dans une lettre qu'il adresse de Dresde à

David, il mentionne incidemment Carl Ritter comme son disciple, après qu'il eut quitté Ferdinand Hiller, et il écrit à ce dernier qu'il a fait un peu avancer le jeune Ritter. Toutefois, il est impossible de dire quelle fut la méthode d'enseignement de Schumann, et une seule exception ne fait que confirmer la règle.

Le transfèrement à Dresde paraît avoir été principalement amené par l'état de souffrance de Schumann,
dont la santé était sensiblement ébranlée. L'affection
nerveuse qui le jetait quelquefois dans des paroxysmes
d'irritation extrêmement pénibles et douloureux pour
lui et pour les autres, rendait absolument nécessaire
un changement de résidence; il fallait faire diversion
à ses pensées habituelles. Il s'était tellement surmené
dans ses travaux de composition, que son médecin
lui défendit même d'entendre de la musique. A Leipzig, il aurait été impossible d'obéir strictement à une
semblable prohibition, mais à Dresde, le cas devenait
tout différent.

« Ici, écrit-il à David, le 25 novembre 1884, on
peut revenir à l'ancien désir de faire de la musique,
tant il y en a peu à entendre. Cela est bon pour moi,

car mes nerfs me font encore beaucoup souffrir; tout
m'affecte et m'épuise! »

Aussi vécut-il d'abord à Dresde dans une retraite
absolue. Un ami, qui alla l'y voir, le trouva si changé,
qu'il en conçut des craintes sérieuses pour sa vie. On
lui fit aussi essayer des bains de mer, mais il fallut longtemps pour qu'une amélioration visible se produisît chez
lui. En février 1846, après un mieux léger, il retomba
plus malade que jamais, et ces désagréments se renou-
velèrent encore l'année suivante. Il ne se rappelait
plus les mélodies qui se présentaient à lui en composant; l'effort que lui coûtait l'invention fatiguait son
cervau et affaiblissait sa mémoire. Dès qu'une modifi-
cation favorable se manifesta d'une façon durable
dans sa santé, il se remit au travail avec acharnement.
Les formes contrapuntales très compliquées l'atti-
raient plus que jamais. Les Études et les Esquisses
pour piano pédalier, les six fugues sur le nom de
« Bach », et les quatre fugues (Op. 72) pour piano,
doivent leur existence à cette attraction momentanée.
Cependant, la plus grande œuvre des années 1845-46
fut la symphonie en *ut majeur*, que Mendelssohn dirigea au Gewandhaus de Leipzig, le 5 novembre 1846.

Peu à peu Schumann avait repris ses relations avec
quelques personnes qui avaient ses sympathies. Parmi
elles, nous comptons la veuve de Ch.-M. de Weber,
dont il appréciait fort le fin sentiment musical. Il
passa sa première année à Dresde avec Ferdinand
Hiller, qui y demeurait depuis 1844. Leurs rapports

se multiplièrent et se transformèrent en une vive et
durable intimité. Quand Hiller organisa, en 1845, des
concerts par souscription, Schumann prit une part active à l'entreprise. Il fut en termes amicaux avec
Richard Wagner, alors maître de chapelle à Dresde.
Il s'intéressa beaucoup au *Tannhaüser*, qu'il entendit
souvent, et sur lequel il s'exprime en termes élogieux, mais non sans réserve. Ainsi, il écrivait le
7 août 1847 : « Si Wagner était aussi mélodiste
qu'il est intelligent (*Geistreich*), il serait vraiment
l'homme du siècle. »

Schumann ne prévoyait pas alors les succès futurs
de Wagner, ni le beau tapage qu'il devait faire dans
le monde. Malgré l'intérêt qu'il ressentait pour le
« musicien de l'avenir », sa nature différait trop absolument de la sienne pour qu'une amitié réelle s'éta-
blît entre eux. Wagner fut toujours remuant, ver-
satile et loquace, tandis que la réserve et le mutisme
de Schumann n'avaient fait qu'augmenter depuis sa
maladie, et même ses intimes, comme Moschelès et
Lipinski, se lamentaient de ce que, avec lui, la conversation était à peine possible.

Dans la collection des œuvres de Schumann se
trouve un *Theaterbüchlein* (1847-1850), dans lequel
de courtes notes trahissent les impressions qu'éveil-
laient en lui certains opéras. Cet opuscule nous apprend qu'en 1847, il allait assez souvent au théâtre et
qu'il composait un opéra. Il y avait longtemps que cette
idée lui souriait : écrire un opéra ! Déjà, en 1842, il
écrivait :

« Savez-vous quel vœu je forme? *Un opéra alle-mand!* Il y a là un vaste champ à cultiver. »

Il termine par ces mots significatifs un article de critique dans la *Zeitchrift* de septembre 1842, sur un opéra de Henri Esser :

« Il serait grand temps que les compositeurs alle-mands fissent mentir le reproche qu'on leur adresse depuis une éternité, d'être assez lâches pour laisser le champ libre aux Italiens et aux Français. Mais, en même temps, et à ce propos, il y aurait aussi un mot à dire aux poètes allemands! »

En 1844, il composa un chœur et un air pour un opéra tiré du *Corsaire* de lord Byron; mais il en resta là, et ces deux pièces n'ont pas été publiées. Il correspondait aussi, avec son ami Zuccamaglio, au sujet d'un opéra dont le livret devait lui être remis à son retour de Russie; il est prodigue de notes sur des su-jets de toute nature, de toutes périodes et de toutes nationalités; finalement, en 1847, il se prononça pour la légende de sainte Geneviève. Il persuada à Robert Reinicke, le poète, qui habitait Dresde, de se charger de la rédaction du poème; mais Reinicke ne parvint pas à le satisfaire, et Hebbel, qui vint à Dresde sur la fin de juillet 1847, refusa de se charger de cette tâche. Il fallut que le compositeur fît appel à ses propres qualités poétiques, et construisît lui-même son libretto.

En avril 1848, la musique de l'opéra était si avan-cée, qu'il crut pouvoir tenter les premières démarches pour le faire exécuter. Il pensa d'abord au théâtre de Leipzig, où il comptait des amis; mais ce projet tomba dans l'eau. En juin 1849, alors que les répétitions devaient commencer, des affaires domestiques le contraignirent à rester chez lui, et le reste de l'année s'écoula en faux-fuyants et en promesses fréquentes, mais toujours éludées, de Wirsing, directeur du théâtre, qui ne tint même pas sa « parole d'honneur » de faire représenter l'opéra sur la fin de février 1850 au plus tard. C'est ainsi qu'à son premier essai, Schumann apprit à connaître les déboires inhérents à la carrière de dramatiste, et les basses intrigues d'une direction théâtrale, lesquelles durent écœurer et dégoûter son âme droite et intègre. Dans son indignation, il traita Wirsing de « violateur de la foi jurée » et voulut l'attaquer en justice; il fallut toute l'intercession de ses amis de Leipzig pour le dissuader d'entamer ce procès. Tenant essientiellement à voir sa *Genoveva* (Geneviève) mise à la scène, Schumann prit le parti de se faire son propre impresario, et, le 25 juin 1850, eut lieu la première représentation. Mais le moment était mal choisi, et il ne se faisait aucune illusion sur le peu d'empressement que mettrait le public à se rendre à son appel.

« Qui donc, écrivait-il au docteur Hermann Härtel, qui donc va au théâtre en mai ou en juin, et ne préfère pas se promener dans les bois? »

Malgré cela, le nombre de ses admirateurs était grand, et le premier opéra d'un maître aussi fameux donnait de belles espérances. La salle fut remplie, et, si le public ne se montra pas bien chaud, le résultat demeura honorable pour le compositeur. Malgré cela, les artistes et les connaisseurs reconnurent unanimement que Schumann manquait des qualités indispensables à un dramatiste. On désapprouva généralement sa renonciation presque absolue au récitatif; et personne, si ce n'est Spohr, qui assista à plusieurs répétitions, ne se prononça en faveur de l'œuvre. Il faut dire que, dans son dernier opéra, *les Croisés*, Spohr avait adopté une méthode similaire et, naturellement, il fut enchanté de trouver que Schumann avait appliqué son idée. Ce dernier ne voulait pas du récitatif, parce qu'il le trouvait *trop vieux*, et l'avait remplacé par une sorte de chant mesuré et languissant auquel il donnait le nom d'*arioso*, c'est-à-dire, *air sans formes*. Après trois représentations (25, 28 et 30 juin), *Genoveva* fut mise de côté. Déjà vexé par les ennuis que lui avait suscités Wirsing, et désappointé de la froide réception faite à son premier opéra, Schumann se montra surtout contrarié des comptes rendus des journaux, et surtout d'une critique du docteur Krüger dans la *Zeitschrift*. Il lui écrivit en termes tellement vifs et si peu mesurés, que cette polémique les brouilla pour toujours.

Schumann fut plus satisfait de l'accueil fait à sa musique de *Faust*. En 1848, il compléta les portions qui forment la seconde partie du poème de Gœthe. Le 25 juin de la même année, on l'exécuta devant un

17.

petit nombre d'amis sur lesquels elle fit une profonde
impression; on fut d'avis que la musique éclaircissait
pour la première fois le sens des paroles, tant le musicien s'était pénétré de l'esprit le plus subtil du
poète. Comme le centenaire de Gœthe approchait
(28 août 1849), on décida que l'on donnerait à Dresde
un festival, dont le programme se composerait de la
musique de *Faust*, de Schumann, et de celle de la
Walpurgisnacht de Mendelssohn. Quand les artistes
de Leipzig connurent cette résolution, ils ne voulurent
pas demeurer en arrière de ceux de Dresde, et, le
29 août, on exécuta ces mêmes œuvres dans la salle du
Gewandhaus. A Weimar aussi, on voulut, pour la même
occasion, entendre la musique de *Faust*, ce qui causa
une joie sans bornes à Schumann, enchanté que son
œuvre eût servi pour une telle solennité. Il écrivit au
docteur Härtel :

« J'aimerais d'avoir le manteau de Faust, pour pouvoir être partout à la fois, et entendre ma musique. »

A Dresde, le succès fut colossal, mais à Leipzig le
public se montra plus réservé, lors de la première audition. Schumann en reçut la communication avec
calme.

« Il me parvient, dit-il dans une lettre, des rapports
sur l'impression produite à Leipzig par mes scènes de
Faust; les uns semblent en avoir été émotionnés, tandis que les autres n'ont pas éprouvé de sensation
définie. Je m'y attendais. Peut-être s'offrira-t-il cet
hiver une occasion pour la reprise de l'œuvre, et il

serait possible que j'y ajoutasse d'autres scènes. »

Cette reprise ne fut pas effectuée du vivant de Schumann ; mais il réalisa son dessein d'ajouter plusieurs scènes, et, en 1853, il fit précéder d'une ouverture l'œuvre, qu'il divisa en trois parties. Elle n'a été publiée que deux ans après sa mort.

Entre temps, sa santé s'était bonifiée et raffermie, ce dont on a la preuve par son redoublement d'activité, que sa femme et ses amis ne virent pas sans appréhension. En 1849 seulement, il produisit trente œuvres, de considérable développement pour la plupart ; jamais les idées ne lui étaient venues aussi abondantes et aussi fraîches ; jamais il n'avait eu moins de mal à leur donner des formes. Partout et toujours il composait : assis, levé, couché, en marchant, en mangeant, au milieu du tumulte et du vacarme, rien ne le dérangeait. Absorbé dans l'idée qu'il poursuivait, il demeurait sourd à tout bruit et étranger à ce qui l'entourait. Ainsi, il écrivit la mélodie de Mignon, *Kennst du das Land* (Connais-tu le pays), à Kreische, près Dresde, au milieu du tapage et des jeux bruyants de ses enfants. Dans un restaurant très fréquenté par la société artistique de Dresde, où d'habitude il allait le soir boire de la bière, il s'asseyait dans un coin, la face au mur, tournant le dos à la compagnie, sifflottant doucement pour lui, et développant ainsi ses idées musicales. On ne voit pas dans l'œuvre de Schumann de cette époque, qu'il ait eu de la prédilection pour une forme artistique quelconque. Pièces pour piano, trios de chambre, mélodies et duos vocaux, chœurs avec et sans orchestre, concertos, morceaux pour le cor, la clarinette, le hautbois, le violoncelle ou le violon, avec accompagnement de piano, même de la musique mélodramatique — tout cela se presse en foule comme impatient de sortir de son étrange et impétueux cerveau. Parmi les belles et importantes productions qui virent alors le jour, la musique de *Manfred* de Byron mérite une mention spéciale. Liszt la fit exécuter pour la première fois, le 13 juin 1852, au théâtre de Weimar. Schumann, à cette occasion, arrangea le drame pour la scène, comme préface de la partition. Leipzig l'entendit enfin, le 24 mars 1859.

XI

Dresde fut la résidence de Schumann jusqu'en 1850,
c'est-à-dire six ans. Dans les derniers temps, il fréquenta un peu plus le monde, rechercha même la
société, et revint à la vie active et extérieure. A l'exception des voyages de Vienne et de Berlin, déjà men-
tionnés, sa seule excursion marquante, pendant cette
période, fut une tournée artistique, en 1850, à Bremen et Hambourg, où sa femme et lui donnèrent des
concerts. Il échappa aux troubles qui suivirent l'insur-
rection de Dresde de 1849, en quittant la ville avec sa
famille. C'est alors que Richard Wagner, emporté par
son naturel fougueux et orgueilleux, se conduisit
avec une ingratitude inexcusable envers le roi de Saxe,
qui, cependant, lui avait souvent donné des marques
de sa bienveillance. Quoique loin d'être un révolution-
naire comme Wagner, tout au plus politicien, Schu-

mann aimait la liberté et la voulait pour les autres
comme pour lui ; mais il ne serait pas descendu dans
la rue pour la conquérir, laissant aux gouvernements
le soin de la distribuer à chacun, sans nuire aux
affaires de l'État. La musique était son unique occupation, son seul rêve ; aussi ne faut-il pas nous étonner s'il eut la tentation de devenir, comme son ami
Mendelssohn, directeur d'orchestre. Ferdinand Hiller
avait dirigé à Dresde une société chorale d'hommes
(*Liedertafel*), et, quand il quitta cette ville pour Düsseldorf, où il allait exercer les fonctions de directeur
de la musique de la ville, Schumann lui succéda. Il
conduisit quelque temps cette société avec beaucoup
d'intérêt, et écrivit quelques chœurs pour voix
d'hommes : trois chants de guerre et de liberté (*Kriegs-
und Freiheitslieder*), sept autres en forme de canons
sur des paroles de Rückert, et un grand motet pour
double chœur. Malgré cela, il se dégoûta bientôt de
ces fonctions, pour lesquelles il n'était pas fait. Dans
une lettre à Hiller, du 10 avril 1849, après qu'il se fut
retiré de cette société, il lui dit :

« Je me sentais hors de mon élément ; ces gens-là
sont trop beaux (*hübsch*). »

Après la mort de Mendelssohn, la direction des concerts du Gewandhaus passa dans les mains de Julius
Rietz. Dans l'été de 1849, le bruit courut à Dresde que
Rietz devait succéder à Nicolaï, comme maître de chapelle du roi. Aussitôt, Schumann postula pour l'emploi
de directeur des concerts du Gewandhaus, et, sans

vanité, il pouvait se flatter que le choix tomberait sur lui, si connu et si estimé à Leipzig. Il souriait à l'idée de succéder à Mendelssohn, son ami tant honoré.

« Je serais heureux, écrivait-il, que la chose réussît. J'aspire après une fonction régulière; et, quoique je ne puisse oublier les quelques années durant lesquelles j'ai vécu exclusivement en compositeur, et que je sache qu'une époque aussi productive et aussi heureuse ne reviendra peut-être plus pour moi, je me sens néanmoins poussé vers une vie active, et mon plus ardent désir serait de contribuer à maintenir la renommée dont l'institution jouit depuis si longtemps. »

Ce vœu ne se réalisa pas, puisque Rietz demeura à Leipzig; mais le désir de Schumann d'obtenir un champ d'œuvre plus étendu, allait être satisfait l'année suivante.

En 1850, Hiller se démit de son poste à Düsseldorf, pour aller occuper, à Cologne, la place de maître de chapelle qu'il occupa jusqu'à sa mort (1885). Il proposa Schumann pour lui succéder, et entama avec lui des pourparlers qui se prolongèrent un peu de temps, à cause de l'hésitation de Robert à accepter cet emploi, dans la crainte que l'état de la musique à Düsseldorf ne fût précaire, s'il fallait croire les renseignements défavorables que lui en avaient donnés Mendelssohn et Rietz. A Dresde, on s'efforça de le retenir, et on lui promit de lui faire obtenir sa nomination de maître de chapelle du roi de Saxe; mais, cette démarche n'ayant pas abouti, il accepta les offres de Düsseldorf, où il arriva avec sa famille, le 2 septembre 1850. Le premier concert d'hiver lui fut en quelque sorte consacré, car on y entendit l'ouverture de *Genoveva*, la première partie du *Paradis et la Péri*, et d'autres de ses mélodies. Ses nouvelles fonctions devaient consister à diriger une société vocale et orchestrale (*Liedertafel*) et à conduire un certain nombre de concerts dans le courant de l'hiver. Le 24 octobre 1850, il fit ses débuts comme chef d'orchestre.

Il est incontestable que la présence seule de Schumann donna une forte impulsion au sentiment général pour la musique à Düsseldorf; l'intérêt pour les concerts par souscription, pendant l'hiver de 1850, fut plus grand que jamais, et, après la série habituelle des six, le comité directeur entreprit une seconde série de trois, et même de quatre concerts. Au commencement, la direction Schumann donna une entière satisfaction; on le croyait né chef d'orchestre, mais il n'en était rien pourtant, et il manquait totalement des qualités nécessaires à un *conductor*. Tous ceux qui l'on vu le bâton en main, ou qui jouèrent sous ses ordres, sont unanimes sur ce point. Indépendamment de ce que la conduite d'un grand orchestre pendant des heures entières le fatiguait énormément, il n'avait ni le recueillement, ni la promptitude du coup d'œil, ni la présence d'esprit, sans lesquels il est impossible de *conduire*, au vrai sens du mot. Il éprouvait même de la difficulté à faire partir au *tempo* désigné, et parfois rendait indécis le premier coup d'archet. La pratique parfaite, les explications aux musiciens, lambeau par lambeau, les remarques instructives sur le mode d'exécution, qui constituaient chez Mendelssohn un si admirable ensemble de qualités, étaient choses inconnues et même impossibles à Schuman. Il faisait jouer une pièce d'un bout à l'autre sans observations, et, si l'exécution ne répondait pas à son attente, on recommençait une seconde fois et même une troisième, à sa grande colère contre ce qu'il appelait la maladresse, ou la mauvaise volonté des artistes. Cela ne pouvait que lui être nuisible et surexciter son tempérament si facilement irascible; aussi, à mesure que vinrent les années, son incapacité comme conducteur s'accrut avec les progrès d'une maladie qui, après avoir semblé radicalement guérie à Dresde, reparut avec plus de gravité à Düsseldorf.

Dans le cercle de sa famille, c'était un tout autre homme qu'en société; il s'y montrait causeur spirituel et même gai, à un point qui aurait surpris un étranger. Il adorait ses enfants et paraissait heureux de s'occuper d'eux. Ses trois *Sonates* pour piano (*op.* 118) composées pour ses filles Julie, Élise et Marie; l'*Album pour les commençants*; le *Bal d'enfants*, et d'autres pièces encore, sont des preuves touchantes de la manière dont il exprimait en musique son amour pour eux.

Le premier grand ouvrage de la période *dusseldorfienne* fut la symphonie en *mi bémol*, qu'il commença avant de quitter Dresde. Une fois installé sur

le Rhin, il pensa aux grands festivals qui, depuis 1818,
n'avaient pas cessé de se succéder annuellement
dans les districts rhénans, et il voulut prendre part à
l'une de ces *Musikfesten* en qualité de compositeur.
Il écrivit donc cette symphonie en cinq mouvements,
entre le 2 novembre et le 9 décembre 1850, et l'intitula *Symphonie rhénane*. Elle fut exécutée sous
sa direction, le 6 février 1851, à Düsseldorf, puis à
Cologne, le 25 du même mois; mais le public l'accueillit avec tiédeur. Il n'était pas encore assez éclairé
pour discerner des beautés toutes nouvelles pour lui,
et suivre le compositeur dans la voie de progrès où
celui-ci voulait le conduire.

Quoique Schumann n'ait eu, pour ainsi dire, que du
désagrément et des ennuis avec sa *Genoveva*, il
était hanté par l'idée d'écrire un second opéra. En
octobre 1850, il reçut de Richard Pohl, alors étudiant
à l'université de Leipzig, un libretto tiré de *la Fiancée de Messine* (*die Braut von Messina*) de Schiller, mais il ne put se décider à le mettre en musique; toutefois, en janvier 1851, il jeta sur le papier
une ouverture pour la *Braut von Messina*, ce qui
prouve combien ce sujet l'intéressait, malgré sa répu-
gnance à le musiquer. Il aurait voulu quelque chose
de plus gai, de comique même, et il crut que *Hermann et Dorothée* de Gœthe pouvait être le fond
d'une bonne opérette. Il consulta à cet égard plusieurs
littérateurs auxquels il soumit son plan, et écrivit
l'ouverture vers Noël de 1851. L'entreprise n'alla

pas plus loin. Son attention se porta ensuite sur les *Dorfgeschichten* (Histoires de village) de Auerbach, sans meilleur résultat, et un second opéra de lui ne vit jamais le jour.

Cependant, il termina pour les concerts un certain nombre de compositions vocales, dans lesquelles il a laissé le champ libre à son goût pour la musique dramatique. Un jeune poète de Chemnitz, Moritz Horn, lui envoya un poème fantastique, qui éveilla son intérêt. Après avoir fait faire à Horn des abréviations et des altérations à son poème, Schumann mit en musique, entre avril et juillet 1851, le *Pèlerinage de la Rose (der Rose Pilgerfahrt)*. En forme comme en substance, cette œuvre offre de la ressemblance avec *le Paradis et la Péri;* mais elle est traitée d'une manière à la fois plus détaillée et plus idyllique. Elle ne reçut d'abord qu'un acompagnement de piano, mais en novembre, Schumann l'arrangea pour l'orchestre. — Juin 1851 est aussi la date de composition de la ballade de Uhland, *der Königssohn* (le Fils du roi), dans la forme semi-dramatique que lui suggéra le poème, et où il fit entrer des solos, des chœurs, et l'orchestre. Dans le cours des deux années suivantes, il produisit trois autres œuvres du même genre : *des Sängers Fluch* (la Malédiction du chanteur), ballade de Uhland ; *Vom Pagen und des Königstochter* (du Page et de la Fille du roi) ballade de Geibel ; et *das Glück von Edenhall* (le Bonheur d'Edenhall), ballade de Uhland. Ajoutons encore à ses compositions de 1852, une *Messe* et un *Requiem*, qu'il n'entendit jamais exécuter.

Dans l'été de 1851, il alla avec sa famille se promener en Suisse, où il n'était pas retourné depuis ses jours universitaires à Heidelberg. De là, il se rendit à Anvers, où on l'avait appelé pour présider un concours entre des sociétés de chanteurs belges. Deux années plus tard, vers la fin de 1853, sa femme et lui revinrent dans les Pays-Bas, et donnèrent des concerts en Hollande, où les attendait une réception tellement enthousiaste, qu'il ne pût s'empêcher de dire que sa musique y avait pris racine bien plus profondément qu'en Allemagne. En mars 1852, ils visitèrent Leipzig, où l'on exécuta les dernières œuvres de cet inépuisable producteur ; mais, quoiqu'il eût habité pendant quatorze ans Leipzig, et qu'il y eût produit la plupart de ses œuvres ; quoiqu'il eût en cette ville des amis dévoués, le public le reçut avec estime et respect, mais sans chaleur. Sous ce rapport, Schumann avait acquis de l'expérience. « Je suis accoutumé, écrit-il à Pohl, le 7 décembre 1851, à propos de la réception faite à son ouverture de *la Fiancée de Messine*, je suis accoutumé à ce que mes compositions, particulièrement les meilleures et les mieux conçues, ne soient pas comprises du public à une première audition. »

A la Pentecôte de 1853, il prit part au trente et unième festival du bas Rhin, tenu à Düsseldorf, les 15, 16 et 17 mai. Il conduisit la musique de la première journée, comprenant *le Messie* de Händel, et sa propre symphonie en *ré mineur*, qui fut très bien accueillie. Dans les concerts des jours suivants, dirigés surtout par Hiller, on exécuta deux autres de ses grandes compositions, le *Concerto* de piano en *la mineur* et un *Festival ouverture*, nouvellement composé avec solos et chœurs, sur le *Rheinweinslied* (Chant du vin du Rhin). Mais, bien qu'il parût brillamment comme compositeur, bien qu'il fût grandement honoré et estimé à Düsseldorf, on reconnut généralement que, comme conducteur, il était insuffisant. Il devenait urgent de lui nommer un suppléant ou un successeur. Après le premier concert d'hiver (27 octobre 1853), on lui conseilla de renoncer à son emploi et de donner sa démission; mais il reçut fort mal cette proposition. Les directeurs du comité prirent alors la résolution de confier désormais les études et les exécutions à Julius Tausch, qui devint virtuellement le successeur de Schumann comme *Concertmeister*. Celui-ci en fut cruellement froissé et ne pensa plus qu'à quitter Düsseldorf pour aller s'établir à Vienne. Mais le sort en avait décidé autrement.

XII

Le mécontentement que lui causèrent les discussions dont nous venons de rendre compte, fut adouci
en partie par la tournée en Hollande, et en partie
par la connaissance qu'il fit de Johannes Brahms,
alors âgé de vingt ans, que Joachim lui avait recommandé. Il reprit sa plume de critique littéraire,
qu'il avait laissé reposer neuf ans, pour dire son mot
en faveur de Brahms, et il écrivit, dans le numéro 18
de la *Zeitschrift*, le 28 octobre 1853, un article
qu'il intitula *Neue Bahnen* (Nouvelles Voies), dans
lequel il désignait Brahms comme l'artiste destiné à
« émettre l'expression de l'idéal le plus élevé de
notre temps ». Noble exemple qu'il donnait au monde
d'une pure et belle nature d'artiste, exempte d'envie !
A cette époque aussi, lui fut présenté Albert Dietrich, autre jeune musicien, aujourd'hui maître de

chapelle à Oldenbourg, qu'il prit en amitié. Il existe en manuscrit[1], une *Sonate* pour piano et violon, composée en octobre 1853, par Schumann, conjointement avec Brahms et Dietrich. Ce dernier commence par un allegro en *fa mineur*; Schumann vient ensuite avec un intermezzo en *fa majeur*; Brahms, qui signe *Johannes Kreissler Junior*, y ajoute un allegro en *ut mineur*, et Schumann termine le tout par un finale en *la mineur*, finissant en *fa majeur*. Le titre de cette sonate est curieux; Joachim devant venir à Düsseldorf pour jouer au concert du 27 octobre, Schumann écrivit sur le frontispice :

« En prévision de l'arrivée de notre bien-aimé et honoré ami, Joseph Joachim, cette sonate a été composée par Robert Schumann, Albert Dietrich et Johannes Brahms. »

Cette intéressante intimité ne peut s'être continuée longtemps, puisque, en novembre, Schumann partit avec sa femme pour la Hollande, et n'en revint que le 22 décembre. Mais, en janvier 1854, lors de l'exécution du *Paradis et la Péri* à Hanovre, il y retrouva Brahms, ainsi que Joachim. Un cercle de jeunes artistes bien doués se réunit autour du maître. Ces bons jeunes gens se réjouissaient de l'avoir parmi eux, ne se doutant guère que peu de mois plus tard, il leur serait enlevé pour toujours!

L'aspect physique de Schumann était celui d'un

1. Appartient à M. Joachim.

homme bien constitué; sa taille dépassait la moyenne et il paraissait solidement bâti ; mais son système nerveux fut toujours d'une excitabilité extrême, et, dès sa vingt et unième année déjà, il souffrit de désordres nerveux qui se terminèrent par une grave maladie. A cela, contribua, plus qu'il n'est possible de le dire, son étude passionnée des œuvres de Jean-Paul, qui l'amena parfois « à deux doigts de la folie », alors qu'il n'avait que dix-huit ans. Des émotions violentes, de fortes contrariétés, comme par exemple celles qu'il eut à supporter à propos de son mariage avec Clara Wieck, le jetaient dans des paroxysmes d'angoisses, dans un état d'effarement indescriptible, dans une faiblesse presque mortelle, suivie de jours d'une écrasante mélancolie. Une fâcheuse prédisposition à se tourmenter soi-même, une « ingéniosité malheureuse à se cramponner à des idées lugubres », aigrissaient souvent ses plus beaux moments, et de funèbres prévisions assombrissaient son âme disposée à tout exagérer.

« Je pressens souvent, écrivait-il, le 18 mai 1837, à Zuccamaglio, que je ne vivrai pas longtemps, et j'aimerais à laisser un peu plus d'œuvres après moi. »

Et plus tard à Hiller :

« Travaillons pendant qu'il fait encore jour. »

Pour un moment, la vigueur de la jeunesse dissipa ces aberrations mélancoliques, et, après son mariage, le bonheur calme et uniforme qu'il trouva auprès de sa femme, chassa pour longtemps le mauvais esprit.

Mais, en 1844, il redevint la proie d'une névrose qui
inspira des craintes malheureusement trop fondées.
Ce fut évidemment le résultat d'un effort intellectuel
trop prolongé, et, pendant quelque temps, il dut s'abs-
tenir de tout travail de l'esprit et même cesser d'entendre de la musique. L'amélioration de sa santé se
fit lentement et non sans rechutes ; toutefois, en 1849,
il se crut tout à fait rétabli, et se remit au travail sans
trève ni répit, et avec plus d'acharnement que jamais.
Son état sanitaire paraît être demeuré satisfaisant
jusque vers la fin de 1851, où reparurent les anciens
symptômes de sa maladie, mais cette fois plus alar-
mants qu'ils ne furent précédemment. Il se livrait
par instants à des excentricités qui divulguaient, même
aux étrangers, la triste situation dans laquelle il se
trouvait. Peu à peu, il devint sujet à des hallucina-
tions ; il croyait entendre une note particulière et
persistante, ou certaines harmonies, ou des voix
murmurant des menaces ou des encouragements.
Une nuit, il s'imagina que les mânes de Schubert et
de Mendelssohn lui apportaient un thème musical ; il
se releva et le nota. De nouveau il souffrait de cette
« mortelle angoisse de l'âme » qu'il avait éprouvée
autrefois et qui le laissait, après ses crises, éperdu
et pantelant. Entre ces attaques, qui n'étaient encore
qu'intermittentes, Schumann restait en pleine possession de son intelligence et de lui-même. Il exprima
le désir qu'on le plaçât dans une maison de santé ;
mais, en même temps, il reprit son ancienne manière

de travailler. Il écrivit des variations pour piano sur le prétendu thème de Schubert et de Mendelssohn. Ce fut sa dernière œuvre et elle demeura inachevée.

Le 27 février 1854, à minuit, il sortit de chez lui et courut en robe de chambre vers le Rhin, dans lequel il se précipita. Par bonheur, son vêtement fit ballon et le soutint quelque temps sur l'eau. Le bruit de sa chute éveilla l'attention de deux bateliers qui regagnaient le bord dans une nacelle ; ils le tirèrent du fleuve, le reconnurent, et le transportèrent chez lui. D'irrécusables symptômes de démence se déclarèrent alors ; cependant, au bout de quelques jours, il retrouva la raison, et un calme inattendu se produisit en même temps que reparaissait son irrésistible amour du travail. Il compléta la variation commencée avant la catastrophe ; mais ces derniers efforts d'un génie harassé ne furent pas publiés.

Schumann passa les deux dernières années de sa vie dans la maison de santé du D\u1d63 Richarz, à Eudénich, près Bonn. Son désordre mental dégénéra en mélancolie profonde ; peu à peu ses facultés s'éteignirent, et, le 29 juillet 1856, il expira dans les bras de sa femme, n'ayant pas plus de quarante-six ans.

Du vivant de Schumann, ses œuvres furent très diversement appréciées en Allemagne ; à l'exception de quelques amis, il eut peu de partisans jusqu'à la mort de Mendelssohn. Un de ses biographes s'est exprimé ainsi sur son compte : « Il fut artiste dans l'âme, et l'art seul exista pour lui[1]. Il composait, non par caprice ou par besoin de gagner sa vie, mais parce que la musique était la langue dans laquelle seulement il pouvait exprimer ses sentiments. C'est cette nécessité de confier à ses œuvres toutes ses impressions, de quelque genre qu'elles fussent, qui l'a privé de la clarté qu'exige l'art sérieux... Schumann était éminemment Allemand par l'idéalisme : on sent en lui l'influence de Beethoven ; elle se montre dans toutes ses œuvres, et même dans ses plus fugitives improvisations. S'il faut blâmer l'exaltation qui l'emporte souvent hors des règles, on ne peut méconnaître l'énergie ni les traits pleins de génie de ses tentatives. »

Aussitôt après la mort de Schumann, sa musique acquit en Allemagne une popularité qui rivalisa avec celle des plus grands maîtres. Quand on fut habitué aux particularités de son style, on reconnut que ces particularités avaient leurs racines dans les profondeurs des sentiments de la nation. On résolut de donner une preuve palpable de l'affection et du respect qu'on ressentait pour lui. Il avait été enterré à Bonn, dans le cimetière, en face de la *Sternenthor* (Porte des étoiles), et on résolut de lui élever un monument en ce lieu. Les 17, 18 et 19 août 1873, eut lieu à Bonn un festival, dit *Schumann-Festival*, dans lequel on n'exécuta que des compositions de lui. Joachim et

1. *Universal Lexicon der Tonkunst*, de E. Bernstorf, t. III, p. 535.

Wazielewski en avaient pris la direction, et madame Schumann y fit entendre le *Concerto* de piano de son mari. Ce festival fut d'un immense intérêt, grâce à la sympathie qu'il inspira, et à la manière dont elle se fit jour. Les bénéfices du concert, dans lequel on entendit les meilleurs artistes de l'Allemagne, furent consacrés à l'érection d'un monument à la mémoire de ce maître, monument qui fut exécuté par Donnedorf, de Stuttgart, et érigé sur sa tombe, que l'on inaugura le 2 mai 1880.

XIII

Il convient maintenant de jeter un coup d'œil à vol
d'oiseau sur l'œuvre de Schumann ; car, à vouloir l'étudier en détail, il faudrait y consacrer plusieurs vo-
lumes, et nous n'en avons ni la force ni la volonté.
Nous nous bornerons donc à indiquer les impressions
qu'elles nous ont fait ressentir, et à noter les observations qu'elles nous ont suggérées.

Schumann, dont les vues primitives avaient été de
devenir un grand virtuose, n'écrivit d'abord que pour
le piano, et, jusqu'en 1840, c'est à peine s'il composa
pour un autre instrument. Du reste, son instruction
dans l'art d'écrire n'était encore qu'ébauchée, et,
quoique cette lacune soit visible, on s'aperçoit qu'il
y suppléait par les idées et le sentiment dont il était
abondamment pourvu. Peu de grands maîtres allemands ont fait preuve d'une originalité aussi frappante

18.

dès leurs premières compositions ; sa prédilection se porta sur les petites formes, mais la souplesse avec laquelle il les a traitées est un témoignage de la grandeur de sa faculté créatrice. Cette faculté se voit déjà dans l'op. 2, suite de petites pièces en forme de danse, sous le nom de *Papillons*, qu'il écrivit en partie à Heidelberg et en partie à Leipzig, dans la période qui suivit son retour de la première de ces deux villes. Aucun lien musical intime n'existe entre elles; mais il sentit le besoin de leur donner une liaison poétique pour satisfaire ses propres sentiments, et il fit choix de l'avant-dernier chapitre des *Flegeljahre* de Jean-Paul, dans lequel est décrit un bal masqué auquel assistent les deux amants Walt et Wina. On comprend que les différentes pièces de musique doivent représenter en partie les divers caractères de la foule des masques, et en partie la conversation des amants. Le finale est écrit en allusion à cette scène de Jean-Paul, comme nous l'apprend l'indication placée au-dessus des notes, vers la fin. « Les bruits de la nuit de carnaval expirent. La cloche de l'église frappe six heures. » Ces coups de cloche sont exprimés par un *la* répété six fois; puis tout se tait, et la pièce semble s'évanouir dans l'éther comme une vision.

Le Carnaval est dans une sorte de connexion avec *les Papillons*. Ici encore, Schumann a voulu peindre la gaieté d'une mascarade, et nous en avons un troisième essai analogue dans le *Faschingsschwank aus Wien*. *Le Carnaval* est une collection de petites pièces écrites une par une, sans but spécial; Schumann ne leur a donné que plus tard un titre collectif, ou des titres individuels, lorsqu'il les a disposées dans leur ordre actuel. La connexion musicale de ces pièces existe en ce qu'à peu d'exceptions près, elles ont toutes du rapport avec la succession des notes, A, Es, C, H (*La, mi♭, ut, si*), ou As, C, H (*la♭, ut, si*). *Asch* est le nom d'une petite localité de la Bohême, où demeurait mademoiselle Ernestine von Fricken, avec laquelle Schumann entretenait des relations amicales à l'époque où il écrivit cette musique. Les mêmes notes, dans un autre ordre, comme S ou As, C, H, A (*la♭, ut, si, la*) sont aussi les seules lettres du nom de Schumann qui représentent des notes, ce qui explique le titre de *Sphinx* donné au neuvième numéro de l'op. 13, dans l'édition originale. Quelques pièces sont intitulées d'après les rôles d'un bal masqué : Pierrot, Arlequin, Pantalon, Colombine, et d'autres d'après des personnes réelles. Dans cette dernière catégorie figurent les membres du *Davidsbund* : Florestan, Eusebius et Chiarina ; Ernestine von Fincken, sous le nom d'Estrella, Chopin et Paganini. Il y a aussi une « coquette », mais on ne sait à qui s'appliquait cette épithète. Outre ces pièces, il en est qui sont dénommées d'après des situations et des incidents du bal : reconnaissance, aveu, promenade et pause ; entre ces incidents, on entend les refrains des valses, et dans une des pièces, les lettres ASCH, et SCHA, dansent frénétiquement, et se dissipent comme des fantômes. Le finale s'appelle

Marche contre les Philistins. Le symbôle de ceux-
ci est la *Grossvatertanz* (danse du grand-papa),
chant populaire (*Volkslied*), connu de chacun en Allemagne, et que Schumann désigne ici, comme air du
XVIIe siècle.

Les *Davidsbündlertänze*, les *Fantasiestücke*, les
Kinderscenen, les *Kreisleriana*, les *Novelletten*, les
Bunteblätter, et les *Albumblätter*, dont tous les
contenus appartiennent à la première période de
Schumann, portent l'empreinte d'avoir été créées,
comme *les Papillons* et *le Carnaval*, d'après des
expériences personnelles à leur auteur. Ce sont des
Gelegenheitsdichtungen (Poésies d'occasion), terme
qui, au sens de Gœthe, désigne la forme la plus élevée
que doit prendre une œuvre d'art. Quant aux *Davidsbündlertänze*, aux *Kreisleriana*, et aux *Novelletten*,
Schumann nous dit qu'elles reflètent les diverses
dispositions de son esprit au sujet de Clara Wieck.
Dans les premières pièces, le mot *Tänze* (danses) ne
signifie pas, comme on l'a quelquefois supposé, les
danses que les *Davidsbündler* infligèrent aux philistins; il indique simplement la forme de ces pièces. Les
Kreisleriana ont leur origine dans un des contes
fantastiques de Hoffmann, où l'on voit figurer l'excentrique *Cappellmeister* Kreisler. Schumann dit des
Novelletten, qu'elles sont « longues et se rattachent
à des histoires romanesques ». Il n'y a point de titres
qui les expliquent, bien que l'on puisse se livrer à
une foule de conjectures sur les indications de mesure

et d'expression. Les autres œuvres mentionnées
ci-dessus ont presque toujours leurs parties consti-
tuantes séparées, précédées de noms qui conduisent,
d'une manière claire et souvent poétique, l'imagination de l'exécutant ou de l'auditeur, dans une direction définie.

Cette forme de pièce de piano fut une des favorites
de Schumann. Il repoussa la supposition qu'on lui
prête, d'avoir eu en idée un objet déterminé qu'il
aurait ensuite essayé de traduire en notes. Sa méthode fut plutôt d'inventer la pièce, et de lui donner
ensuite une signification particulière. Toutefois, il n'a
pas considéré les titres poétiques comme n'ayant point
d'importance; sans quoi, il ne les aurait pas employés
ainsi qu'il l'a fait, dans la majeure partie de ses petites
pièces pour piano.

Au nombre des compositions de petite forme, nous
mettons aussi les variations, que Schumann a traitées
librement et fantastiquement, mais avec une richesse
inouïe de génie et de sentiment. Pour les *Impromptus*
sur un thème de Clara Wieck, les variations de la
symphonie héroïque de Beethoven lui ont probablement servi de modèles, car elles les rappellent dans
l'arrangement général, sans pour cela manquer d'originalité. Dans l'*Andante* avec variations pour deux
pianos, il a traité la forme avec tellement de liberté,
que ce ne sont pas tant des variations proprement
dites, que des fantaisies dans le style des variations.
Son œuvre la plus remarquable en ce genre, c'est son

opus, 13, *Études symphoniques*, qui suffirait seule à lui assurer une place au premier rang des compositeurs pour le piano, tant est superbe le déploiement qu'il a su donner à l'instrument.

Schumann s'est essayé de bonne heure à des œuvres de plus grande envergure; mais, au début, ses essais ne furent pas heureux. La sonate en *fa dièze mineur* abonde certainement en belles idées, mais elle manque d'unité, au moins dans les mouvements *allegro*. La sonate en *fa mineur* offre un progrès décidé sous ce rapport, et celle en *sol mineur* est encore meilleure, tout en n'étant pas exempte d'une certaine raideur. L'*Allegro* pour piano est quelque peu incohérent en forme, tandis que la *Toccata*, pièce de bravoure, très brillante et très difficile, exige un haut degré de connexion et de conséquence. Dans la *Grande Fantaisie* (*Op.* 17), le titre ne nous prédispose pas à de la décision dans la forme. En effet, Schumann y a fait bon marché de toute restriction pouvant limiter la forme, spécialement dans le premier mouvement, où l'on redoute de le voir se perdre dans une liberté illimitée. Afin de donner de l'unité aux mouvements fantastiques et en quelque sorte négligemment reliés entre eux, il recourt de nouveau à la poésie, et fait précéder sa pièce de ces quatre vers de Fr. Schlegel, comme devise :

Durch alle Töne tönet
Im bunten Erdentraum,

Ein leiser ton gezogen
Fur den der heimlich lauschet.

Parmi tous les sons qui vibrent
Dans le songe terrestre bariolé,
Un son libre est tiré
Pour celui qui l'écoute attentivement.

Quoique peu de productions de la première période
de Schumann soient sans défauts de forme, elles
contiennent assez de beautés pour que l'on passe sur
ces défauts. En bien des manières, les compositions
des dix premières années présentent la peinture la
plus caractéristique du génie du maître. Plus tard, il
se proposera des idéalités plus relevées, et il les
atteindra; mais il ne surpassera jamais la fraîcheur et
le charme de ses premières conceptions. Après
Beethoven, Schumann seul a possédé la faculté de
donner pleine et libre carrière à l'élément humoristique, et c'est dans ses premières œuvres pour le
piano qu'il est le plus proéminent. Nous n'en voulons
pour preuve que son *Humoreske*, le plus étonnant
portrait qu'il soit possible d'imaginer en musique,
d'une disposition humoristique. Toute l'individualité
de Schumann éclate dans les harmonies, le rythme, le
coloris, ainsi que dans les formes des mélodies. Cette
musique est pénétrée d'une animation et d'une force
printanière, germes de promesses pour l'avenir, qui
lui donnent un caractère particulièrement romantique, doublé d'un mélange de disposition et de sentiments poétiques. Schumann, comme personne ne l'a

fait avant ni après lui, réussit à dire de grandes
choses, et à faire sentir des effets inexprimables, dans
la petite forme d'une courte pièce pour le piano.

Nous avons déjà dit un mot de son admiration pour
Jean-Sébastien Bach, et de sa parfaite appréciation de
ses œuvres. Il partageait ces sentiments avec Mendelssohn ; mais il entra plus avant que lui dans la mysté-
rieuse profondeur du génie du vieux maître. Il serait
donc surprenant qu'il n'eût pas cherché à s'exprimer
dans les formes musicales adoptées par Bach. Sa propension pour l'écriture polyphonique est déjà per-
ceptible dans ses premiers morceaux pour le piano,
mais ce n'est qu'en 1841, qu'il s'y est donné corps et
âme. Ses six fugues sur le nom de « Bach[1] », les
quatre fugues (*Op.* 72), les sept pièces pour le piano
en forme de *fughetta*, les études en canon pour le
piano pédalier, et les autres fugues et canons dis-
persés dans ses recueils pour le piano ; tout cela forme
une classe aussi neuve que ses œuvres en style libre
pour cet instrument. Le traitement des parties dans
les fugues n'est pas toujours strictement selon la
règle, même si on les examine du point de vue de
Bach, qui s'est permis cependant des libertés consi-
dérables en ce genre. En introduisant un accompagnement en accords dans une partie, il a dépassé ce qui,
jusque là, n'avait été que toléré. Malgré cela, pris en

1. Voy. notre biographie de *Jean-Sébastien Bach*, Paris,
1882, in-12, p. 317.

bloc, ses ouvrages sont très intéressants, et nul compositeur des temps modernes n'aurait réussi comme lui à donner à cette forme une vie et une vigueur nouvelles au moyen de l'esprit moderne.

XIV

Comme compositeur de mélodies (*Lieder*), Schumann prend place à côté de Schubert et de Mendelssohn. Schubert offre plus de richesse mélodique,
Mendelssohn plus de rondeur parfaite dans les formes ;
mais Schumann est bien plus profondément et plus
intellectuellement *suggestif;* il déploie un goût
poétique plus finement cultivé que Schubert, en même
temps qu'un sentiment plus large que Mendelssohn
pour l'expression lyrique. Maintes de ses mélodies sont
projetées en lignes ardentes et fières, telles qu'on ne
les rencontre chez aucun autre que Schubert; par
exemple — *Du meine Liebe,* — *Du mein Herz,* —
Lied der Braut, — *Liebesbotschaft,* — *Stille Thrä-
nen,* etc. Plus fréquemment encore, il plonge dans
l'esprit du *Wolkslied,* et emploie une forme mélodique plus simple et plus étroite. Rappelons seulement

la mélodie *O Sonnenschein*, le *Liederkreis* de Henri Heine, et du même poète, *Hör' ich das Liedchen klingen, Allnächtlich in Traume, Aus alten Märchen*, les chants et ballades, et surtout le *Wanderlied*, qui étincelle de jeunesse et de vigueur. Outre ces chants, il en est beaucoup dont la mélodie est à peine exprimée, et qui semblent être de simples essais, des germes de mélodie.

Cette sorte de traitement, toute particulière à Schumann, était celle qu'il affectionnait et dont il faisait plus volontiers usage, quand il voulait donner l'impression d'une sensation vague, rêveuse, voilée, et il pénétrait ainsi dans l'essence vitale et dans les sources du sentiment plus à fond que tout autre auteur de *Lieder*. Des chants comme *Der Nussbaum*, ou *Im Walde*, sont des chefs-d'œuvre. En outre, Schumann eut toujours un véritable instinct de poète pour trouver les touches les plus subtiles et les suggestions les plus cachées, dans les poèmes qu'il choisit pour mettre en musique, et l'expression qui se prêtait le mieux à leur teneur. Il est le premier qui se soit permis de finir sur la septième de dominante quand son texte se terminait par une question. Chez lui aussi, la partie vocale ne finit pas toujours sur l'accord parfait; il laisse la terminaison à l'accompagnement, comme pour donner à l'effet un sens vague, indécis. Le rôle du piano dans ses *Lieder* est des plus importants. Chez Schubert et Mendelssohn, on peut qualifier la partie de piano, d'accompagnement pur et simple,

quelque riche et indépendante qu'elle apparaisse parfois; mais, chez Schumann, ce terme n'est plus appro-
prié; ici, le piano affirme sa dignité et son égalité avec
la voix. Si le pianiste veut rendre ces mélodies d'une
façon satisfaisante, il faut qu'il entre pleinement dans
la partie du chanteur, de même que celui-ci dans la
partie de l'exécutant; il faut que, constamment ils se
suppléent et se complètent l'un l'autre. Aussi, les
accompagnements des mélodies de Schumann sont-
ils d'une exécution très difficile, et est-il nécessaire
que l'accompagnateur soit d'une belle force sur son
instrument pour s'en tirer d'une façon satisfaisante et
ne point embarrasser le chanteur; car Schumann a
fondé un style de musique de piano entièrement nouveau, possédant une grande variété de modes délicats
et poétiques, et c'est grâce à ce style, qu'il déploie une
nouveauté toujours constante dans son traitement de
la partie de piano. Les tournures de phrases qu'il
adopta pour ses accompagnements sont variées à l'infini et ingénieusement appropriées au caractère des
poèmes. Il est des cas, où la partie de piano est une
composition indépendante, que la voix ne fait que
suivre en quelques phrases sur un ton déclamatoire,
et il en est d'autres où c'est la voix qui chante presque
seule, et où le piano ne frappe que quelques accords,
lesquels ont néanmoins leur effet caractéristique.

Dans les mélodies de Schumann, la véritable fonction du piano est de révéler une signification profonde
et secrète, qu'il n'est pas au pouvoir des paroles, même

des paroles chantées, d'exprimer ; il n'aimait pas de
faire répéter plusieurs fois les mêmes mots, et il évi-
tait de se servir de ce moyen, que d'autres compositeurs ne se font aucun scrupule d'employer, quand
l'inspiration leur manque. Lorsque, par hasard, il les
répète, c'est qu'il vise à une fin dramatique spéciale
plutôt que musicale, et souvent il fait du piano le
suppléant du sentiment éveillé par le texte, pendant
que la voix se tait. Il est particulièrement étonnant
dans ses finales, auxquels il a su donner une valeur
et une importance égales à une portion du chant,
ce que personne ne s'est permis de faire avant lui,
en leur assignant une pensée musicale indépendante
et nouvelle. Parfois, il permet au sens général du
chant de reparaître sous un jour tout nouveau; parfois, la phrase musicale suggère une sortie finale, qui
ouvre une perspective dans laquelle la vue se perd.
Il continue même le poëme avec sa musique, et l'on
en voit un exemple distinct dans la fin de la *Frauenliebe und Leben*, où, en répétant la mélopée du premier chant, il fait revivre chez la veuve solitaire, le
souvenir de son bonheur passé. La suite de mélodies
qui porte ce titre, nous ouvre une vue immense dans
les émotions les plus subtiles et les plus secrètes d'une
âme féminine pure, plus immense assurément que
l'on ne pourrait s'y attendre de la part d'un homme;
et, en réalité, nul autre compositeur que lui n'en aurait
été capable. Il a trouvé aussi des équivalents musicaux et des ombres de coloris pour les vues mystiques

d'Eichendorf; sa mise en musique des stances de ce poète peut être dite absolument classique, et il est également chez lui lorsqu'il traite la murmurante fraîcheur, ou le sentiment chevaleresque des inspirations de cet auteur.

Certains chants de Schumann ont une touche de la jovialité de l'étudiant, mais sans descendre jusqu'à la trivialité; en aucune circonstance, il ne s'est montré commun ou grossier. En effet, il n'eut point de sympathie pour la farce banale, quoique son talent humoristique soit amplement prouvé par ses mélodies. Sa musique du poème de Heine : *Ein Jüngling liebt ein Mädchen*, est un chef-d'œuvre du genre. Ce fut principalement en traitant les vers de Heine, qu'il révéla son sens humoristique. *Wir sassen am Fischerhause* en est un exemple, et plus encore *Es leuchtet meine Liebe*, où l'on trouve une évidente ressemblance avec le *scherzo* du quatuor en *la mineur*, pour cordes.

Ce qui peut exciter l'étonnement, comme étant en apparence tout à fait contraire à la nature de Schumann, c'est qu'il ait trouvé de la musique assez caractéristique, pour se tenir au niveau de la plus amère ironie de Heine, dans *Warte, Warte wilder Schiffmann;* mais il fut, avant tout et toujours, romantique.

XV

On peut, en toute justice, considérer les symphonies
de Schumann comme les plus importantes qui aient
été écrites depuis Beethoven. Quoique Mendelssohn
ait excellé dans la régularité de la forme, et quoique
la symphonie en *ut* de Schubert soit unique en
richesse de belles idées, Schumann les surpasse en
grandeur et en force. On chercherait en vain dans ses
symphonies des traces de Haydn ou de Mozart, et l'on
n'en trouve que peu de Mendelssohn. Une certaine
imitation de Schubert se laisse apercevoir dans l'élaboration de ses *allegro*. Toutefois, nous devons faire
des réserves sur sa manière d'écrire. Nous savons que
dans sa première période (1830-1840), il ne poussa pas
loin ses études de composition ; mais, dans la seconde
(1840-1850), il refit son éducation musicale de compositeur. Alors il étudie le contrepoint et lit les partitions

des maîtres modernes pour s'instruire dans l'art
d'instrumenter; il s'efforce de donner du développement à sa pensée, et de rentrer dans les conditions de
la forme classique. Mais ces études tardives ne peuvent avoir les bons résultats qu'on en espère; car
elles imposent des conditions à l'esprit habitué aux
allures libres et à la fantaisie illimitée. Nous l'avons
vu quand nous avons parlé de sa manière de suivre les
leçons de Dorn, et dans la lettre où il lui exprime
son regret de n'avoir pas commencé plus tôt, et suivi
la voie classique d'éducation contrapuntale. C'est dans
la première jeunesse qu'il faut acquérir le savoir technique du compositeur, afin que ses procédés devien-
nent si familiers, que l'esprit n'en soit pas préoccupé
au moment de la production des idées. Jusqu'à trente
ans, Schumann n'avait écrit que pour le piano, et, à
cet âge seulement, il prit connaissance de l'instrumentation par la lecture des partitions; homme d'intelligence et de sentiment, il en comprit les combinaisons; mais cela ne suffisait pas. Il ne sut jamais
concevoir ses compositions en entendant l'orchestre
mentalement, comme s'il exécutait réellement; condition indispensable pour la production d'une bonne
sonorité. De là des défauts qui, sous ce rapport, se
font remarquer dans ses symphonies et dans ses ouvertures; mais ces symphonies et ces ouvertures,
comme tout ce que Schumann a produit, portent
l'empreinte indélébile d'une merveilleuse originalité
et d'un pouvoir créateur tout à lui-même. Excepté

la symphonie produite en 1830, laquelle est encore en manuscrit, nous ne sachions pas qu'il ait essayé d'écrire pour l'orchestre, avant 1840.

Il mandait à Dorn, en 1839 :

« Il est vrai que jusqu'à présent je n'ai pas beaucoup pratiqué la musique orchestrale, mais j'espère m'en rendre maître un jour. »

Son orchestration est moins unie et moins claire que celle de Mendelssohn ou de Niels Gade, et se rapproche plutôt de celle de Schubert, qui, lui aussi, commença trop tard ses études de contrepoint; mais elle est appropriée à la substance des idées, et, quoi qu'elle pêche par la sonorité, la beauté n'y fait pas défaut. Il y a même dans ses productions orchestrales, des effets nouveaux, tels que le vrai génie seul peut en découvrir et en inventer.

Il serait difficile de décider laquelle des quatre symphonies de Schumann est la plus belle : chacune a ses beautés individuelles; mais en vie, en fraîcheur, et en sentiment de bonheur interne, celle en *si bémol* tient la tête. Schumann eut d'abord l'intention de la dénommer *Symphonie du printemps;* et, en effet, il l'écrivit quand le premier souffle du renouveau se fit sentir, comme nous l'apprend sa lettre à Taubert, de février 1841. Le premier mouvement devait s'appeler *le Réveil du printemps,* et le finale *l'Adieu du printemps.* Bien des parties de cette symphonie ont un charme spécial, surtout quand on sait pourquoi il les écrivit. Il est certain pour nous qu'une

bonne part du sentiment printanier que respire cette
œuvre, vient de la joie ineffable qu'il éprouva en se
voyant enfin, après tant de traverses, uni à la bien-
aimée de son cœur.

La même influence se fait sentir dans la symphonie
en *ré mineur*, écrite la même année que la précédente, et immédiatement après elle. La passion s'y
voit davantage; la forme aussi est nouvelle et heureuse; les quatre sections se suivent consécutivement,
sans pause, en sorte que l'œuvre entière semble ne
consister qu'en un seul et grand mouvement. Schumann avait d'abord projeté de lui donner le titre de
Fantaisie symphonique; car là aussi, de poétiques
peintures semblent voltiger autour de lui de tous
côtés. Il y renonça on ne sait pourquoi.

La troisième œuvre symphonique de l'année 1841
est également irrégulière, mais seulement en forme,
et a autant de droits que la seconde au titre de « symphonie ». Elle parut cependant sous celui de *Ouverture, Scherzo et Finale*. Le premier mouvement nous
offre le seul exemple que l'on trouve chez lui de l'influence de Cherubini, pour lequel il professait un
grand respect. Peut-être le mouvement le plus charmant est-il le *scherzo* si poétique en rythme de Gigue,
et qui, par lui-même, pourrait constituer un type
parmi les *scherzos* symphoniques.

La caractéristique de la symphonie en *ut majeur*
est une profondeur de sentiment plus grave et plus
mûre; sa hardiesse de forme et sa richesse d'expres-

sion dévoilent distinctement la relation artistique qui existe entre Schumann et Beethoven. La dernière symphonie, en *mi b*, est divisée en cinq mouvements séparés, renfermant un mouvement lent en style soutenu et d'un caractère religieux, entre *l'andante* et le *finale*. Schumann l'a désigné par ces mots : « En style d'accompagnement dans une cérémonie solennelle » (*Im Character der Begleitung einen feierlichen Ceremonie*), et l'on sait qu'elle lui fut inspirée par la vue de la cathédrale de Cologne, pendant les fêtes données à l'occasion de l'élévation au cardinalat de l'archevêque de Cologne. Les autres mouvements sont puissants, pleins de variété et de charme, et toute la symphonie offre des peintures vivantes de la vie rhénane. La perle de cette œuvre est le deuxième mouvement (*scherzo*) dans lequel flottent une multitude de chants et de légendes rhénanes. Bien qu'écrite en 1850, alors que l'imagination du maître allait s'affaiblissant et s'épuisant, cette œuvre ne porte point de trace de diminution dans son intelligence.

L'ouverture de concert, telle que la conçut Mendelssohn, ne fut pas du goût de Schumann ; aussi ne l'adopta-t-il pas. Ses ouvertures, à lui, sont réellement des « morceaux de début », soit d'opéra, de pièce ou de fête ; comme celles de Beethoven, elles produisent plus d'effet dans une salle de concert qu'au théâtre. Il en est ainsi, même avec l'ouverture de *Genoveva*, mais c'est encore plus vrai pour l'ouverture du *Manfred* de Byron, si pleine de passion terrible. Dans la première année de son activité productrice, Schumann s'occupa beaucoup de cette forme ; mais l'état d'épuisement de ses facultés créatrices ne peut se dissimuler, ni dans l'ouverture de *Faust*, ni dans celle de *Jules César*, ni dans celle de *Hermann et Dorothée* qu'il avait projeté de transformer en opéra. La Festival ouverture sur le *Rheinweinlied* est habilement travaillée, et produit beaucoup d'effet.

XVI

Ce fut au printemps de 1838, que Schumann s'essaya
pour la première fois dans le quatuor pour cordes. Il
ne réussit pas, étant alors trop occupé du piano ; il eut
plus de bonheur en 1842, après avoir fait de sérieuses
études de contrepoint. Les trois quatuors (Op. 41)
écrits à cette époque, sont les seuls qui soient connus.
On ne peut pas dire qu'ils respirent le plus pur style
du quatuor, et cela n'a rien de surprenant, puisque
Schumann ne joua jamais d'un instrument à cordes ;
ils se ressentent beaucoup du style du piano ; mais,
avec ce défaut de forme même, ils produisent de beaux
effets. En plusieurs endroits, on discerne l'influence
de Beethoven, spécialement dans l'*adagio* du quatuor
en *la mineur*, et dans l'*adagio* avec variations de celui
en *fa majeur*. D'autre part, le trio en style de gavotte,
dans le finale du quatuor en *la majeur*, offre une affi-

nité assez étroite avec la gavotte de la sixième des *Suites françaises* de J.-S. Bach, en *mi majeur*. Le quatuor en *la mineur* est très original, et déborde de richesse poétique; il contient une foule de beautés, que lui-même n'a jamais surpassées.

De toutes les œuvres pour piano et cordes, le quintette est la plus belle; c'est incontestablement la meilleure pièce de musique de chambre écrite depuis Beethoven. Ce quintette a droit à la plus vive admiration, non seulement à cause de sa brillante originalité, mais aussi à cause de sa splendide sonorité, et des relations admirablement calculées entre le piano et les cordes. A son apparition, cette œuvre fit sur les musiciens une impression indescriptible, et ils ne dissimulèrent pas l'admiration qu'elle leur inspirait.

Le quatuor de piano (Op. 47) ne manque que d'un peu d'animation et d'un caractère plus populaire, pour être d'un mérite égal à celui du quintette. On y reconnaît l'influence de Bach, surtout dans l'*andante*. Les trios en *ré mineur* et en *fa majeur* peuvent aller de pair avec le quintette et le quatuor écrits dans la même année. Dans le premier, prédomine un caractère passionné et parfois sombre ; mais le second est plus gai et plein de chaleur. Le style en canon est employé avec de nouveaux effets dans les *adagios* de ces deux trios ; cependant ils ne valent pas, à beaucoup près, le quintette et le quatuor ; quant au troisième et dernier en *sol mineur*, il est fort inférieur aux autres ; on y trouve bien de beaux dessins artistiques, et le génie du maître se fait encore jour dans des passages isolés, mais, en somme, ce trio dénote l'épuisement. On en peut dire autant de la plupart des autres œuvres de musique de chambre des dernières années de Schumann. Parmi elles, on remarque deux sonates pour piano et violon, passionnées, lugubres, que l'on ne peut entendre sans avoir l'âme oppressée. Il s'y trouve aussi un certain nombre de pièces plus courtes pour différents instruments, où prédominent les *Märchenbilder für Piano forte und Viola*. Pas un de ceux qui se souviennent de la triste fin de Schumann, n'entendra sans émotion le dernier de ces *Märchenbilder*, qui porte pour indication : « lentement, avec une expression mélancolique » (*Langsam, mit mélancholischem Ausdruck*).

Avec son *Concerto* de piano en *la mineur*, Schumann a laissé une trace impérissable de son génie. C'est une de ses œuvres les plus belles et les plus mûries. Indépendamment de son originalité, elle a toutes les qualités qui distinguent le *Concerto* : le brillant, la puissance et la forme. Le premier mouvement est écrit en style libre, parce qu'il eut d'abord l'intention d'en faire une pièce indépendante, sous le titre de *Fantasia ;* il n'y ajouta les autres mouvements que deux ans plus tard. L'introduction et l'allegro *appassionato* pour piano et orchestre, est un riche appoint à la littérature du *Concerto*. On a encore de lui, un *Concerto* de violon qui n'a pas été publié, une fantaisie pour violon et orchestre (Op. 131) dédiée à

Joachim, et un *Concerto* de violoncelle (Op. 129). Il y a aussi un concerto pour quatre cors et orchestre, dont Schumann faisait grand cas, parce que, ainsi qu'il l'écrit au docteur Härtel, « il est tout à fait curieux ». Cette pièce est surtout difficile pour le premier cor, à cause des notes aiguës dont elle est émaillée. Quand elle est bien rendue, elle a un effet de sonorité particulière, souvent romantique, de laquelle cependant l'oreille finit par se lasser.

Nous avons à parler maintenant de sa vaste composition : *le Paradis et la Péri*, tirée du poème de Moore, qu'il disposa de façon à répondre à l'intention qui le dirigeait. Ce fut sa première œuvre pour voix et orchestre, et c'est aussi une des plus grandes et des plus importantes, avec un sujet heureusement choisi. Il est très probable que son imagination fut vivement stimulée par le poème de Moore avec ses peintures poétiques et leur magie orientale. Il faut le louer d'avoir conservé la majeure partie du récit du poète anglais; ce sont ses parties descriptives qui ont le plus de charme, et la musique s'y est conformée. La troisième portion de l'œuvre souffre d'une certaine monotonie, non que les morceaux soient plus faibles que ceux des autres parties, mais les ombres manquent aux lumières. C'est en général le défaut des compositions musicales d'un caractère oriental ; elles ne tardent pas à devenir monochromes. Un autre inconvénient encore empêche *le Paradis et la Péri* de frapper fortement un nombreux auditoire : c'est —

s'il est permis de le dire — qu'il y a *trop de musique !*

Certes les beautés y abondent, et l'on ne voudrait rien en distraire, ni rien en sacrifier, mais s'il y en avait moins, elles feraient bien plus d'effet. Cela n'empêche pas *le Paradis et la Péri* d'être un des poèmes musicaux les plus enchanteurs, et nous nous expliquons parfaitement les paroles de Schumann dans une lettre à son ami :

« Pendant que je composais, une voix intérieure me disait avec douceur : « Tu n'écris pas en vain; cette » production deviendra immortelle. »

Il n'a pas voulu imiter les grands oratorios de Mendelssohn, avec leur structure gigantesque et leurs caractères historiques; son objet est tout différent; il entend nous introduire dans le monde féérique de l'Orient, et nous faire sympathiser aux peines et aux luttes d'une aimable fille de l'air. C'est pourquoi l'œuvre ne produit tout son effet que dans un cercle assez restreint d'auditeurs, d'autant plus que le chœur n'y prend qu'une part modérée. La principale importance du *Paradis et la Péri* réside dans les solos et leurs accompagnements, surtout dans ces derniers; car, ici, l'orchestre est avec la voix dans la même relation que l'est le piano dans ses mélodies. Ajoutons qu'une bonne exécution de cet oratorio — si toutefois on peut l'appeler ainsi — est une tâche de grande difficulté, mais elle est compensée par une jouissance parfaite.

En composant *le Pèlerinage de la rose (Pilger-fahrt der Rose)*, Schumann voulait donner un pendant au *Paradis et la Péri*, mais en contours moins définis et en couleurs plus vagues. L'idée du poème, à peu près identique au précédent, a été exécutée sans goût par Horn. On doit supposer que Schumann fut fasciné par la versification coulante de Horn, et par quelques situations intéressantes. Sa musique contient beaucoup de choses fraîches et aériennes, ainsi qu'un beau chant funèbre ; mais déjà l'on pressent l'affaissement de ses facultés, et le dépérissement de son imagination. Le sujet, assez insignifiant et tout à fait idyllique, n'admettait pas l'emploi des chœurs ni de l'orchestre, et la première idée de l'auteur de se borner à l'accompagnement de piano, était la seule juste ; il est fâcheux qu'il ne s'y soit pas résigné. Ses autres œuvres dans cette forme consistent en quatre ballades : *Der Königssohn, Des Sängers Fluch, Das Glück von Edenhall*, toutes de Uhland et *Vom Pagen und der Königstochter*, de Geibel. A ce propos, nous ferons observer qu'il est plus facile d'extraire un bon texte d'un poème de grande dimension que d'une ballade de forme plus concise ; Schumann en fit l'expérience. Son erreur ne fut pas de s'attaquer à des chefs-d'œuvre de la poésie allemande et de les raccourcir ou de les remanier à son gré : il est toujours loisible à un musicien de prendre ses sujets où il lui plaît ; il serait plutôt blâmable de n'avoir pas été assez loin dans ses altérations du texte et d'avoir trop conservé de la forme originale de ces ballades qui, évidemment n'ont pas été conçues pour être mises en musique. Quoique l'on y rencontre des beautés isolées et d'un ordre peu ordinaire, il eût été désirable, dans l'intérêt de la gloire de Schumann, qu'elles n'eussent jamais été publiées, et que ces productions maladives d'un talent dégénéré eussent été laissées dans l'oubli.

On sait que Beethoven avait projeté de revêtir de
sa musique le *Faust* de Gœthe. Il ne put avoir en
vue que la première partie, puisque la seconde ne
parut que dix ans après sa mort. Schumann s'empara
de l'idée de Beethoven et la réalisa, non sans doute
comme l'aurait fait le géant, mais de la meilleure
manière qu'il pût concevoir. Sa musique n'est pas
disposée pour le théâtre, afin d'y servir de complé-
ment au drame de Gœthe. C'est une pièce à exécuter
au concert, ou plutôt une suite de pièces; car le compositeur n'a ni stipulé ni pensé que les trois parties
dussent être données ensemble. Il se contenta de
tirer des deux sections un certain nombre de scènes
et de les mettre en musique.

Il a pris ce qui suit de la première partie : 1° portion
de la première scène du jardin, entre Faust et Mar-

guerite ; 2° Marguerite devant l'autel de la *Mater do-
lorosa ;* 3° la scène de l'église.

Ces trois sujets forment la première division de la
musique de Faust.

De la seconde partie, il a adopté : 1° la première scène
du premier acte (Le chant des esprits à l'aube du
jour, le lever du soleil, et le monologue de Faust) ;
2° la scène avec les quatre vieilles femmes au cinquième acte ; 3° la mort de Faust dans le même acte.

C'est la seconde division de sa musique.

La troisième division, imaginée par lui, consiste dans
la dernière scène du cinquième acte (Apothéose de
Faust), divisée en sept numéros. Pour cette scène,
Gœthe souhaitait la coopération de la musique ; sa
signification mystique et sa splendide expression ne
pouvaient trouver un meilleur interprète que Schumann, qui semble y avoir été prédestiné. En importance
musicale, nulle autre de ses œuvres chorales n'approche de cette troisième division ; en fraîcheur, en
originalité, comme en puissance d'invention, elle ne
le cède en rien au *Paradis et la Péri.*

La seconde division est aussi d'un mérite transcen-
dant ; il est évident, toutefois, que Schumann a musiqué
bien des passages que Gœthe n'avait pas l'intention de
faire chanter. On le sent mieux encore dans les scènes
de la première partie, lesquelles sont, en outre, très
inférieures comme musique.

En réalité, le mérite de l'œuvre décroit quand on
l'examine à reculons, c'est-à dire de la fin au commen-

cement ; circonstance qui corrobore la méthode suivie dans sa composition, commencée à l'époque de création la plus fraîche, la plus heureuse, la plus magistrale de la vie de Schumann, et finie précisément à celle où son esprit était plongé dans les ténèbres de l'insanité.

Il n'existe de Schumann que deux productions dramatiques destinées au théâtre : l'opéra de *Genoveva*, et la musique du *Manfred*, de Byron. On peut avec raison critiquer le livret de l'opéra, car c'est tout au plus s'il y est question de la légende de Geneviève. On se l'expliquera cependant, si l'on tient compte de son opinion que, dans un opéra, le plus grand poids doit être donné à la représentation des émotions, et que l'on doit y arriver plus facilement en traitant le sujet historique de l'opéra aussi simplement et aussi légèrement que possible. Il sentit probablement aussi qu'une bonne partie de la légende de Geneviève est plutôt épique que dramatique. Il se trompa seulement en croyant qu'après les réductions qu'il avait faites dans le plan, il demeurerait assez intéressant pour le gros du public. Mais le défaut principal gît dans la musique. Tous les rôles, dans *Genoveva*, chantent à peu près le même genre de musique, et celle que Schumann a mise sur son texte, n'est pas d'accord avec le caractère des individus. Ni dans le contour, ni dans le détail, la musique n'est suffisamment engendrée par les situations du drame. De plus, il n'y a point de récitatifs ; les parties même du dialogue sont chantées en mesure rigoureuse ; et accompagnées du grand orchestre. Schumann considérait le récitatif comme une forme artistique vieillie, surannée, et dans ses autres œuvres aussi, il l'a employé aussi peu que possible.

On discutera certainement cette manière de voir, qui donne prise à des objections sans nombre ; mais on ne refusera pas d'admettre que, dans un opéra, il est permis de renoncer à une espèce d'expression calme, et même neutre, qui peut cependant servir de contraste aux parties principales dans lesquelles les émotions fortes sont dessinées. L'absence d'un tel contraste dans *Genoveva*, affaiblit les gradations et avec elles, l'effet du tout. La plus belle partie en est l'ouverture, digne d'être rangée au nombre des modèles classiques.

La musique du *Manfred* de Byron consiste en une ouverture, un entr'acte, des mélodrames, et plusieurs solos et chœurs. Tout l'ouvrage comporte seize numéros y compris l'ouverture, que Schumann composa d'abord, sans intention probablement d'écrire de la musique pour le drame même. Ici encore, on ne voit pas qu'il ait fait preuve de sens dramatique. Aujourd'hui, on joue fréquemment en Allemagne *Manfred* avec la musique de Schumann ; il est par conséquent facile de constater l'effet qu'elle produit. A peine sert-elle à donner de l'intensité aux moments pathétiques, et cependant, cela est nécessaire dans un drame; elle paraît être plutôt le produit de l'impression faite sur Schumann par le poème byronien. L'ouverture est un morceau du plus sérieux caractère, et mieux disposée pour le concert que pour le théâtre. Ceci est encore plus vrai pour cette pièce que pour toutes les autres, tant elle est délicate de construction, et subtile en sentiment, sans en exclure le *Requiem* final. Et pourtant, au concert, elle ne fait pas l'effet voulu, par différents motifs dont l'explication nous mènerait trop loin.

On pourrait, d'apres ces remarques, se figurer que la musique de *Manfred* est de qualité inférieure; on se tromperait étrangement. C'est une admirable création, et l'une des plus inspirées de son auteur. Ses parties saillantes sont les mélodrames, et, entre autres, le touchant discours que tient Manfred à Astarté. Le poète et le compositeur semblent avoir été destinés l'un pour l'autre, et, en effet, une sympathie commune parle dans chaque mesure. Mais il y avait en Schumann une aspiration vers la paix et la réconciliation, qui manque dans Byron. Cela ressort pleinement de différents passages de la musique, dont le plus frappant est le *Requiem* final, qui répand sur l'œuvre entière un rayon de noblesse et de grandeur.

En janvier 1851, Schumann écrivait à un ami : « Le but le plus élevé de l'artiste doit être d'appliquer ses facultés à la musique sacrée. Mais, dans la

jeunesse nous sommes retenus par nos joies et nos
chagrins. Ce n'est qu'en avançant en âge, que les
branches de l'arbre s'étendent plus haut et plus loin;
c'est pourquoi j'espère que la période de mes plus
nobles efforts n'est pas éloignée ! »

Il est bon de noter qu'il parle ici avec emphase de
musique *sacrée*, et non de musique d'*église*. Quoiqu'il
nous ait laissé une *Messe* et un *Requiem*, il n'écrivit
jamais de musique ecclésiastique proprement dite.
Pour lui, la musique sacrée ou religieuse était destinée, par ses seules forces et sans aide, à tourner
l'esprit des fidèles vers les édifiantes pensées de
l'Éternel et du divin.

Nous possédons de lui plusieurs compositions de
cette classe, qu'il commença d'écrire avant 1851. Il y a
une hymne de l'Avent, pour solo, chœur et orchestre,
qui date de 1848 ; un motet pour voix d'homme avec
orgue, subséquemment arrangé pour orchestre, de
1849, et une hymne du nouvel an, pour chœur et
orchestre, écrite dans l'hiver de la même année ; tous
trois sont sur des poèmes de F. Ruckert.

D'autre part, la *Messe* et le *Requiem*, qu'il disait
« être une chose que l'on écrit pour soi-même », furent
composés en 1852, et, lorsque Schumann traça la
lettre dont nous venons de donner un fragment, il
est possible qu'il ait pensé à des œuvres de ce genre.
Comme protestant, il n'est guère probable qu'il ait
eu l'idée de les disposer pour le service divin de
l'église romaine, puisque, même en forme, elles

offrent des particularités opposées à l'ordre établi de la messe. On peut admettre néanmoins, que ce fut le sentiment catholique régnant à Düsseldorf qui les lui suggéra, et qu'il les destina pour être exécutées en certaines occasions, dans des concerts d'église.

Un intérêt poétique pour l'église catholique médiévale prévalait à cette époque en Allemagne, particulièrement dans les cercles les plus influencés par la poésie romantique, et qui trouvaient dans le moyen âge la réalisation de leurs idées. Schumann partageait cette tendance; une veine de religiosité mystique, qui, autrement, serait demeurée endormie, se montre souvent dans ses dernières compositions. Ainsi, sous le nom de *Requiem*, nous trouvons la mise en musique d'une hymne attribuée à Héloïse, la bien-aimée d'Abélard. D'autres exemples nous sont offerts avec les poèmes de Marie Stuart et le *Requiem* pour *Mignon*. Dans sa *Messe*, contrairement à la coutume, il a introduit comme offertoire, ce verset :

Tota pulchra es, Maria, et Macula non est in te,

non qu'il ait été un partisan de la mariolàtrie, mais parce que la vénération poétique du moyen âge pour la Vierge, avait un charme particulier pour lui.

Ç'est dans la musique chorale que Schumann a le moins bien réussi, quoiqu'il ait écrit beaucoup de chœurs. Certes, ses œuvres sont noblement et gravement conçues; mais, comme musique chorale, elles sont rarement satisfaisantes. Assurément, la messe tient un haut rang, et contient de belles choses en grand nombre : le *Kyrie*, l'*Agnus*, le commencement et la fin du *Sanctus*, et une partie du *Credo*, peuvent passer pour d'excellentes productions chorales ; par malheur, on n'en peut dire autant du *Requiem*. On se serait attendu à ce que la seule idée d'une Messe des morts inspirât un génie comme celui de Schumann, même sans rappeler les étonnantes sonorités qu'il a trouvées pour le *Requiem* final du *Manfred;* mais le dernier *Requiem* a été indubitablement écrit pendant un grand accablement, et sous le coup de fréquentes attaques, qui finirent par détruire cette belle intelligence.

Nous nous arrêtons ici. Nous venons de passer en revue l'œuvre entière de Schumann, et nous espérons que, malgré notre concision, nous aurons réussi à en donner un aperçu au lecteur. — Disons, pour nous résumer en peu de mots, que Schumann a été réellement grand, presque inimitable, dans ses petites œuvres pour le piano et dans ses *Lieder*. En cela, il égale Schubert et Mendelssohn, si même il ne les dépasse. Mais, dans ses productions orchestrales, symphoniques et de chambre, il est beaucoup moins remarquable, et cela provient de son éducation incomplète et tardive. Son orchestration est souvent sourde et se tient généralement dans les cordes moyennes, ce qui finit par provoquer un peu de monotomie. Ses idées se présentent aussi sous des

formes compliquées et confuses. C'est pour cela que
son mérite a été longtemps discuté, même en Allemagne, et qu'il n'est pas encore compris ni apprécié,
en France, comme il devrait l'être.

Mais cela n'empêche pas que Schumann n'ait été le
digne successeur de Mendelssohn, qu'il a quelquefois surpassé; cela n'empêche pas qu'il n'ait été un
illustre maître, et l'un des plus grands et des mieux
doués des musiciens allemands modernes.

CATALOGUE DES ŒUVRES DE SCHUMANN

D'APRÈS LA LISTE DRESSÉE PAR M. PHILIP SPITTA [1]

A. POUR PIANO SEUL

1° SOLOS

Variations sur le nom de *Abegg*, op. 1.
Papillons (12 pièces), op. 2.
Études sur les Caprices de Paganini, op. 3.
Intermezzi, en deux livres, op. 4.
Impromptus (Variations) sur un thème de Clara Wieck, op. 5.
Davidsbundlertänze (18 pièces caractéristiques), op. 6.
Toccata, op. 7.
Allegro, op. 8.
Carnaval (21 pièces), op. 9.
Six études sur les Caprices de Paganini, op. 10.
Sonate en *fa dièze mineur*, op. 11.
Fantasiestücke, en deux livres, op. 12.
Études en forme de variations (Études symphoniques), op. 13.
Sonate en *fa mineur*, op. 14.
Kinderscenen (13 pièces), op. 15.
Kreisleriana (8 pièces), op. 16.
Fantaisie, op. 17.

1. Pour le *Dictionnary of Music and Musicians* de sir G. Grove,
t. III, 420.

Arabeske, op. 18.

Blumenstück, op. 19.

Humoreske, op. 20.

Noveletten, en quatre livres, op. 21.

Sonate en *sol mineur*, op. 22.

Nachtstücke, op. 23.

Faschingsschwank aus Wien, op. 26.

Trois romances, op. 28.

Quatre pièces (scherzo, gigue, romance et fughetta), op. 32.

Album pour la jeunesse (40 pièces), op. 68.

Quatre fugues, op. 72.

Quatre marches, op. 76.

Waldscenen (9 pièces), op. 82.

Bunte Blätter (14 pièces), op. 99.

Trois *Fantasiestücke*, op. 111.

Trois sonates pour la jeunesse, op. 118.

Albumblätter (20 pièces), op. 124.

Sept pièces en forme de fuguettes, op. 126.

Gezänge der Frühe (5 pièces), op. 133.

Scherzo, appartenant d'abord à la sonate en *fa mineur*, op. 14 : publié comme n° 12 des œuvres posthumes.

Presto passionato, appartenant à l'origine au dernier mouvement de la sonate en *sol mineur* (Op. 22) : publié comme n° 12, des œuvres posthumes.

Accompagnement de piano aux Suites de Bach, et sonates pour violon seul.

2° DUOS

Bilder aus Osten (6 pièces), op. 66.

Douze morceaux de piano à quatre mains, pour petits et grands enfants, op. 85.

Ballscenen (9 pièces), op. 109.

Kinderball (6 pièces en forme de danses), op. 180.

3° DUO POUR DEUX PIANOS (4 MAINS)

Andante et variations, op. 46.

4° POUR PIANO PÉDALIER OU ORGUE

Études pour le piano à pédales (6 pièces en forme de canons), op. 56.

Esquisses pour le piano pédalier (4 pièces), op. 58.

Six fugues sur le nom de *Bach*, op. 60.

B. POUR PIANO AVEC INSTRUMENTS

Quintette pour piano, deux violons, alto et violoncelle, op. 44.

Quatuor pour piano, violon, alto et cello, op. 47.

Trio pour piano, violon et violoncelle (*ré mineur*), op. 63.

Adagio et allegro pour piano et cor (*ad lib.* Cello ou violon), op. 70.

Fantasiestücke, pour piano et clarinette (*Ibid.*). Trois pièces, op. 73.

Trio pour piano, violon et violoncelle (*fa majeur*), op. 80.

Fantasiestücke pour piano, violon et violoncelle (4 pièces), op. 88.

Trois romances pour piano et hautbois (*ad lib.* violon ou cello), op. 94.

Cinq *Stücke in Volkston*, pour piano et cello (*ad lib.* violon), op. 102.

Sonate pour piano et violon (*la mineur*), op. 105.

Trio pour piano, violon et violoncelle (*sol mineur*), op. 110.

Märchenbilder, quatre pièces pour piano et alto (*ad lib.* violon), op. 113.

Sonate pour piano et violon (*ré mineur*), op. 121.

Märchenzählungen, quatre pièces pour piano et clarinette (*ad lib.* violon et alto), op. 132.

C. POUR CORDES

Trois quatuors pour deux violons, alto et violoncelle, op. 41.

D. CONCERTOS POUR INSTRUMENTS

Concerto pour piano et orchestre (*la mineur*), op. 54.

Concertstück pour quatre cors et orchestre, op. 86.

Introduction et allegro appassionato.

Concertstück pour piano et orchestre (*sol majeur*), op. 92.
Concerto pour violoncelle et orchestre, op. 129.
Fantaisie pour violon et orchestre, op. 131.
Concert-Allegro avec introduction pour piano et orchestre (*ré mineur*) op. 134.

E. POUR ORCHESTRE

1° SYMPHONIES

Symphonie en *si bémol*, op. 38.
Ouvertures, Scherzo et Finale, op. 61.
Symphonie en *ut majeur*, op. 61.
Symphonie en *mi bémol*, op. 97.
Symphonie en *ré mineur*, op. 120.

2° OUVERTURES

Ouverture pour *la Fiancée de Messine*, de Schiller, op. 100.
Festival-ouverture avec chœur, sur le *Rheinweinslied*, op. 123.
Ouverture pour le *Jules César*, de Shakspeare, op. 128.
Ouverture pour *Hermann et Dorothée*, de Gœthe, op. 136.
Ouvertures de l'opéra *Genoveva*, op. 81 ; du *Manfred* de Byron, op. 115, et des scènes du *Faust* de Gœthe.

F. POUR UNE VOIX AVEC ACCOMPAGNEMENT DE PIANO

Liederkreis, de Henri Heine (9 chants), op. 24.
Myrthen, en 4 livres (21 mélodies), op. 35.
Lieder und Gesänge (5), op. 27.
Trois poèmes de Geibel, op. 30.
Trois poèmes de Chamisso, op. 31.
Douze poèmes de J. Kerner, en 2 livres, op. 35.
Six poèmes de Reinick, op. 36.
Douze poèmes de Rückert, *Liebesfrühling*, op. 37. Les numéros 2, 4 et 11, ont été composés par madame Schumann.
Liederkreis, douze poèmes d'Eschendorff, op. 39.
Cinq mélodies, op. 40.
Frauenliebe und Leben, cycle de mélodies, par Chamisso, op. 42.

Romanzen und Balladen (3), op. 45.

Dichterliebe, cycle de mélodies par Heine, en deux livres
(16 chants), op. 48.

Romanzen und Balladen (3), op. 53.

Belsatzar, ballade de Heine, op. 57.

Romanzen und Balladen (3), op. 64.

Lieder und Gesänge (5), op. 77.

Album de chants pour jeunes gens (29), op. 79.

Trois mélodies, op. 83.

Der Handschuh, ballade de Schiller, op. 87.

Six mélodies, par Willfried von der Nena, op. 89.

Six poèmes de Lenau et *Requiem* (vieux poème catholique),
op. 90.

Trois chants des mélodies hébraïques de Byron (accompagnement de harpe et piano), op. 95.

Lieder und Gesänge (5), op. 96.

Lieder und Gesänge du *Wilhelm Meister* de Gœthe (9), op. 98.

Sept mélodies d'Élisabeth Kulmann, op. 104.

Six mélodies, op. 107.

Quatre *Husarenlieder* de Lenau, op. 117.

Trois poèmes des *Wildlieder* de Pfarrius, op. 119.

Cinq *heitere Gesänge*, op. 125.

Lieder und Gesänge (5), op. 127.

Gedichte der Königin Maria Stuart (5), op. 135.

Quatre mélodies, op. 142.

Der Deutsche Rhein; chant patriotique de Becker (chœur).

G. POUR DIVERSES VOIX. SOLOS AVEC PIANO

Trois poèmes de Geibel (le premier pour deux sopranos, le
deuxième pour trois sopranos, et le troisième (*Zigenner Leben*)
pour petit chœur, triangle et tambourin, *ad. lib.*, op. 29.

Quatre duos pour soprano et ténor, op. 34.

Trois chants à deux parties, op. 43.

Spanischen Liederspiel, cycle de chants (9 et un appendice)
pour une et plusieurs voix (S. A. T. B.), op. 74.

Quatre duos pour soprano et ténor, op. 78.

Minnespiel, du *Liebesfrühling* de Rückert, pour une et plusieurs voix (8 numéros), op. 101.

Mädchenlieder, par Élisabeth Kulmann, pour deux sopranos, op. 103

Trois chants pour trois voix de femmes, op. 114.

Spanische Liebeslieder, cycle de mélodies pour une ou plusieurs voix, avec accompagnement de piano à quatre mains, op. 138.

H. POUR CHŒUR SANS ACCOMPAGNEMENT

Six chants à 4 parties, pour voix d'hommes, op. 33.

Cinq chants par Burns, pour voix diverses, op. 55.

Quatre chants pour chœur mixte, op. 59.

Trois chants pour chœur masculin, op. 62.

Ritournelle de Rückert, en forme de canons pour voix d'hommes à plusieurs parties (7 numéros), op. 65.

Romanzen und Balladen, pour chœur (5), op. 67.

Romances pour voix de femmes, avec accompagnement de piano, *ad lib.* (6), op. 69.

Romanzen und Balladen, pour chœur (5), op. 75.

Romances pour voix féminines, avec accompagnement de piano, *ad lib.* (6), op. 91.

Motet, *Verzweifle nicht im Schmerzenthal*, de Ruckert, pour double chœur d'hommes (accompagnement d'orgue *ad lib.*), op. 93.

Chants du chasseur (5), chœurs d'hommes à plusieurs parties, (avec un accompagnement pour quatre cors, *ad lib.*), op. 137.

Quatre chants pour double chœur, op. 141.

Romanzen und Balladen, pour chœur (5), op. 145.

Romanzen und Balladen, pour chœur (5), op. 146.

J. POUR SOLO, CHŒUR ET ORCHESTRE

Le Paradis et la Péri, op. 50.

Adventlied de Ruckert, op. 71.

Un chant d'adieu (*Es ist bestimmt in Gottes Rath*), op. 84.

Requiem pour *Mignon*, de *Wilhelm Meister* de Gœthe, op. 98.

Nachtlied, de Hebbel, op. 108.

Le Pèlerinage de la rose, op. 112.

Der Königssohn, ballade de Uhland, op. 116.

Des Sängers Fluch, ballade d'après Uhland, op. 139.
Vom Pagen und der Königstochter, quatre ballades de Geibel,
op. 140.
Der Glück von Edenhall, ballade de Uhland, op. 143.
Chant du nouvel an, de Ruckert, op. 111.
Messe, op. 147.
Requiem, op. 148.
Scènes du *Faust* de Gœthe (sans numéros d'œuvre).

K. ŒUVRES DRAMATIQUES

Genoveva, opéra en 4 actes, op. 81.
Musique pour le *Manfred* de Byron, op. 115.

L. MÉLODRAMES

Ballade von Haldeknabe de Hebbel, op. 122, nº 1.
Die flüchtlinge, ballade de Shelley, op. 122, nº 2.

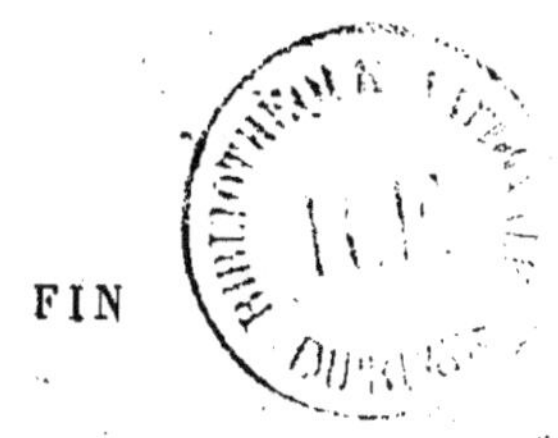

FIN

BOURLOTON. — Imprimeries réunies, B.